ROSWITHA SCHIEB

Der Berliner
WITZ

EINE KULTURGESCHICHTE

ELSENGOLD

Zu Beginn

So ist der Berliner Witz

Bis 1848

1848 bis 1870

1871 bis 1918

1918 bis 1932
DIE LINDEN LANG! GALOPP! GALOPP!

1933 bis 1945
HIMMLERSCHE HEERSCHAREN UND SCHUTTPATRONE

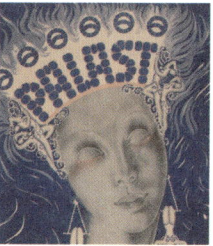

1945 bis 1989
HUNGERHARKE UND PALAZZO PROZZO

1990 bis heute
LATTE MACKE IM GEBÄRMUTTERBEZIRK

Berlin, du bist so wunderbar!

Es lebe der Berliner Witz!

Der Berliner Witz ist verletzend. Nein, er ist schnell, scharf, intelligent, übertreibend, phantasievoll, pointiert. Der Berliner Witz ist tot. Nein, er ist unverwüstlich, ja unsterblich. Schon seit Jahrzehnten, ja seit über hundertfünfzig Jahren unterliegt der Berliner Witz immer wieder Konjunkturen, wird totgesagt, nimmt an Fahrt auf in verwandelter Gestalt, lässt sich erneut zurückdrängen, bekrabbelt sich und ist lebendig bis heute. Er hat bislang alle Zeiten rasanter demografischer Umwandlung, an denen Berlin so reich ist, überstanden und blitzt in einer Zeit, in der man mittlerweile in manchen Läden oder Restaurants gerne nur auf Englisch bedient wird, an verschiedensten Stellen der Stadt auf: in den sprachspielerischen Aufschriften der orangefarbenen BSR-Mülleimer, in originellen Ladenschildern und Friseurnamen, auf Märkten, in Taxis, in Traditionskneipen, die wider Erwarten doch noch existieren, und nicht zuletzt auf den Berliner Kabarett- und Comedy-Bühnen.

Da Berlin historisch gesehen durch Zuzug und Einwanderung groß geworden ist, sind nicht nur in den ursprünglich niederdeutschen Berliner Dialekt französische, jiddische und slawische Wendungen eingeschmolzen. Auch der spezifische Berliner Witz verdankt seine Schärfe und seine Selbstironie jüdischen Einflüssen und dem spielerischen Wörtlichnehmen der Sprache durch schlesische Zuwanderer.

Tatsächlich entwickelte sich im 18. Jahrhundert aus der Tradition willkürlicher Prügel unter dem Soldatenkönig nicht nur die Volksbelustigung der öffentlichen Keilereien, sondern mit der Zeit auch die verbale Schlagfertigkeit. Erst um 1750 begann sich der Berliner Witz langsam zu regen, und zwar am Hofe unter Friedrich dem Großen, im Bürgertum und im Volk gleichermaßen. In der

Zeit des Biedermeier und des Vormärz gelangte er dann zu einer ersten Blüte. Die originellen Schimpfkanonaden und verbalen Übertreibungen von Obsthökerinnen, Guckkästnern, Eckenstehern und anderen Vertretern des Berliner Volkes sind meisterhaft in Adolf Glaßbrenners Dialogen festgehalten. Nach einem Tiefstand des Berliner Witzes um die Mitte des 19. Jahrhunderts waren es ab 1848 vor allem jüdische Schlesier wie David Kalisch und Ernst Dohm, die durch brillante sprachspielerische Possen und vor allem durch das wortwitzig-funkelnde Satiremagazin Kladderadatsch „ganz Deutschland vorm Einschlafen geschützt" haben, wie Karl Gutzkow anerkennend sagte. Aufgrund der immer stärker einsetzenden Industrialisierung waren es ganze Menschenströme, die aus allen Provinzen nach Berlin kamen, von Heinrich Zille ebenso sozialkritisch wie humorvoll mit dem Zeichenstift festgehalten. Der Spruch „Jeder zweite Berliner ist Schlesier", der am Ende des 19. Jahrhunderts aufkam, zeigt, dass die meisten Zugezogenen aus eben jener preußischen Provinz stammten, von wo sie nicht nur ihre sprachspielerische Ader, sondern auch Herz und Seele mitbrachten. In den Zwanzigerjahren waren es viele jüdische Kabarettisten und Satiriker, die den Berliner Witz in Kabaretts und pointierten Chansons aufblühen ließen. Friedrich Hollaender schrieb geistreiche Chansons und „det kleene freche Aas" Claire Waldoff wurde zur singenden „dollen Bolle" von Berlin. Neben den mehr oder weniger kritischen Flüsterwitzen während der NS-Zeit erfreute sich die doppelbödige Wortakrobatik des Kabarettisten Werner Finck großer Beliebtheit.

Aber mit der Deportation und Vernichtung der Berliner Juden wurde auch ihr sprühender Witz aus der Stadt getrieben. Als Berlin nach dem Zweiten Weltkrieg unmittelbar in den Strudel des Kalten Krieges hineingerissen wurde, reagierte die mittlerweile geteilte Stadt mit diversen Witzen, Karikaturen und Kabaretts – gerne auf Kosten des ideologischen Systems der jeweils anderen Stadthälfte. Die Sektorenstadt begann sich nun auch dadurch zu unterscheiden, dass in Ost-Berlin weiterhin berlinert wurde, während der Dialektgebrauch in West-Berlin neuerdings als unfein galt. Vergessen war wohl, dass in früheren Zeiten nicht nur Größen wie der Bildhauer Schadow und der Maler Max Liebermann, sondern auch die preußischen Könige ganz selbstverständlich berlinert hatten. In der Stagnationszeit nach dem Mauerbau wurde in den 1970er-, 1980er-Jahren immer wieder das Abhandenkommen des Berliner Witzes beklagt. Und doch überlebte er in West-Berlin in komischen TV-Sketchen und witzigen Fernsehserien, während er sich in Ost-Berlin in den sogenannten Wanderwitzen, die hinter vorgehaltener Hand erzählt werden mussten, immer wieder Geltung verschaffte. Nach der Wende boomten in Berlin Comedy Clubs, Lesebühnen und andere Kleinkunsttheater für Kabarettisten und Comedians. Und es ist erstaunlich, wie viele von ihnen gebürtige Berliner sind, die all das verkörpern und all das zum Ausdruck bringen, was schon seit etwa zweihundert Jahren das Berlinertum auszeichnet: Unsentimentalität, Schärfe, Auftrumpfen, verbale Aggressivität, Wortwitz und immer wieder die Annahme, dass Berlin der Nabel der Welt sei, eine Vorstellung, die zwischen Großmannssucht und Liliput changiert.

Das Buch, das einen kulturgeschichtlichen Spaziergang durch die verschiedenen Epochen und Phasen des Berliner Witzes unternimmt, gibt etliche, auch heute noch zündende Kostproben desselben zum Besten. Allerdings sind flache Kalauer und Witze mit langen Bärten ebenso ausgespart, wie jene schlechten Witze, die sich stereotyp gegen eine Gruppe wenden wie gegen die ewig verlachten und verlästerten „Hausdrachen" von Ehefrauen, Witze also, deren zweifelhafte Komik nur auf dem schenkelklopfenden Einverständnis eines Stammtisches beruht.

Obwohl der Berliner Witz immer wieder totgesagt wurde, ist es erstaunlich, wie überlebensfähig er ist – und das nicht nur bei den Auftritten von Kurt Krömer, Fil, Ilka Bessin und Martin Buchholz, um nur einige wenige der zeitgenössischen Berliner Kabarettisten zu nennen, sondern auch auf der Straße, im Bus, auf dem Markt, in der Kneipe, in den Läden und in Eisdielen mit originellen Namen wie „Eisdieler".

Der Berliner Witz ist tot – es lebe der Berliner Witz!

Putzdamer Platz

Danke, dass Sie Berlin sauber halten

So orange ist nur Berlin

BSR

Meckern is wichtig, nett kann jeder

In Meyers Konversationslexikon hieß es 1873: „Die Berliner zeichnen sich aus durch scharfen Verstand, Witz und Schlagfertigkeit. Sie haben dazu die Gewohnheit, an Großem zu mäkeln." Dieser Ton, dieser Witz, der vor 100 oder 150 Jahren noch die Berliner Straßen beherrschte und prägte, scheint sich heute von der Straße, aus den Läden, aus den Kneipen zurückgezogen und sich eher in Kabaretts und Comedy-Shows verlagert zu haben. Und doch kann man den Berliner Ton manchmal noch auf Wochenmärkten hören, gerne kurz vor Marktschluss, wenn die Waren in origineller Weise losgeschlagen werden sollen. Auch auf den Straßen ist er auf den Papierkörben präsent, und man kann den Einfallsreichtum der ständig wechselnden Aufschriften auf Mülleimern und Fahrzeugen der Berliner Stadtreinigung BSR nur bewundern, Aufschriften, die von den Eigenheiten des Berliner Witzes leben – auch wenn ein schickes PR-Büro dahintersteckt. Da gibt es das witzige Zusammenfügen von Niedrigem und Hohem wie in der Aufschrift „Kot d'azur", den preußischen Befehlston „Fahrscheine bitte", und vor allem Verballhornungen, Parodien, Wörtlichnehmen der Sprache und überhaupt Sprachspiele wie „Nahentsorgungsgebiet", „Eimer ist immer der Asch", „Das Dreckige muss ins Runde", „Für alte Kamellen", „Offen für alles", „Das kleine Aschloch", „Rein oder nicht rein", „Klugschmeißer", „We kehr for you", „Das tapfere Eimerlein", „Würstchenbude" und kurz vor Weihnachten der freundliche Mülleimer-Wunsch „Frohes Rest". Dass auf den Papierkörben auch die verschiedenen Berliner Stadtteile prominent hervorgehoben werden, knüpft daran an, dass kein echter Berliner in Berlin, sondern in seinem Bezirk wohnt. Schon in der unmittelbaren Nachkriegszeit gab es derartige Sprachspielereien, als verschiedene Viertel

Dit is Berlin!

11

selbstironisch und illusionslos in „Klamottenburg" und „Trichter-
felde Rest" umbenannt wurden. Jetzt allerdings geht es in Anlehnung an die Forderung „Unser Dorf soll schöner werden" um
die Reinlichkeit der Berliner Bezirke: So treten „Friedrichsrein",
„Steglitzern", „Verschöneweide", „Gute Sitte in Mitte", „Leuch-
tenburg", „Flotte Charlotte", „Macht Pankow blanko", „Glänzel-
berg", „Köpeschick" und „Boulevard Putzdamer" in einen edlen
Wettstreit um die vollsten Papierkörbe und die saubersten Bürger-
steige. Originell und von hoher sprachspielerischer Qualität sind
auch die Aufschriften auf den Fahrzeugen der BSR, wenn auf den
Sprengwagen „Wasserati" zu lesen ist, auf den Reinigungsfahr-
zeugen „Feganer", „Kehrpaket" oder „Räumschiff" und auf den
Riesenmüllwagen für Sperrmüll „Tonnosaurus Rex" oder „Tonn
Voyage" – ein letzter Anklang an die Vorliebe des Berlinischen für
französische Einflüsse.

Die Liste der Eigenschaften, die den Berliner Witz ausmachen,
ist lang: Er ist schlagfertig, scharfzüngig, respektfeindlich, ver-
blüffend, blitzgescheit, treffsicher, pfiffig, frech, laut, direkt, grob,
kess, derb, aktuell, auftrumpfend, wenig hintergründig und nicht
weise. Stattdessen lebt er oft von Parodie, von beißender Satire,
von grotesker Fantasie. Auch wenn ein Mann, der in einer Kon-
ditorei fragt: „Ich möchte gerne Rumkugeln", zur Antwort bekommen kann: „Aber bitte nicht hier", kennzeichnet den Berliner
Witz immer wieder eine sprachlich übertriebene Überkugelung.
Der Berliner Witz ist von einer blitzschnellen Fixigkeit, die sich
in dem Spruch „Eh du Würstchen sagst, ha' ick se schon jejessen"
ausdrückt.

An der Frage, ob der Berliner Witz bewusst verletzend ist,
scheiden sich die Geister. Sicher aber ist, dass die offensive, aggres-
sive und oft besserwisserische Haltung eine Dauereinstellung des
Berliners ist, so, wie der Fremde, der nach dem Weg zum Kurfürstendamm fragt, mit der Antwort rechnen muss: „Jradeaus unje-
fähr 40 000 Kilometa. Wenn Se sich umdrehn, brauchen Se fünf
Minuten." Der Berliner hat keinen Hang, das Gesicht zu wahren,
was in anderen Regionen ein Zeichen für Kooperation, für gut-

mütiges Zusammenleben ist. Vielmehr gehen die Berliner Sprachspiele mit höherem Risiko einher, ja, der Berliner, kampflustig,
wie er ist, zieht es vor, lieber mit hohem Einsatz zu gewinnen oder
zu verlieren, also mit hohem verbalem Einsatz um ein cooles, oder
eleganter ausgedrückt, nonchalantes Image zu spielen. Immer
wieder bringt das antithetische Gehirn des Berliners im Alltag Parodien auf den hohen Ton zustande, so, wenn ein Kunde in einem
Klaviergeschäft von einem wendigen Verkäufer gefragt wird: „Na,
wie konveniert das Klafünf?" Ebenso widersprüchlich geht es
zu, wenn ein gebildeter Berliner der 1920er-Jahre sich mit einem
Fremden über das Aussehen des Dichters Stefan George unter-
hält, der immer wieder in Berlin weilte und hier einem erlesenen,
lorbeerbekränzten Weihezirkel vorstand: „Ach, den kennse nich?
Det is doch der, der wie 'ne olle
Frau aussieht, die wie'n oller
Mann aussieht!"

    Dass die Berliner Art und der
mit ihr verbundene Witz von
Außenstehenden immer wie-
der als Zumutung empfunden
wird, verwundert nicht, denn
die Freude des Berliners darüber,
jemanden zu „verkohlen", zu
„veräppeln", geht immer auch
auf – meist seelische – Kosten
anderer und ist getragen von
Krakehl und Empörung, von Zu-
rechtweisung, Belehrung, heiterer Rüge und rücksichtsloser
Selbstbehauptung. So kann eine
Obstfrau, die von einer Kundin
gefragt wird, ob die Kirschen
ausländische seien, schlagfertig
antworten: „Na, wat denn, wat
denn! Woll'n Se mit de Kirschen

Ist das Stefan George oder eine Frau in Männerkleidern?

13

sprechen?" Auch das Dienstmädchen, das einen Teller zerbrochen hat, weiß sich zu behaupten, wenn sie auf die Frage der Hausfrau, was sie da mache, zurückgibt: „Aus een'n Teller zwee!" Ebenfalls muss sich ein Straßenbahnschaffner die scharfen Widerworte eines jungen Fahrgasts gefallen lassen: „Nee, Kleener, für 'ne Kinderkarte biste schon zu jroß. Du musst voll bezahlen." – „Denn lassen Se aba ooch jefälligst det kindische Duzen."

Widerworte sind Trumpf

Etliche Berlinforscher gehen davon aus, dass der seit vielen Hunderten von Jahren andauernde Existenzkampf der Berliner Bevölkerung aufgrund des kargen Bodens der Mark Brandenburg und Berlins und der ärmlichen Lebensbedingungen zu einer eingefleischten Selbstbehauptung geführt habe, die sich im Laufe der Zeit weg vom Gebrauch der Ellenbogen hin zum Gebrauch des Kopfes, vor allem des Mundwerks verfeinert habe. Daher stamme die den Berlinern eingewurzelte Angewohnheit, ständig aufzutrumpfen, zurückzutrumpfen, zu übertrumpfen, noch eins draufzusetzen, wieder zurückzutrumpfen und noch einmal zu übertrumpfen, eine Angewohnheit, die naturgemäß nur dann zur Entfaltung kommen kann, wenn das Gegenüber auch Vergnügen bei diesem Sichaufschaukeln empfindet und ordentlich mittrumpft. Diese Haltung wird schon früh unter Berliner Kindern eingeübt, wie ein scherzhafter Dialog zweier waschunlustiger Jungen zeigt:

> Ick wasch' mir iebahaupt bloß alle Jahre eenmal, zu Karfreitag." Paule will Maxe übertrumpfen: „Ick wasch' ma iebahaupt nich mehr. Zu Silvester jibt's bei uns jroßen Knatsch. Denn spring' ick von'n Disch runter, und denn platzt allet ab.

Wer auf einen verbalen Angriff bloß beleidigt, „pampig" oder eingeschnappt reagiert, hat sich in den Augen des Berliners eine derartige Blöße gegeben, dass er nur mit Verachtung gestraft wird. Um Übertrumpfen geht es auch in einem Streitgespräch um einen Sitzplatz im Theater, bei dem ein Herr einen anderen auffordert, seinen Platz zu räumen:

„Wenn Se't nich meinetwejen tun wolln, dann tun Se't der Herrschaften wejen: von wejen Ihre Neese!"

„Wat, Sie reden von meine Neese? Sie haben doch selber so'n Ding, da kann sich'n Affe an schaukeln!"

„Na, wat Sie hab'n, det is überhaupt keene Neese, det is ne zweischläfrige Hundehütte."

„Koofen Sie sich 'n Schwanz und jehn Se mang die Affen!"

„Is mir noch janich klar, ob ick mir in Ihre Jesellschaft wohlfühlen werde."

Ein sehr prominentes Beispiel für Auftrumpfen und für das blitzschnelle Geben von Widerworten ist überliefert im Schlagabtausch zwischen Hausherrin und Köchin, der etwa vom Ende des 19. Jahrhunderts stammt und in dem die gesellschaftlich niederrangigere Bedienstete nicht klein beigibt und zumindest verbal den Sieg über die Herrschaft davonträgt:

Frau: Aber, Friederike, Du hast schon wieder den Braten anbrennen lassen!

Köchin: Nee, Madame, der is von janz alleene anjebrannt.

Frau (außer sich): Du freches Frauenzimmer, mach' mich nicht böse!

Köchin: Wozu denn det noch, Sie sind ja schon böse genug.

Frau: Du weißt doch, daß Du zum ersten ziehst?

Köchin (die Hände faltend): Ach, wenn doch man schon der zweete wäre!

Frau: Halt' Sie's Maul, sag' ich!

Köchin: Wozu denn? Det is mir anjewachsen.

Frau (wütend): Bist du nun ruhig, Knochen! Oder ich rufe meinen Mann!

Köchin (achselzuckend): Ja, denn jeht et mir schlecht; jejen zehne kann ick mir nich verteidijen.

Frau (verschluckt die Galle und wird etwas milder): Sag mal, Friederike, hat Dich denn der Satan verführt, daß Du immer das letzte Wort haben musst?

Köchin: Ja, ick hab' et von Ihnen jelernt!

Frau (weggehend): Geh' zum Deibel!

Köchin (ihr höhnisch nachrufend): Also soll ick wieder bleiben, Madam?

Auf- und übertrumpfende Dialoge können sich wie mit Widerhaken in die Rede des Kontrahenten bohren. Aber sogar wenn der Berliner freundlich angesprochen wird, kann er mit dem gesträubten Gefieder des beißenden Sarkasmus' reagieren, so wie der Mann, der beim Eislaufen auf dem Kleinen Havelsee einbricht, bis zum Hals im Wasser steht und um Hilfe ruft. Nach längerer Zeit kommt ein älterer Herr und fragt gemütlich: „Na, Sie sin hier wohl Schlittschuh jelaufen?" „Nee", sagt der Schlittschuläufer erbittert, „ick ha'n Bad jenommen und unterdessen ist der Teich zujefroren." Ähnlich absurd ist die Antwort eines Arbeiters, der mit einem riesigen Schlüssel an einem Hydranten herumschraubt, auf die neugierige Frage eines Passanten, was er denn da mache: „Na, det sehn Se doch – ick zieh die U-Bahn uff."

Die Berliner Köchin hatte Haare auf den Zähnen. Lichtdruck nach Zeichnung von Christian Wilhelm Allers, 1890

Berlin – der Nabel der Welt

Die Eigenschaft des Berliners, „an Großem zu mäkeln", wie es bereits 1873 im Lexikon nachzulesen war, hängt zusammen mit einem etwas widersprüchlichen Gemisch aus Selbstgenügsamkeit, die sich zu einem übersteigerten Lokalpatriotismus aufplustert und dann auf die Sehenswürdigkeiten, auf die Schönheiten und die Größe anderer Städte, Länder und Kontinente mit automatischer Abwehr reagiert. Ja, der Berliner empfindet alles Sehenswerte außerhalb seiner geliebten Stadt als einen Angriff, weswegen er sich auf Reisen in der Pose gefällt, dass ihn so schnell nichts beeindrucken könne. Die grundlegende Frage, ob diese Mäkeleien an großartigen und bewunderungswürdigen Dingen anderer auf einem Minderwertigkeitskomplex beruhen oder nicht, ist schwer zu beantworten. Sicherlich eignet dem Berliner nicht die natürliche, selbstverständliche Gelassenheit etlicher anderer Regionen und Länder. Eher muss der Berliner, dessen elftes Gebot „Laß dir nicht verblüffen!" lautet, umgeben von karger Natur um Anerkennung kämpfen, anderes, ihn Verunsicherndes abwerten, um selbst den Kopf oben zu behalten. So kann ein Berliner, der in den 1950er-Jahren eine Reise nach Rom unternimmt, angesichts des Kolosseums mit Genugtuung ausrufen: „Da ham wir doch janz andre Trümmer in Berlin!" Oder es kann ein Berliner, der in Bayern den Starnberger See und das weißblaue Massiv der Alpen, das dahinter aufragt, gezeigt bekommt, auf den bewundernden Ausruf des bayrischen Fremdenführers „No, es des schee?" unbeeindruckt antworten: „Ick weeß nich. Nehm Se de Berje wech und den See – un et is jar nischt Besonderet!" Angesichts des schiefen Turms von Pisa gerät die Ablehnung des Berliners zu einer infantil-trotzigen Übersteigerung: „Wir ham zu Hause 'n Funkturm, Sinjohre, der steht zwar jrade. Ständ' er aber schief, so ständ' er zehnmal schiefer als der hier." Mit Blick auf die Schweizer Berge kann der Berliner ausrufen: „Na, wissen Se, wenn die Berge bei Berlin ständen, wären se noch ville höher!" Ebenso hat er keine Scheu, die Majestät des Vesuv auf sein Niveau herunterzuziehen: „der Vesuv, janz scheener Berg, der Vesuv; aber wissen Se - iba den Kreuzberg jeht doch nischt!" Unvergessen ist auch die Berlinerin, die, begeistert von ihrer Thailandreise zurückgekehrt, die „floating markets" in Bangkok mit dem Spreewald verglich. Oder der Berliner, der, auf der Rückfahrt von Breslau mit ihrem spannenden Kulturhauptstadtprogramm, begeistert und behaglich ausrief, als der Reisebus in einen schäbigen, schummrig beleuchteten Autobahntunnel in Berlin einfuhr: „Ah, endlich wieda zuhause!"

• Erkenne dich selbst!

Die Grundsätze „Ick bin ick!", „Meckern is wichtig. Nett kann jeder!" verraten das offensiv zur Schau gestellte Selbstbewusstsein des Berliners:

> Uns kann keener,
> ooch nich eener,
> an de Wimpern klimpern!
> Uff de Lippen tippen!
> Uff de Klauen hauen!
> In de Haare fahren!
> Uns kann keener,
> ooch nich eener,
> an de Wolken polken!

Zwar eignet dem Berliner eher eine pessimistische Weltanschauung, aber er hat einen kaum zu überbietenden Formenreichtum des sprachlichen Ausdrucks ersonnen, der ihn dazu befähigt, mit allen Kümmerlichkeiten und Rohheiten des Lebens fertigzuwerden. Der Berliner kriecht nicht, buckelt nicht und ist nicht dienstbeflissen. Vielmehr versucht er sehr hemdsärmlig, durch Trotz und Frechheit seine Würde zu bewahren, wie der Junge, der einen Mann nach dem Weg fragt: „Sie, Männeken, können Se mir nich sagen, wie ick zum Steinplatz komme?" „Kannste nich en bißchen höflicher fragen?" „Nee, denn verloof ick mir lieber."

Die Aggressivität ist die schnelle Distanzwaffe des Berliners. Seine Unbescheidenheit rührt von der Herausforderung her, im chaotischen Schmelztiegel der sich verändernden Großstadt den Kopf oben zu halten, Ängste abzuwehren und sich in intelligenter Weise selbst zu behaupten. Der witzige Dialog zwischen einem Berliner und einem Hamburger ist ein Musterbeispiel dafür, wie man sich in Unverschämtheiten überbieten kann:

> „Wat ham Se denn da für 'n eijenartijen Köter?"
> „Das ist eine Kreuzung zwischen einem Rindvieh und einem Berliner."
> „Na, Mensch", freut sich der Berliner, „denn sind wir ja beede verwandt mit det Tierchen!"

Eine offensive Ablehnung von Romantik als einer verlogenen, falschen Überzuckerung und selbstgenügsamer Trotz sprechen aus dem folgenden Vers:

Denkste denn, denkste denn,
Du Berliner Pflanze,
Denkste denn, ick liebe Dir,
Wenn ick mit dir danze?
Denkste denn, denkste denn,
Daß ick um dir weene,
Wenn de mir nich lieben dust,
Lieb ick mir alleene.

Ohne die etwas abgenutzte Vorstellung von der „Schnauze mit Herz" oder „Herz mit Schnauze" strapazieren zu wollen, kann aber doch immer wieder ech- tes Mitgefühl durch die schroffe Schale hindurchschimmern. So ist die Be- grüßung eines kranken Freundes mit den Worten „Dir haben se woll in de Scharitee uffjewischt?", Worte, die für Außenstehende grausam, zumindest grob klingen, unter Berlinern durchaus als Ausdruck aufrichtigen Bedauerns zu ver- stehen. Wie wir unten sehen werden, wird das Gemütvolle des Berliners immer wieder auf den Zuzug aus Schlesien im 19. Jahrhundert zurückgeführt. Zwar zeigt der Berliner möglichst selten weiche Regungen, aber manchmal lässt er doch wie durch Ritzen ein Stückchen seines Seelen- lebens aufblitzen, wie im Gedicht „Seifenblasen" von Hans Harnisch, in dem ein Berliner Mädchen sich durch

Einmal tanzen heißt erst mal jar nischt. Zeichnung von Heinrich Zille, 1913

glänzende, fragile, schwebende Seifenblasen in andere Sphären erhebt, wo sie „ins Blaue kieken, oder nach den Sternen" schauen kann, wo sie sich nach einem Lied, einem „Stückchen Herz", sogar nach „Poesie" sehnt, wo sie „'n bissken träumen" möchte und am Ende jeder Strophe auf diesen sonst eher verlachten, verspotteten Bedürfnissen beharrt: „also – ick find det schön!"

Auch folgender Poesiealbumspruch ist von ungewöhnlich positiver Schwärmerei geprägt:

> Eener alleene
> Is nich scheene;
> aber eener mit eene,
> Und denn alleene,
> Det is scheene!

Am allerschönsten und unnachahmlichsten aber klingt das „Erkenne dich selbst", das Gnothi seauton des Berliners, der ja in den meisten Fällen die Introspektion ablehnt und die Selbsterkenntnis verspottet, wie es der beliebte Spruch „Mensch, jeh in dir! – War ick schon, is ooch nischt los" überliefert. In diesem Vers aber hält das Berliner Ich, pardon Icke, die verwirrende, nahezu unheimliche Begegnung mit sich selbst in geradezu triumphaler Weise aus:

> Ick sitz an Tisch und esse Klops.
> Uff eenmal kloppt's.
> Ick kieke, staune, wundre mir –
> Uff eenmal jeht se uff, die Tür!
> Na nu, denk ick, ick denk na nu –
> jetzt is se uff, erst war se zu –
> ick jehe raus und kieke –
> Und wer steht draußen: Icke!

Achtung, ansteckend!

Der Berliner Witz ist ohne den Berliner Jargon gar nicht zu denken, ja, dieser verleiht ihm erst die eigentliche Würze. Die Sprache des Berliners hat nicht nur eine unglaubliche Fähigkeit, fremde Einflüsse aufzusaugen und einzuschmelzen, sondern der Berliner Jargon war zu allen Zeiten ansteckend und expansiv. So drangen spätestens seit dem 19. Jahrhundert von Berlin aus eine Fülle von Ausdrücken in die allgemeine deutsche Sprache ein, ja das Berlinische besaß deutschlandweit eine große Ausdehnungs- und Strahlkraft. Etliche Berolinismen lockerten die Hochsprache auf und wurden zum Allgemeingut. Ausdrücken wie Klamauk, etepetete, dufte, Fatzke, Göre, mickrig, piekfein, schnieke, schnuppe, schnoddrig, au Backe, doof, Tingeltangel, plemplem, Mief und knorke merkt man zum Teil noch ihre Berliner Herkunft an, zum größeren Teil aber sind sie ganz und gar in die allgemeine deutsche Sprache eingeschmolzen.

Anders als andere Dialekte, die die Zugezogenen verbal ausschließen und sie auf ihren Platz als Fremde verweisen, konnte sich durch eine Art Sprachinfluenz, also durch sprachliche Ansteckung, das Berlinische immer auch schnell auf neue, von außen kommende Bevölkerungsteile ausdehnen. Sehr schön beschrieben ist diese Fähigkeit in der kleinen Geschichte von Fritze, der in ein Heim bei Ludwigslust geschickt wurde. Die Eltern hofften, dass sich der Junge bei dieser Gelegenheit sein „schreckliches Berlinern" abgewöhnen würde. Nach einiger Zeit erkundigte sich ein Bekannter: „Na, Ihr Sohn wird ja inzwischen das Berlinern verlernt haben und nur noch Mecklenburgisch sprechen." „Wo denken Sie hin", entgegnete der Vater, „det janze Dorf berlinert schon."

Historisch gesehen sind die Einflüsse auf den Berliner Dialekt und auch auf den Witz vor allem vom Jüdischen und vom Französischen geprägt, etwas später, vor allem ab der zweiten Hälfte des 19. Jahrhunderts, dann auch vom Schlesischen. Weniger durch seinen kargen Sand- und Sumpfboden als durch die Einflüsse der Zugezogenen wurde der Berliner zu einem Etwas, in dessen Sprache und Witz verschiedenartige Elemente eingeschmolzen und zu einer unverwechselbaren Mischung amalgamiert sind.

„Mit 'n jewissen Aweck": Französische Prägungen

Dass die Einflüsse des Französischen auf die Berliner Sprache bedeutsam sind, verwundert nicht, machten doch um 1700 die hugenottischen Refugiés ein Sechstel, zeitweilig sogar ein Viertel der Stadtbevölkerung Berlins aus. Doch steuerten die französischen Emigranten weniger französischen Esprit und Witz bei, sondern eher calvinistisches Arbeitsethos, oder, wie Fontane die Refugiés charakterisiert: „keine pariserischen, sondern puritanische Leute, steif, ernsthaft, ehrpußlig." Als dann etwa hundert Jahre später, um 1806, Berlin durch die Franzosen besetzt wurde, entstand der typische Berliner Witz mit seiner Angriffslust. Das Volk schaffte sich ein Ventil, um Zorn und Ärger abzureagieren, so, als befände sich der Berliner immer auf der Barrikade gegen unerwünschte, fremde Mächte.

En passant aufgeschnappte französische Wörter und Ausdrücke tauchten in der Berliner Sprache verballhornt wieder auf aus dem Bedürfnis heraus, das Unverstandene, das Fremde als

Kein Gewinn für den Berliner Witz: Hugenotten vor dem Großen Kurfürsten, Farbdruck von Carl Röhling, 1900

Vertrautes in die eigene Sprache einzugemeinden. So wurde das französische Wort „baggage" (Gepäck, Tross) zu „Bagasche", eine abwertende Bezeichnung für Gesellschaft, Gesindel, Pack. Von „bleu mourant" (blassblau) stammt der schöne Berolinismus „blümerant" in der Bedeutung von unwohl und flau. Die sehr klobig und grob klingenden „Botten" für Schuhe und Stiefel kommen von den französischen Schuhen, „botte". Dass der Berliner „in die Bredullje geraten kann", also in die Klemme, in Schwierigkeiten, verdankt er der französischen „Bredouille", einem Ausdruck aus dem Tricktrackspiel. Etymologisches Vorbild für die „Buddel" ist die „Bouteille", für die „Budike" die „Boutique", für die „Bulette" die „Boulette", für die Berliner „Futterasche", also die Esswaren, die „Fourage". Vermutlich vom französischen „calembour" (fauler Witz) abgeleitet ist der „Kalauer", obwohl auch die Stadt Calau in der Niederlausitz ihr etymologisches Recht an diesem Begriff geltend macht. Aber ohne Frage ist der Berliner, der ja nicht auf den „Deez" (von französisch „tête"), also nicht auf den Kopf gefallen ist, „auf dem Kiwief", was sich von „qui vive" (wer da?) herleitet. Gerne tut er alles „aus de Lamäng", also mit Leichtigkeit, was sich von französisch „la main" (Hand) herleitet, oder auch „mit'n gewissen Aweck", also mit schwungvoller Eleganz, von französisch „avec" (mit). Dieser tautologische, oder besser gesagt doppelt gemoppelte Ausdruck, ‚mit einem gewissen mit', ist schon seit dem frühen 19. Jahrhundert belegt, als Straßenhändler, die auch Tabakwaren verkauften, Zigarren „mit avec du feu", also wörtlich „mit mit Feuer" ausriefen. Noch lieber allerdings betreibt der Berliner seine Geschäfte, seine Erledigungen „mit Schisslaweng", wahlweise auch mit „Zislaweng", also mit Schwung, mit einem geschickten Kniff, mit Pfiff, und er ist ganz niedergedrückt, wenn er zugeben muss, dass er „nich mehr den Zislaweng" hat. Etymologisch steckt hinter diesem schwungvollen Wort entweder das französische „ainsi cela vint" (so ging das vor sich) oder, zum Tempo passender, „c'est le vent" (das ist der Wind). Gerne isst der Berliner, egal ob im „Restorang" oder zu Hause, „'ne Stulle mit Lamberkäng", also mit überstehenden bzw. herunterhängenden

Aufschnittscheiben, was sich von „lambrequin" (Fensterbehang) herleitet. Dafür allerdings benötigt er „Asche", Geld, die vom französischen „acheter" (kaufen) herstammt, Geld, das manchmal auch „alle" (von allé, ausgegangen) ist. Der Berliner, der sich, anstatt „Muckefuck" (von „mocca faux", falscher Mokka) zu trinken, gerne einen „uf de Lampe gießt" (von „lamper", in kräftigen Zügen trinken), und der es schätzt, wenn jemand „adrett" (von „adroit", geschickt) ist, mag den „Klamauk" (von „clameur", Geschrei), ist aber nicht gerne „mutterseelenallein" (von „moi tout seul", ich ganz allein). Wenn der Berliner rennt, dann „schest" er – „schesen" kommt von „Chaise". Seine Toleranz drückt sich in der wunderbar tautologischen Wendung „jeder nach seinem chacun" aus, also „jeder nach seinem jeder" („chacun" heißt „jeder"), eine Wendung, die im Sinne von „chacun à son gout" (jeder nach seinem Geschmack) gebraucht wird. Zum Zeitvertreib, „so für paßerlantant" (passer le temps) kann er beim Kartenspiel auf die Frage „Wer spielt aus?" „Je!" (ich) antworten, wahlweise auch „Moi je!" (ich ich), oder noch besser „Moi je icke!" Wertlose Kleinigkeiten, Nippessachen, überhaupt alles Unnütze, also „Kinkerlitzken" (von französisch „quincaillerie") lehnt er ebenso ab wie Personen, die ein übermäßig geziertes Verhalten an den Tag legen, die „etepetete" sind, was sich lautmalerisch von „être peut-être" (kann sein, vielleicht) herleitet, eine Wendung, die schon früh in den Berliner Straßenjargon eindrang. Eine Verballhornung des Französischen steckt auch im Wort „Fisimatenten", das vor allem in der Warnung „mach keine Fisimatenten" gebräuchlich ist. Vermutlich stammt die Wendung aus der Zeit der französischen Besatzung um 1806, als französische Soldaten Berliner Mädchen zu sich locken wollten mit den einladenden Worten „Visitez ma tente" (Besuchen Sie mein Zelt), Besuche, vor denen besorgte Eltern ihre Töchter, die eben keine Fisimatenten machen sollten, warnten. Möglicherweise kommt der Ausdruck aber auch von der Ausrede von verspäteten Soldaten, die der Wache erklärten, dass sie eben ihre Tante besucht hätten: „Je viens de visiter ma tante".

Mit rosa Schleifchen am Hinterteil: Napoleon zieht 1806 in Berlin ein. Französische Farblithografie, ca. 1895

Was für eine geradezu kindliche Lust an eingestreuten französischen Wortpartikeln dem Berlinischen innewohnt, zeigt sich an Neubildungen wie Kleedage, Stellage, Kneipier, Schlappier, schikanös, sachtemang oder spendabel.

Sehr originell ist auch ein Kindervers, den Berliner Kinder in der französischen Kolonie aufschnappten und weiterentwickelten. Dieser Vers stellt ein schönes Beispiel für das lautmalerische Verschmelzen verschiedener Einflüsse dar. Die ersten vier Worte sind offenbar aus den französischen Zahlwörtern „un, deux, trois, quattre" für eins, zwei, drei, vier entstanden:

Ong, dong, dree,
Katterlemmersee,
Lemmer si, lemmer so,
Die Kapelle Sanktimo,

Sanktimo di Colibri,
Colibri de Tepperi,
Ong, dong, dree,
A ree!

Die Einflüsse des Französischen beschränken sich auf die teilweise witzigen sprachlichen Verformungen, die den Berliner Dialekt auf originelle Weise durchdringen, den Witz selber aber hat das Französische eher nicht tiefgreifend beeinflusst.

'n meschuggener Fisch: Jüdische Prägungen

Das sieht im Zusammenhang mit den Einflüssen des jüdischen Elements ganz anders aus. Nicht nur, dass die Berliner Sprache mit jiddischen Einsprengseln durchsetzt ist, auch hat der jüdische Witz in seiner intelligenten, scharfen, antithetischen Ausprägung stark auf den Berliner Witz eingewirkt. Nach einer Geschichte der Ansiedlungen und Vertreibungen der jüdischen Bevölkerung im Mittelalter wurde einigen jüdischen Familien ab 1671 die Ansiedlung in Berlin gestattet, ab 1750, vor allem aber im 19. Jahrhundert wuchs die jüdische Gemeinde sehr stark an und gelangte zu einer geistigen, wirtschaftlichen und kulturellen Blüte. Etliche Wendungen aus dem Jiddischen haben sich im Berliner Dialekt erhalten, so „dufte" von hebräisch „tow" (gut), „acheln" für essen und „bedeppert", also verzagt, eingeschüchtert, verwirrt von „dibbern" (reden, sprechen), „malochen" von hebräisch „malacha" (Arbeit), „sich kabbeln" von „kabal" (zanken), „zocken" von „sachek" (spielen) und „Zoff" von „Ssof" (Schluss, Ende). Die charakteristische Berliner Wendung „aus Daffke", also aus Trotz, rührt von „davko" (gewiss, sicher) her. Immer noch gebräuchlich ist der Ausdruck „et zieht wie Hechtsuppe", eine klangliche Angleichung an das hebräische Wort „hech supha" für Sturmwind. Die sehr saloppe Bezeichnung des Berliners für die Freundin oder Frau, „Ische", nimmt einfach das hebräische Wort „ischa" (Frau) auf. Der „Bammel" stammt von hebräisch „Baal" und „ejma" (Herr der Angst), das „Ausbaldowern" von „Baal" und „dewarim" (Herr einer Sache) und das „Kaff" von „kefar"

(Dorf). Auch eine ganze Reihe von missbilligenden Ausdrücken hat jüdische Wurzeln. So stammt das „Jeseiere", also das unnötige Gejammer, von „gesera" und der angeberische „Großkotz" von „kozin" (ein Reicher). Der „Kaffer", also der Tölpel, leitet sich von „kapher" (Bauer) her, die „Mischpoke", die – eher pucklige – Verwandtschaft, hat ihren Ursprung in der „mischpacha" (Familie), und das immer noch sehr gängige Wort „meschugge" rührt von „meschuggo" (verrückt, verdreht) her. Dieses Wort spielt auch in einem jüdischen Berliner Witz eine prominente Rolle:

„Papa, was is'n Wiedehopf?"

„Wiede – wat? Det is 'n meschuggener Fisch."

„Aber hier steht doch: Er hüpft von Ast zu Ast!"

„Da siehste, wie meschugge der Fisch is."

Auch das seltsame, längst in die gesamtdeutsche Sprache eingegangene Wort „Moos" für Geld stammt von hebräisch „Moo" (Pfennig), der in der Pluralform zu „Moos" (Geld) wird, so wie auch das Wort „Kies" für Geld von „Kiss" (Geldbeutel). Das Konto heißt auf Hebräisch „Pinkas", wovon die „Pinke" und der „feine Pinkel" abgeleitet sind, und die „Pleite" geht auf das hebräische Wort „pelita" (bankrott) zurück. Der „Knast" kommt von hebräisch „Knass" (Strafe), die „Macke" und das „Meckern" von „Maka" (Schlag) – jemand, der meckert, ist also einer, der mit Wörtern um sich schlägt. Wunderbar tautologisch ist die Wendung „frech wie Oskar" von „ossok" (frech). „Tinnef" kommt von hebräisch „Tinuf" (Dreck, schlechte Qualität) und der „Ramsch" von „ramo" (betrügen). Und die etwas salopp-abfällige Bezeichnung „Zosse" oder „Zossen" für ein altes oder klappriges Pferd stammt ganz einfach vom hebräischen Wort für Pferd, „Ssus", bzw. für Stute „susa".

Der jüdische Geist und der jüdische Witz mit seiner Freude an eleganten und pointierten Formulierungen, mit seiner widersprüchlichen Denkweise beeinflusste Berlin sehr, ja, er stimulierte überhaupt das intellektuelle Leben in Berlin. Der jüdische Witz ist ein tiefer, bitterer, scharfer Witz und enthält meistens eine religiöse, politische, soziale oder philosophische Kritik. Gleichzeitig steckt er voll tiefer Weisheit. Er entstand durch die Jahrhunderte als Waffe eines waffen- und wehrlosen Volkes – in vielen Situationen konnten Juden überhaupt nur geistig und seelisch mithilfe des Witzes weiterleben. Das Unerträgliche wird durch den scharfen, paradoxen jüdischen Witz erträglich gemacht. In einer jüdischen Witzsammlung ist folgende selbstironische Anekdote vom Ende des 19. Jahrhunderts überliefert:

„Als die Hochflut des Antisemitismus in Berlin am stärksten ging, wurden von unbekannter – natürlich jüdischer – Hand auf der Straße Zettel verteilt, die aus Anlass der Repräsentanten-Wahlen zur jüdischen Gemeinde die Mahnung erhielten: ,Wählt keinen Juden!'"

Sigmund Freud erkannte hellsichtig, dass der Witz die „letzte Waffe des Wehrlosen ist." Die Schlagkraft der Waffe besteht in der Hoffnung, einen Missstand zu paralysieren, wenn man ihn erkannt hat und auslachen kann. Weiter schreibt Freud über die Fähigkeit zur Selbstironie: „Ich weiß übrigens nicht, ob es sonst noch häufig vorkommt, daß sich ein Volk in solchem Ausmaß über sein eigenes Wesen lustig macht."

So auch in folgendem jüdischen Witz aus Berlin:

Bibelstunde.
Lehrer: Wie hießen die zwölf Apostel?
Goldbaum: Ruben, Simon, Josef, Lewi, Naftali, Ascher ...
Lehrer: falsch, falsch, hör' schon auf. Markuse! was waren das für Namen, die

Konnte witzig sein: Sigmund Freud auf einem kolorierten Porträtfoto, 1926

der Goldbaum da aufgezählt hat?

Markuse: Das waren die Berliner Rechtsanwälte am Landgericht I.

Sehr schön ist auch die selbstironische Bezugnahme auf die Assimilation der Juden in einem jüdischen Witz aus der Zeit um 1900:

„Papa, wie alt muss denn einer werden, eh' er Jude wird?" – „Frag nicht so dumm; man ist das, was man ist, mit dem Alter hat das gar nichts zu tun."

„Doch, Papa; ich bin doch zwölf Jahr und bin Christ; du bist fünfzig Jahr und bist auch noch Christ; aber Großpapa, der ist schon Jude!"

In dieser Zeit wurde übrigens wegen der häufigen Übertritte von Juden zum Christentum die Kaiser-Wilhelm-Gedächtniskirche selbstironisch in Anklang an das 1907 eröffnete KaDeWe auch als „Taufhaus des Westens" bezeichnet.

Apropos Freud. Aus der Vorlesung eines Berliner Psychoanalytikers ist folgender jüdischer Witz überliefert:

Die Eltern haben ihren Sohn, mit dem es immer schwieriger wird, zum Psychoanalytiker geschickt. Nach seiner Rückkehr fragt die Mutter gespannt: ‚Nun, was hat er festgestellt?' Missmutig antwortet der junge Mann: ‚Er hat jesagt, ick hätt'n Ödipuskomplex.' ‚Ach, wat', sagt die Mutter, ‚Ödipus, Schnödipus – det wird schon wieder. Hauptsache, du hast deine Mamma recht lieb.'

Der jüdische Witz verspottet nur selten einzelne komische Eigenschaften des Menschen, vielmehr stellt er oft die gesamte menschliche Situation mit Schmerz und Bitterkeit infrage. Oder, wie Mark Twain es ausdrückt: „Die verborgene Quelle des Humors ist nicht Freude, sondern Kummer." Da die spezifische Mischung aus trockenem Skeptizismus, aus Selbstironie und Unverfrorenheit einen besonderen Ton erzeugte, der die Berliner Art sehr beeinflusste, konnte der Kulturhistoriker Hans Ostwald 1930 erstaunt schreiben:

Das Judentum brachte seine Lust zur Kritik, seine Lebhaftigkeit, seine Unruhe, seine Unternehmungslust hinzu. Ja, die

> Juden haben vielleicht einen größeren Einfluß auf das Berlinertum ausgeübt als man ahnt.

Der ironische Berliner, verwöhnt durch originelle Witze und Repliken, kritisiert einen schlechten, ungelungenen Witz mit den Worten: „Na nu kitzel mir mal eener, det ick lachen kann." So, wie der Berliner in puncto Witzen nicht leicht zu beeindrucken ist, so heißt es gleichzeitig selbstironisch und selbstbewusst in einem jüdischen Vers:

> E jüdischer Witz
> Mit e jüddisch Akzent:
> Was e Goi nischt versteht
> Und e Jüd immer schon kennt.

Ick hab' keene Penunzen nich: Slawische Prägungen

Obwohl Berlin seit dem 19. Jahrhundert ein Anziehungspunkt für Arbeitsmigranten aus Polen und Russland war, auch für Kaschuben und Sorben, bleiben die Einflüsse aus den slawischen Sprachen auf das Berlinische überschaubar. Vom russischen Wort „droschki" stammt die Droschke. Allgemein slawischen Ursprungs sind die Bezeichnungen „Pachulke" für einen groben, unhöflichen, ungeschlachten Menschen, „Kamurke" für eine kleine, elende Stube und „verbubanzen" für verderben, verunstalten, Wörter, die man zu einem Satz von exotisch wirkendem Klangreichtum zusammenfügen kann: „Pachulke sitzt in seiner Kamurke und hat alles verbubanzt". Die hetzende, antreibende Aufforderung „dalli" oder „mach mal 'n bisschen dalli" stammt vom polnischen „dalej" (weiter, vorwärts). Und nicht nur die „Penunzen" von „pieniądze" (Geld) sind polnischen Ursprungs, sondern auch die „Kaleika" von polnisch „kolejka" (Reihenfolge), ein Wort, das im Berlinischen im Sinne von Spaß, Unfug – „det war vielleicht n' Kaleika!" – und Aufhebens gebraucht wird oder eher wurde: „Mach deswejen nich jleich so' n Kaleika!" Der sehr typische Berliner Ausdruck „det is mir pomade", also gleichgültig, und das dazugehörige Adjektiv „pomadig" für langsam, träge, egal, langweilig soll etymologisch nicht von dem gleichnamigen Haarfett aus dem Umkreis der Friseursalons herstammen, sondern von polnisch „pomału", langsam. Auch die doppelte Verneinung im Berlinischen, die in Wendungen wie „ick hab keen Jeld nich" vorkommt, ist von den grammatikalischen Verneinungsgepflogenheiten des Slawischen beeinflusst.

Jeder zweite Berliner: Schlesische Einflüsse

Vor allem aber ist die schroffe und laute „Berliner Schnauze", die sprachlich so originell und ansteckend kreativ ist, nicht ohne Herz und der Berliner Witz sicherlich nicht ohne Seele, schon deshalb nicht, „weil so viele Berliner aus Schlesien stammen" (Herbert Schöffler). Historisch verbunden wurden Schlesien und Berlin mit der Eroberung Schlesiens durch Friedrich II. in den drei Schlesischen Kriegen zwischen 1740 und 1763. Ab jetzt wurde Schlesien von der süddeutsch-katholischen Provinz Österreichs zu einem Bestandteil des norddeutsch-protestantischen Königreichs Preußen umgepolt und Schlesien wandelte sich zu einer straff verwalteten Musterprovinz. Im Zuge der immer stärker einsetzenden Industrialisierung war die Arbeitsmigration nach Berlin enorm. 1846 schreibt der Publizist Friedrich Saß über die Lage der ausgebeuteten schlesischen Arbeiter in Berlin:

> Die „gutmütige, heitere Natur (der armen Schlesier) bricht selbst in ihrem Elende hervor, und in ihrem Gesichte entdeckt man niemals jene schrecklichen Züge, welche uns aus dem Gesichte eines vollendeten Berliner Proletariers entgegenstarren. (...) Der Berliner Proletarier hat für den armen Schlesier Spott und Verachtung, und es pflegt häufig zu ernstlichen Kollisionen zu kommen."

Nachdem Berlin 1871 Hauptstadt des deutschen Kaiserreichs geworden war, wurde Schlesien mit seinen fünf Millionen Einwohnern eines der wichtigsten Einzugsgebiete der Metropole. In dieser Zeit entstanden auch die Arbeiterviertel um den Schlesischen Bahnhof und das Schlesische Tor herum. Ebenfalls aus dieser Zeit stammt der Spruch „Jeder zweite Berliner ist ein Schlesier" – wenngleich das statistisch gesehen wohl übertrieben war. In Wirklichkeit stammte etwa jeder vierte Berliner aus Schlesien.

Gruppenbild vor einer Fabrik in Mitte mit zwei bis drei Schlesiern – statistisch gesehen.

Wie Friedrich Saß schrieb, waren die Schlesier, sogar unter ärmlichsten Lebensbedingungen, von heiterer Art. Hauptmerkmale der aus Schlesien stammenden Witze, die auch den Berliner Witz enorm beeinflusst haben, sind Sprachspielereien und das Wörtlichnehmen der Sprache. Es ist durchaus möglich, dass die Randlage Schlesiens und damit verbunden verschiedene sprachliche Einflüsse, vor allem das Slawische, der Grund dafür sind, dass im schlesischen Witz der Sprachwitz eine besondere Rolle spielt – ist doch die Sprachgrenze zwischen deutsch und polnisch eine der schwierigsten und unüberwindlichsten in Europa. Fest steht jedenfalls, dass der schlesische Witz ohne semantische Verdrehungen und Verschiebungen nicht zu denken ist. Den niederschlesischen Witz, in dem Bauern und Dorf- sowie Kleinstadthonoratioren im Mittelpunkt stehen, zeichnet einen Hang zu starker Übertreibung, Respektlosigkeit und vertrackter Schlitzohrigkeit aus. Es ist noch nicht der knapp pointierte, scharfe Großstadtwitz, aber manch ein Breslauer Witz liegt sehr direkt auf dem Weg zum Berliner Witz, dass man das zugespitzte Wort, jeder zweite Berliner stamme aus Breslau, gern glaubt.

Auf der langen Strecke Berlin-Wien rufen drei Schaffner die schlesische Station Birawa aus. Bírawa ruft der erste, Biráwa ruft der zweite, Birawá ruft der dritte Schaffner, sodass der Reisende, der in Biráwa aussteigt, sich verwirrt an den Bahnhofsvorsteher wendet und ihn fragt, wie denn der Name nun richtig ausgesprochen werde. Daraufhin antwortet dieser, er selbst wisse es auch nicht genau, aber der verehrte Herr Reisende könne sich gerne in diese Richtung wenden, nach zwei Kilometern käme dann im Wald eine Fabrik, dort könne man ihm sicherlich weiterhelfen, das sei nämlich eine Betónfabrik.

Und eine bekannte Scherzfrage lautete in Schlesien: Was ist größer? Messer oder Gabel? Antwort: Die Oder! Ebenso konnte es vorkommen, dass ein Bauer, der in einem schlesischen Dorf von einem Parteigenossen mit den Worten „Heil Hitler!" gegrüßt wurde, diesem gelassen antwortete: „Heil du ihn!" Und nicht nur der Breslauer Volksschullehrer, der gerne trank, nahm die Sprache beim Wort, wenn er die Frage nach seinem Beruf mit den Worten beantwortete: „Am Tage bin ich Lehrer, abends aber voller!" Auch der Reisende am Breslauer Hauptbahnhof tat desgleichen, wenn er auf die Heiße-Wiener-Rufe eines Würstchenverkäufers wütend aus seinem Abteilfenster schrie: „Will nicht wissen, wie Sie heißen!" Dazu passt auch eine Anekdote über den Maler Adolf Menzel, der klassischerweise aus Breslau nach Berlin kam. Menzel hatte sich in einer Ausstellung sehr abfällig über ein Bild geäußert, als der gekränkte Maler herbeistürzte und „Flegel!" schrie. „Freut mich sehr", versetzte der Meister, „Ihren Namen kennenzulernen, der meine ist Menzel." Und Christoph, ein Eulenspiegel-Original aus der schlesischen Stadt Ratibor um 1925, ging in eine Bäckerei, griff nach einem Brot und begann zu essen. Auf das empörte Eingreifen der Bäckersfrau erwiderte er gelassen, er habe sich nur an die Aufforderung gehalten, denn da stünde ja „Komm-iß-Brot"!

Und einmal hingen in Ratibor Zettel aus, auf denen zu lesen war: Heute um Mitternacht wird die Oderbrücke gesprengt. Als dann gegen Mitternacht Polizei und Feuerwehr anrückten, sahen sie Christoph, der zwei Gießkannen in der Hand hielt und die Oderbrücke mit Wasser begoss.

Diese Kostproben der aus Schlesien überlieferten Witze zeigen eine große Lust an Sprachspielerei, die vermutlich aus der Grenzlandsituation heraus auf sprachliche Doppelbödigkeit fixiert ist und den Berliner Witz sehr prägte.

Teekesselchen und die wörtlich genommene Sprache

Von Schlesien beeinflusst ist sicherlich die Neigung des Berliner Witzes, die Sprache beim Wort zu nehmen und mit Homonymen, also gleichklingenden Wörtern zu spielen. So kann der Berliner in sehr origineller Weise Prügel androhen: „Du krichst eene vor'n Bahnhof, detta sämliche Jesichtszüje entgleisen." Ein Töpfer, der mit der Doppelbedeutung des Wortes „Ton" spielt, nimmt das Banausentum in Berlin auf die Schippe, wenn er von Musikern spricht, „wat halbe Kollejen von mir sind, indem sie doch ooch wie die Töpper in Ton machen". Hier klingt sogar der historische Stadtslogan für die schlesische Töpferstadt Bunzlau als „Stadt des guten Tons" an.

Dem Teekesselchen „begleiten" gelingt es, den Befehlston eines Polizisten auszuhebeln und antithetisch umzudrehen:

Wissen Sie nicht, daß hier das Spielen auf der Straße verboten ist? Sie müssen mich begleiten!" Leiermann: „Mit dem jrößten Vajnijen. Wat woll'n Se singen, Herr Wachtmeesta?

Von einer absurd-witzigen Bedeutungsverschiebung bei gleichklingendem Wort lebt dieser Vers:

Berlin ist musikalisch,
Das ist kein leerer Wahn,
Es sank(g) vor ein'gen Tagen
Sogar ein Äppelkahn.

Das Ausreizen von Homonymen, das absichtliche Falschverstehen, die widersprüchliche Volte, überhaupt alle geistreichen

Berliner Gören,
gesehen von
Heinrich Zille, 1905

Wortspiele sind ein Hauptvergnügen des Berliners, der sein Gegenüber mit seiner blitzschnellen sprachlichen Kombinationsgabe stark verblüffen und überrumpeln möchte. Konstatiert jemand, „ick hab zu meine Frau jesacht, se kann ruhich mitkommen", so muss er sich darauf gefasst machen, dass sein Gegenüber antwortet: „Se kann ooch laut mitkommen."

Tritt ein Mann in der U-Bahn einer Berlinerin aus Versehen auf den Fuß, so kann diese freundlich sagen: „Das war wohl heute Ihr erster Auftritt?"

Mit der dialektalen Eigenart des Berlinischen – aus „er kriegt" wird „er kricht", was wiederum „er kriecht" ähnelt – spielt dieser Dialog, in dem ein Mann, der eine Kneipe betritt, fragt: „Kricht man hier Rum?" Die Antwort des Wirts lautet knapp: „Nee, hier setzt man sich."

Schon die Berliner „Jören" lauerten immerzu auf ein Opfer, das sie mit Wortspielen mundtot machen konnten. So bekam der harmlose Fremde auf seine Frage „sag mal, wo ist hier das Kreiskrankenhaus?" von einem Berliner Jungen zur Antwort: „Kreiskrankenhaus? Ham wa nich. Unseret is viereckig. Wat Sie mein, is de Jasanstalt."

Wortspiele können auch zu eleganten Waffen werden, um sich vor Zumutungen zu schützen, wie jener Schaffner, der auf diese Weise die Beschwerde eines mäkelnden Berliner Fahrgastes abzuwehren wusste: „Sie! Kondukteur, hier drückt man sich ja die Knochen entzwee; die Banke is so hart!" „Warten Se eenen Oogenblick, wir kommen jleich an 'ne Weiche."

Zu blitzschnellem Umschalten zwingt dieses intelligente Sprachspiel: „Was versteht man unter einer Bahnunterführung?" „Wenn jrade 'n Zuch drüba fährt – keen Wort!"

Auch der Vater, der mit seinem Sohn morgens in den Zoo geht, wo es noch ganz leer ist, jongliert mit der Doppelbödigkeit der Sprache: „Papa", fragt der kleine Junge, „warum macht denn der Geier so'n dämlichet Jesicht?" „Weil keen Aas da ist!"

Eine gelungene schlesisch-berlinische Symbiose transportiert ein Witz, der mit dem spielerischen Wörtlichnehmen der Sprache durchaus auch vors Schienbein treten kann. So fragt ein Vater, der seinem Sohn dessen sehnlichsten Wunsch nach einem Äffchen erfüllen möchte, den Portier des KaDeWe: „Führen Sie Affen?" „Tut mir leid. Ick kann von meinem Platz nicht fort."

Dass der Berliner Witz mit seinen Wortspielen nicht tot ist, zeigte sich neulich in der Reaktion eines Fahrgastes auf die Lautsprecherdurchsage auf dem U-Bahnsteig „Bitte benutzen Sie alle Türen!" Da war nämlich zu hören: „Der is jut! Ick bin froh, wenn ick eene schaffe!"

Linksanwalt und Wanderflegel – Sprachspiele

Die Lust an parodistischen Sprachspielen, die, historisch in Schlesien sehr verbreitet, dann in Berlin auf äußerst fruchtbaren Boden fielen, haben eine Fülle von Verballhornungen, von kritischen, respektlosen, entlarvenden Wendungen hervorgebracht. Manche Wendungen gehen einfach auf Spielfreude ohne tieferen Sinn zurück, oder der Sinn besteht darin, das Gewohnte zu durchbrechen, aufzubrechen, durcheinanderzuschütteln und damit zu unterlaufen. So kann aus der Butterstulle die „Stutterbulle" werden, aus der ganzen Familie „die janze Vanille", aus bitte schön „schütte been", aus fotografieren „fotografümfen", aus dem Unterschied der „Schiedunter", aus beispielsweise „bleistiftsweise" und aus dem Klavier das „Klafünf". Abwehr von Gefühl und Konvention zeigt sich in der Verformung von „herzliches Beileid" zu „herzliches Beinkleid". Durch Sprachspielereien gelingt es dem Berliner auch, Kritik und respektlose Unterstellungen zu formulieren, wenn der Rechtsanwalt zum „Linksanwalt" mutiert, die Singakademie zur „Singepidemie", die Elektrische zur „Epileptischen" und die Influenza zur „Infaulenza". Nicht au contraire, sondern „au controlör" werden die Wandervögel als „Wanderflegel" bezeichnet, wird der Kultusminister zum „Ulkusminister" und die Marseillaise zur „Majonaise". Sehr schön sind auch die umgestalteten Abschiedsformeln „Auf, lass uns brechen" anstatt „Lass uns aufbrechen", und anstelle von „Leben Sie wohl" der rätselhaft-herausfordernde Wunsch „Leben Se so wohl als auch".

Wanzen und Kolibris – niedrig trifft hoch

Sehr typisch für Berlin ist die parodistische Mischung aus hoher, gewählter und niedriger Sprache. Vermutlich stammt diese Neigung aus der preußischen Obrigkeitshörigkeit, die jedoch als Zwang empfunden wurde, sodass der witzige Zusammenprall verschiedener Sprachebenen als entlastendes Ventil fungieren konnte. Diese Zusammenziehung kann auch in einem einzigen Wort vonstatten gehen wie in „Wuppdizität" für Geschwindigkeit, Schnelligkeit, ein Wort, in dem das „Wupp" sehr salopp, die „dizität" sehr wissenschaftlich daherkommt. Ähnlich ist es mit dem „Ahnismus" für Ahnung, im Sinne von „ick hab so'n Ahnismus, dettet schiefjeht". Auch der Ausdruck „anjeäthert" versucht, den Zustand der Betrunkenheit mithilfe des Betäubungsmittels für medizinische Operationen aufzuwerten. Die französische Endsilbe stellt in „pechös" (unglücklich, misslich) oder „schauderös" (schauderhaft) eine bewusste Parodie dar, sozusagen die Parodie des abgespreizten kleinen Fingers. Schon bei Glaßbrenner findet sich der Zusammenprall von Hohem und Niedrigem in Wendungen wie „du wirst dir jleich eine Backpfeife aneijnen!", ein Zusammenprall, der auch im mahnenden Ausruf „klavier dir nich so uff!" (zieh dich nicht so auffällig und geschmacklos an), in der „Zanktippe" (statt Xanthippe), in „alligatorisch" (statt allegorisch) und im tautologischen Ausdruck „det konträre Jejendeel" enthalten ist. Der Spruch „der Zahlende jeruht, sich von seine juten Jroschen zu entfremden" persifliert den gewählten Ton meisterhaft. Wenn der Berliner in früheren Zeiten hochdeutsch, also gewählt schreiben musste, wie beispielsweise ans Wohnungsamt, so trieben die krampfhaften Bemühungen um eine hohe, obrigkeitstaugliche Sprache wunderbare Stilblüten: „Dieses Zimmer ist nicht nur gesundheitsschädlich, sondern es untergräbt auch die gute Sitte meines achtjährigen Jungen." Oder: „Besonders der Umstand, daß meine Schwiegermutter gestorben ist, erheischt dringend Abhilfe." Schon bei Glaßbrenner um 1830 finden sich in der schriftlichen Liebeserklärung eines Kutschers an ein Dienst-

Einer Berliner Marktfrau konnte man kein X für ein U vormachen! Holzstich von Franz Jüttner, um 1890

mädchen geschraubte, unfreiwillig komische Formulierungen, mit denen er nur ausdrücken will, dass er sein finanzielles Auskommen hat und sie deshalb ihre Stellung aufgeben kann:

Worum soll ich es Ihnen länger verhöhlen (verhehlen), liebe Mamsell. (...) Es muß Ihnen doch auch dran gelegen sein, in andere Umstände zu kommen. (...) (denn) ich habe meine Notdurft.

Ebenfalls lässt Glaßbrenner im Brief eines Berliner Schustergesellen an seinen Freund die schwankenden Sprachebenen aneinanderstoßen: „Denn werd mir janz schwabbelich um't Herze. (...) Mir jeht et hier pansabel; dir ooch?"

Auch etliche Berliner Witze spielen aus dem Bedürfnis heraus, sich in der unterlegenen Position schadlos zu halten, mit der Parodie des Höheren, des angeblich Besseren, das dadurch dem Spott preisgegeben wird. So sagt eine nörgelfreudige Dame zu einer Berliner Marktfrau: „Nein, diesen Hasen möchte ich auch nicht, aber nein! Der hat mir zu viele Schrotkörner!" Marktfrau: „Na, denn nehmse den. Der hat sich die Pulsadern uffjeschnitten."

Ebenso schlagfertig reagiert die Wirtin auf die Beschwerde ihres Untermieters, der sich ereifert: „Das ist ja unglaublich. Es sind ja Wanzen im Zimmer!" „Rejen Se sich man bloß nich uff. Wat valangen Se denn for Ihre paar Piepen? Vielleicht Kolibris?"

Eine Reihe von Witzen nimmt die Unbildung einer Respektsperson, hier des Vaters, aufs Korn: „Vater, weeßt du, wo die Karpaten sind?" „Nee, frag Muttern, die räumt ja immer allet weg." Oder sie spießen die Aufgeblasenheit einer ungebildeten Person auf, die sich an Fremdwörter heranwagt und sich an ihnen verhebt:

Wat soll ick Ihn' sagen, Frau Schulzen, mein Oller is plötzlich krank jeworden. Mitten in de Nacht mußten wir 'n Doktor insultieren, der ihm sofort in sein Krematorium mitnahm, und da werden ihm nun alle fünf Minuten kalte Komtessen uff 'n Bauch jelegt.

Der alte kalte Adel versehentlich auf dem Bauch des durchschnittlichen Berliners – hier triumphiert nicht nur der Zusammenstoß von hohen und niedrigen Welten, sondern auch die Selbstironie.

Det konträre Jejendeel und viel Lärm um Prügel

Immer wieder entzündet sich der Berliner Witz, die gewitzte Rede daran, dass ein Tatbestand mit seinem diametralen Gegenteil in Verbindung gebracht, also komplett verdreht wird. So ist eine schwatzhafte Person „verschwiegen wie 'ne Litfaßsäule", so kann ein schweigsamer Mensch aufgefordert werden, dass er „doch nich sonnen Radau" machen soll. Wenn der Berliner ausruft, „det is ja ne dolle Akustik hier", dann meint er nicht etwa die Klangfülle in einem Konzertsaal, sondern einen sehr unangenehmen Gestank. Wenn er sich zu viel hinter die Binde gekippt hat, ist er nicht etwa angetrunken, sondern „anjenüchtert". Indem er die Schwächen seiner Mitmenschen aufspießt, so den unsauberen Hemdkragen eines Passanten, so tut er das mit einem gewissen verdrehten Charme: „Du, Langer, jelejentlich musste den Schtehkragen ooch ma wieda teern lassen, da schimmat schon det Weiße durch!"

Die Redelust des Berliners zeigt sich in raumgreifenden Umschreibungen für einfache Sachverhalte, wenn er anstelle des Wortes „erklären" „auseinanderposamentieren" sagt, statt „begreifen" „mir is der Knopp ufjejangen", und wenn er einen Schwätzer mit den Worten „quatsch da lang, hier ist jeflastert" abzuwehren versucht. Der verspielte Klangreichtum des Berlinischen drückt sich im Spruch „mang uns mang is eener mang, der mang uns mang nich mang jehört" aus, ein Spruch, der vor Vergnügen an der eigenen Sprache nur so strotzt.

Vor allem aber zeigt sich die ungebremste Berliner Redelust in unglaublich vielen originellen Synonymen, für Geld, fürs Trinken und allem voran fürs Verprügeln. Dabei geht es vor allem um die verbale Drohgebärde, die abschrecken soll, die sich selbst behaupten will und die durch die überschäumende Übertreibung bereits den Sieg davonträgt, ohne die Fäuste zu gebrauchen. Hier als Kostprobe ein kleines Feuerwerk dieser brachialen Übertreibungen:

„Dir soll ick woll dezentralisieren?"

„Nummerier dir man de Knochen"

„Ick schmeiß dir an de Wand, dat de kleben bleibst und die

Mordkommission dir abkratzen muss"
„Stille biste, sonst jibt's eens uff de Riebe, det deine Jurke denke soll, ihre Mutter is een Kürbis jewesen"
„Reich mir mal det Beil von de Kommode, ick wer den Kerl ma nen Scheitel ziehn!"
„Mensch, dir könnt ick stundenlang in die Fresse haun!"
„Hast woll lange nich dein eijnet Jeschrei jehört?"
„Dir nehm ick außenander un setz dir vakehrt wieda zusamm'"
„Een Hieb, und du stehst in't Hemde da, der zweite Schlag is Leichenschändung"
„Ick atme dir ein!"
„Ein Schlag und deine Neese sitzt hinten!"
„Hau dir selbst eene in de Fresse. Ick hab keene Zeit!"
„Dir hau ick noch mal so krumm und schief, det de in keenen Sarg passt!"

Schimpfkanonaden verraten einen opulenten Einfallsreichtum und besitzen die Magie, die Luft zu reinigen, sodass auf Handgreiflichkeiten meist verzichtet werden kann. Wenn es dann aber doch einmal zu einem Kneipenstreit kommt und einer dem anderen ein Auge ausschlägt, so kann der Betroffene kontern: „Wenn de det noch mal machst, kuck ick dir nich mehr an." Hier zeigt sich übrigens der Unterschied zum perfideren Wiener Witz: „Wannst net glei still bist, schlag i dir ein Auge aus, das andere laß i dir zum Weinen." Oder: „Wannst net glei still bist, schlag i dir die Zähne aus; einen laß i dir fürs Zahnweh." Wer es nicht bei Drohungen belässt, sondern wirklich zuschlägt, bekommt es schließlich mit der Polizei zu tun, diesem „blau gestrichenen Abführmittel".

Falsch erwartet und grotesk übertrieben

Sehr beliebt ist auch das Spiel mit falschen Erwartungen, das gerne in eine Beleidigung mündet, die aber so geistreich verpackt wird, dass sogar der Beleidigte wider Willen sich ein Lächeln nicht verkneifen kann: „Se denken woll, ick bin so dumm, wie Sie aus-

Betrunkene sind immer für Scherze gut. Postkarte, um 1910

Nee, Rieke, alleweile keenen Tee.

sehen?" Oder, noch schlimmer: „Sie sind janich so dumm, wie Se aussehn, Se sind noch ville dümma!" Auch bei der Parodie hergebrachter Redensarten ist der Berliner in seinem Element, wenn er „an den nimm dir 'n Bleistift" sagt, „det jeht mir durch Mark und Pfennig" oder „det schlägt dem Faß die Krone ins Jesicht". Mit der Wendung „er hat nen schlimmen Finger am Fuß" entlarvt er eine vorgetäuschte Krankheit. Das Spiel mit den falschen Erwartungen persifliert in nahezu genialer Weise folgender Witz, in dem der Pfarrer, der den erkrankten Biologielehrer vertritt, in der Biologiestunde die Frage stellt: „Was ist das? Es ist rot, hat einen buschigen Schwanz und hüpft von Ast zu Ast?" Fritzchen meldet sich und sagt: „Na, ick würd ja uff'n Eichhörnchen tippen, aber wie ich Herrn Pfarrer kenne, wird es wohl unsa herzallerliebstes Jesulein sein."

Gerne wird dem Berlinischen eine „hyperbolische Überkugelung" nachgesagt. Hyperbeln sind sprachlich-imaginative Übertreibungen, die mit einer grotesken Phantasie einhergehen. Oft genügt es dem Berliner nicht zu sagen, daß jemand „nich so kieken" soll, sondern er schwingt sich zu Ausdrücken auf wie „Sie brauchen janich Ihre Schellfischoogen so erstaunt uffzureißen". Wird hinter einer großen, schlanken Dame hergeredet, „wenn die hinhaut, is se jleich zu Hause", so heißt es von einem Glatzköpfigen, ihm „is der Kopp durch de Haare jewachsen". Auffällig ist, dass bei diesen Übertreibungen oft das Eigentliche uneigentlich und das Uneigentliche eigentlich wird, wie auch im scherzhaften Arztbericht über eine Blutprobe nach einem Autounfall: „Die mir übersandte Probe Methylalkohol enthält schwache Spuren Menschenblut; was liegt vor?"

Der Grund für die Lust an Übertreibungen mag vom raschen Wachstum der Stadt Berlin vor allem im 19. Jahrhundert herstammen, von ihren Bodenpreisschwankungen und -steigerungen, von ihren unberechenbaren Konjunkturen. Immer wieder wurde Berlin zur Stadt der unbegrenzten Möglichkeiten, und im Fieber der Gründerjahre war es durchaus denkbar, dass das Unwahrscheinliche wahrscheinlich werden konnte. Wie dem auch sei – der Einfallsreichtum des Berliners ist unübertroffen. So wurde ein Geschäft, das wenig verkaufte, „Erbbegräbnis" genannt, O-Beine wurden als „Romanbeene" bezeichnet, denn: „erst loofen sie zusammen, dann loofen sie auseinander, dann loofen sie wieder zusammen", eine aufgetakelte Frau musste sich unfreundlich als „'n ollet Klawüster wie 'ne Vogelscheuche" bezeichnen lassen, ein Radfahrer als „Chausseefloh" oder wahlweise als „Chausseespinne". Schlechte Zigarren hießen entweder „Marke Erlkönig" – erreicht den Hof mit Müh' und Not – oder „Marke Bahnwärter" – bei jedem Zug raus (und kotzen). Die Hochbahn wurde gerne als „Bazillenkutsche" verunglimpft, Lorbeerkränze als „Ruhmesgemüse", ein langer dünner Mensch als „langes Gehopse" oder als „vollgefressener Bindfaden", der Kopf ganz allgemein als „morsche Gondel" und der Friseur als „Lockenpriester". Selterwasser bekam den schmeichelhaften Beinamen „Charitésekt", und im Wald liegen gelassenes Stullenpapier wurde zu „Berliner Edelweiß" aufgewertet. Jemand, der kein Nachtquartier mehr bekommt, legt sich „auf den Rücken und deckt sich mit dem Bauch zu". Ein Trottel ist jemand, „den se woll mit de Bratfanne abjetrocknet ha'm", so wie eine eingeschlagene Scheibe auch nicht einfach kaputt, sondern „zerbogen" ist und der Grund für eine Betriebsstörung bei der elektrischen Bahn ein „Knoten im Strom" sein kann. Jemand, der sich die Haare schneiden lassen sollte, muss sich unter Umständen anhören: „Na, Sie warten woll ooch, bis de Krankenkasse det Haarschneiden bezahlt?" Und Gründe, den Mund zu halten, gibt es auch diverse: „Mach die Klappe zu, du erkältest dir ja 'n Charakter!" oder, an ein Kind gerichtet: „Mach 'n Mund zu, die Milchzähne werden sauer." Besonders schön ist die höchst übertriebene Reaktion auf eine sehr ausgeprägte Wetterlage, sei es Kaiserwetter, sei es Hundewetter: „Det is 'n Wetter – in 'ne ärmere Jejend würden se zwee draus machen."

Übrigens ist der Berliner immer groß darin gewesen und ist es auch noch bis in die heutige Zeit, Denkmälern, Gebäuden und sogar Stadtteilen treffende, respektlose Namen zu verleihen. Am bekanntesten ist der Name für die Kongresshalle, „Schwangere Auster", dann für die Philharmonie „Zirkus Karajani" und für das Luftbrückendenkmal in Tempelhof, „Hungerharke". Der bürgerliche Stadtteil Steglitz konnte abfällig zu „St. Eglitz" mutieren. Als um 1900 der Neptunbrunnen aufgestellt wurde, merkte der Berliner sofort spöttisch mit Bezug auf die weiblichen Vier-Ströme-Allegorien am Beckenrand an, dass der Brunnen die interessanteste Sehenswürdigkeit Berlins zeige, nämlich „vier Frauen, die dauernd den Rand halten". Und noch früher, schon um 1820, als das neue Schauspielhaus am Gendarmenmarkt errichtet wurde, geriet es gleich in die Kritik, weil es wegen seiner als labyrinthisch empfundenen Gänge schwierig war, sich dort zurechtzufinden, weswegen boshaft gereimt wurde:

Das Schauspielhaus hat tausend Winkel,
Aus allen ruft es: Schinkel, Schinkel!

Radikale Plattitüden

Auf der einen Seite eignet der witzigen Berliner Rede eine intelligente, ironische, um die Ecke denkende, antithetische Komplexität. Auf der anderen Seite, vielleicht zur Entlastung, trifft man immer wieder die platte Richtigkeit, den selbstverständlichen, beinahe dümmlichen Verismus als Gegenpol zur Ironie an. Warnungen wie „Fall man nich, sonst fällst de!" oder Lebensweisheiten wie „Mit dem Bezahlen verplempert man des meiste Jeld" und „Jeld alleene macht nich jlicklich, man muss ooch welchet haben" gewinnen ihre Komik aus der überraschenden, unerwarteten Eindimensionalität. Davon lebt die Empörung „wat, Zunge,

Die Herren sehen sich schon am Galgen, als der Afrikaforscher Carl Peters einer feinen Berliner Gesellschaft berichtet, dass Ehebruch in Afrika mit dem Tode bestraft wird. Karikatur aus dem Kladderadatsch, 1897

45

die eß ick nich; die hat schon eener im Mund jehabt" ebenso wie auch die übertriebene Verwunderung über einen schlichten Tatbestand: „Müller? Den Namen hab ick doch schon irjendwo jehört?" Dadurch, dass in diversen Witzen die Person, die gefragt wird, auf den allerselbstverständlichsten Tatbeständen beharrt, missversteht sie absichtlich die Frage und verweigert eine weiterführende Antwort, so wie der Gepäckträger am Bahnhof Zoo, der vom eiligen Reisenden gefragt wird: „Sie, wo lässt man sich am besten rasieren?" Der Gepäckträger, keineswegs eilig: „Am besten im Jesicht." Ähnlich erging es einer Kunsthistorikerin, die im Schloss Charlottenburg den Wärter fragte, wo denn das Bild von Antoine Watteau „Einschiffung nach Kythera" hänge, worauf sich der Wärter nur zu der lapidaren Antwort aufschwang: „An der Wand."

Obwohl folgender Spruch zunächst auf banalen Allgemeinplätzen beruht, imponiert er schließlich durch seine auftrumpfende Rätselhaftigkeit: „Es jibt sonne und et jibt solche; denn jibt's ooch noch andere, und det sind de schlimmsten".

Scherzhafte Definitionen können aus ihrer Auflösung ins Nichts komische Funken schlagen: „Handschuh is, wo man, wenn man keene hat, de Hände ooch in de Hosentaschen stecken kann!" Ähnlich funktioniert auch diese Definition: „Die Jungfernheide heeßt Jungfernheide, weil's in der Hasenheide ooch keene Hasen jibt."

Infaulenza

Der preußische Drill und das preußische Reglement waren für Berlin über lange Zeiten sehr prägend. In den Witz oder auch in die witzige Rede ist davon allerdings wenig eingedrungen. Sicherlich hatte gerade der Witz die Ventilfunktion, von Druck, Anpassung, Regelhörigkeit und Disziplin zu entlasten und diese zivilisatorischen Anforderungen durch Lachen zu entschärfen. Lediglich die Wendung „det is amtlich" und der Ausdruck für einen Betrunkenen, der „voll wie ne Haubitze" ist, verweisen in die Sphäre von Bürokratie und Militär. Wie sehr dieser Bereich aber auch dem

Spott preisgegeben wurde, werden wir an späterer Stelle im Zusammenhang mit den Zitzewitzwitzen sehen. Auch der Ausdruck für einen untergeordneten Vorgesetzten, „Unterbambusel", ist bereits von einer gewissen respektlosen Ironie. Gerade die Forderung nach disziplinierter Arbeit und Leistung wird immer wieder in verschiedenen Sprüchen konterkariert, ja, das Lebensprinzip „Leistungsverweigerung" geradezu gefeiert: „Arbeet is wunderschön; stundenlang kann man zusehen." Oder. „ Wer Arbeit kennt un sich nich drickt, der is varickt." In dieselbe Richtung zielt der folgende Vers, der dazu auch noch eine komische Mischung aus gestelzter und gewöhnlicher Sprache enthält:

> Mensch, entschlage dich der Sorjen
> Und verschiebe nich uff morjen,
> Wat de übermorjen
> Ooch noch kannst besorjen.

Jerührt wie Appelmus – Der Berliner und seine Gefühle

Ein grundlegendes Charakteristikum des Berliner Witzes oder überhaupt der Berliner Art besteht in der Verspottung von Gefühlen. Wenn der Berliner gerührt ist, dann ist er, wenn's hoch kommt, „jerührt wie Appelmus". Schon in den Dialogen bei Adolf Glaßbrenner um 1830 muss nicht nur die Rührung durch Alkohol erträglich gemacht werden, sondern sie muss auch als Vorwand zum Trinken herhalten: „Jießen Sie einen Bittren auf Ihre Rührung." „Jeben Se mir mal Ihre Pulle! Ick bin ooch sehr jerührt." Der Berliner ist durchdrungen von einer grundlegenden Skepsis gegen Pathos, das er als falsches Gefühl abwertet. Vielmehr ist er darauf bedacht, sein Innenleben hinter dicken Mauern von Ironie und Spott zu schützen, um sich bloß nicht angreifbar, gar verletzbar zu machen, wie es auch dieser Vers dringend anrät:

> Ick bitte dir, ick bitte Dir sehr,
> Ick bitte dir um Jottes willen,
> Bloß niemals dein Privatmalheur
> Vor andere zu enthüllen!
> Und wat een richt'ger Berliner is,

47

Der merke sich diese Spitze:
Über det, wat dir det Liebste is,
Reiß deine schnoddrigsten Witze!

Daher schätzt der Berliner intime Enthüllungen überhaupt nicht:

Wenn über eene olle Sache
Mal wieder Jras jewachsen ist,
Kommt sicher een Kamel jeloofen,
Det allet wieder 'runterfrißt.

Huppdohlen in Aktion: Die Damen bieten die Kulisse für den Berliner Operettenkomponisten Paul Lincke. Foto von 1938

Traditionell wird diese gefühlsskeptische Art von Nicht-Berlinern kritisiert als „eine Sucht, alles Reine ins Schmutzige, alles Große ins Kleine, alles Leidenschaftliche ins Niedrig-Ironische herabzuziehen und Gefühlsworten mit kaltem Spott zu kontern." Dass aber das ganze Wesen des Berliners nur in einer „spöttischen Oberflächlichkeit" aufgeht, muss mit Fug und Recht bezweifelt werden. Denn gerade, wer emotional so viel zu schützen hat, wer zu Selbstironie in der Lage ist, wer sein Innerstes panzern muss, verfügt oft über ein reicheres Innenleben und ist verletzlicher als mancher, der sein gefühliges Herz auf der Zunge trägt und in Tränen des Selbstmitleids ausbricht. Das ist das Schöne an der Berliner Art: Selbstmitleid wird durch Selbstironie sehr effektiv in Schach gehalten. Jemandem,

dem es nicht hochtrabend und ironiefern um „sein ganzes Selbst"
geht, sondern, sehr viel niederschwelliger, um „seen janzet Icke",
ist durchaus eine angenehme Distanz zu sich selbst zuzutrauen.
Wenn der Berliner einem Freund oder Bekannten tröstend über
ein Unglück hinweghelfen will, dann versucht er ihn mithilfe des
Satzes „ran an'n Sarch un mitjeweent!" aufzubauen, ein Satz, der
auch dafür benutzt werden kann, jemanden in forscher Weise
zum Mitmachen aufzufordern. Immer wieder spielt in antitheti-
scher Weise der Tod eine Rolle. So muss sich unter Umständen ein
Trauergast, der erzählt, er sei auf dem Weg zu einer Beerdigung,
anhören: „Mensch, sind Sie vajniejungssüchtig!" Und auf die
konventionelle Zuspitzung „Ich lache mich tot" legt der Berliner
noch eins drauf, indem er stattdessen sagte: „Ick krieg den Dod in
beede Waden!" Ohne mit der Wimper zu zucken kann er auch von
„een piekfeinet Sarchmagazin" sprechen. Jemand, der fröhlich
verkündet, er habe sich verlobt, muss mit der misstrauisch-spötti-
schen Replik „Gegen wen denn?" rechnen.

Der Berliner Wortschatz ist reich an Ausdrücken, die Schönes
und Emotionales verformen können. So wird aus der Tänzerin die
„Huppdohle", jemand, der sich fein einkleiden möchte, will sich
„inpuppen", und wer sich geehrt und geschmeichelt fühlt, ist „je-
fumfeit" oder „jebumfiedelt". Auf der anderen Seite kann jemand
ein Vermögen „verbumfiedeln" oder „verjuchheien", also durch-
bringen, und überhaupt alles „verfumfeien", also alles verderben.
Der aufblühenden Natur im Frühling gegenüber kann der Berliner
eine unglaubliche Illusionslosigkeit an den Tag legen:

Nur eenmal blieht
Wenn't keener sieht,
Im Jahr der Mai,
Und zwelfmal blieht de Miete.

Von einem noch größeren desillusionierenden „Zartgefühl" lebt
die Pointe dieses Witzes, die sich wieder um den Tod dreht. Ein
Mann wird auf der Straße vom Schlag gerührt und stirbt. Augen-
zeugen stellen aus Papieren, die sich bei ihm vorfinden, Namen
und Wohnung des Toten fest und bitten einen Droschkenkut-

scher, der anbietet, die Leiche nach Hause zu fahren, die Angehö-
rigen schonend vorzubereiten. „Det woll'n wa schon machen,"
sagt er und fährt los. Vor dem Hause angelangt, steigt er drei Trep-
pen empor und klingelt. Eine Frau öffnet. „Sind Se vielleicht die
Wittwe Schulzen?", fragt er. Sie erwidert: „Mein Name is Schulze,
aber Witwe bin ich nicht." Er: „Woll'n wa wetten?"

Kasimich und ausjearthurt: Freuden der Grammatik

Was der Berliner Sprache ihren besonderen Charme verleiht, ist
die originelle Dehnung der Grammatik. Es scheint so zu sein,
dass sich die Berliner Respektlosigkeit auch gegen die Regeln der
Grammatik wenden kann, denn in der witzigen Umgangssprache
werden sie nach Strich und Faden gebrochen. Da kann es falsche
Steigerungsformen wie „die jutesten" geben, oder die superlative
Wendung „Wär ick man lieberst zu Hause jeblie'n". Wohin die
originellen Steigerungen führen können, zeigt der Spruch „Er
macht den Quatsch immer quätscher, bis er quietscht". Dann
wieder kann es sogar unbekannte Steigerungen von Substantiven
geben, wie „Det kannste nich in Jahren jutmachen, ja nich ma
in Jahrenden" und überhaupt nonchalante Neubildungen von
Substantiven wie „Haste denn keene Vastehste?", oder „ein Be-
portefeuillter", der nichts anderes ist als jemand mit einer dicken
Brieftasche. Auch können originelle Zusammenziehungen wie
„obste" statt „ob du" oder „wennste" statt „wenn du" auftauchen,
sodann neuartige Adjektive wie „mir is sehr philisoffiererich" und
auch zu einem Konzentrat zusammengezogene neue Verben, die
eigentlich einen ganzen Satz beinhalten. So kann der vollständige
Satz „Die Freundschaft mit Arthur ist vorbei" blitzschnell zu „Det
hat sich ausjearthurt" komprimiert werden, so heißt es, wenn es
keine Torte mehr gibt, „des hat sich ausjetortet" oder wenn die
Hochzeit geplatzt ist, „et hat sich ausjebräutjamt". Wie universal
nutzbar diese Art von Zusammenziehungen ist, wird schon in
Glaßbrenners „Straßenbildern" deutlich, wenn ein Betrunkener,
der keinen Spritzkuchen kaufen will, seine Ablehnung mit „hier
wird nischt gespritzkuchent" deutlich macht. Ebenso sagt der

Nee, nee, mein Lieber!
Nischt zu machen!

Berliner Foto-
postkarte, um 1910

Eckensteher Nante zu seinem gefräßigen Sohn: „Warte, ick wer' dir bebratwurschten!" Vor allem in den historischen Dialogen Glaßbrenners oder Holteis aus der Zeit um 1850 herum taucht immer wieder die starke Beugung schwacher Verben auf, die mit dieser bewussten Regelverletzung einen Anschein von höherer Bildung erweckt und gerade dadurch Komik erzeugt: Da kann es „anjemorken" statt „angemerkt" heißen, „blamoren" statt „blamiert", „jeforben" statt „gefärbt", „jeschonken" statt „geschenkt". Und in den Wendungen „Wünschen Sie vielleicht zu Hause beglitten zu sind?" und „Der is janz schön von sich überzogen" sind die Partizipien manchmal fast unverständlich und man braucht einen Moment, bis man auf „begleitet" und „überzeugt" kommt.

Allerdings ist die vom Hochdeutschen abweichende Verwendung von „mir" und „mich" im Berlinischen kein Regelbruch, sondern Bestandteil der Grammatik des Berliner Dialekts, über den es sogar sprachwissenschaftliche Abhandlungen gibt (Hans Meyer, „Der richtige Berliner"). Durch den Zusammenstoß mit dem Hochdeutschen aber ist dem Berliner diese sprachliche Abweichung durchaus bewusst und an ihr entzünden sich etliche Witze und witzige Anekdoten. Überliefert ist der Dialog zwischen einem Reichstagsabgeordneten namens Hoffmann in einem Untersuchungsausschuss und einem betrügerischen Kaufmann, welcher hochmütig sagt: „Ich lehne es ab, mich mit Ihnen zu unterhalten, Sie verwechseln ja ständig mir und mich!" Kaum hatte er ausgesprochen, erwiderte Hoffmann: „Det isso, is aba nich strafbar. Sie aba verwechseln ständig mein und dein, und deswejen sind Sie hier und müssen mir antworten!" Über diese Anekdote schreibt Hans Meyer begeistert: „Das kann man alles auch hochdeutsch sagen, doch blitzt es nicht so schön. Das Berlinische hat den Unschuldsglanz des Naiven."
In eine ähnliche Richtung zielt auch folgende Scherzfrage:

> Wer fährt heute 1., 2., 3., 4. Klasse? In der 1. Klasse fahren die Leute, die mein und dein verwechseln, in der 2. Klasse die, die mir und mich verwechseln, in der 3. Klasse die, die früher 4. Klasse fuhren, und in der 4. Klasse – wir.

Sehr schön ist auch die Resistenz, die die Schülerinnen und Schüler vor den Verbesserungen ihrer Lehrerinnen feit. So spielen ein paar Mädchen Reifen, als Dora sagt: „Else, laß mir mal springen!" Die Lehrerin, die gerade vorbeigeht, verbessert: „Aber Dora, laß mich mal springen!" Da antwortet Dora gutmütig: „Na ja, Else, laß ihr mal springen!" Und ein Junge sagt zu seiner Lehrerin: „Frollein, es blitzt hinten bei Sie!" Das Fräulein sagt lächelnd: „Es heißt bei Ihnen, nicht bei Sie!" Darauf der Junge überlegen: „Zu Jroßen sagt man immer Sie!"

Charmante Selbstironie, die diese grammatikalische Besonderheit des Berlinischen thematisiert, spricht aus einem Poesiealbumsspruch, der in einem blitzgescheiten Sprachspiel gipfelt:

> Ich liebe dir, ick liebe dich –
> Wie's richtig is, ick weeß es nich,
> Un's is mich ooch Pomade.
> (...)
> Ick liebe dir! Ick liebe dich!
> Wie' richtig is, ick weeß et nich,
> Doch klopft mein Herz so schnelle!
> Ick lieb nich uff den dritten Fall,
> Ick lieb nich uff den vierten Fall –
> Ick lieb' uff alle Fälle.

In dieses Fach gehört auch der kurze Dialog, in dem die Geliebte bittet: „Küss mir, Kasimir." Er verbessert: mich, Liebling, mich." Sie, resistent und dahinschmelzend: „Küss mir, Kasimich."

Und aus der Bildunterschrift einer Zillezeichnung, in der ein Proletarier sich bei seiner Frau über das eintönige Essen beklagt, stammt diese grammatikalische Überkugelung: „Schon widder Kohl ohne Fleesch als Beilage. Ick eßte doch jestern erscht..." Sie: „Es heeßt nich: Ick eßte. Man sacht: ick aß!" Er: „Uff dir mahch ja det stimm. Ick brauch mir nich Aas nennen!" In diesem Dialog schmiedet der Mann aus der grammatikalischen Verbesserung seiner Frau blitzschnell eine verbale Waffe gegen sie und zeigt damit, was den Berliner Witz typisch macht, nämlich Tempo, Wortspiele, Schlagfertigkeit und auftrumpfender Angriff.

Als die Haare auf den Zähnen wuchsen

Berlin entstand auf einem Boden, der germanisch und slawisch gleichermaßen geprägt war. Zunächst von den Ostprovinzen Preußens beeinflusst, ist ab dem 13. Jahrhundert für die Berliner Stadtsprache reines Niederdeutsch nachgewiesen, das sowohl aus der umliegenden Mark Brandenburg als auch von Kolonisten östlich des Harzes stammte. Von Berlinforschern wird allgemein angenommen, dass die Berliner Derbheit in niederdeutschen Schwänken wurzelt. Bis heute findet sich die norddeutsche Gemütsruhe im Ausdruck „Jebrüder Beenekes" für Beine und Füße. Um 1500 schrieb Abt Trittenheim von Sponheim (1462–1516) über die zugezogenen Einwohner Berlins wie auch über die Märker:

> Die Einwohner sind gut, aber zu rauh und ungelehrt, sie lieben mehr die Schmausereien und den Trunk als die Wissenschaften. (…) Die Einzöglinge aus Franken und Schwaben (…) sind mehr dem Suff ergeben als die Landeseinwohner. Man kann von den Märkern sagen, daß sie (…) durch ihre Faulheit zur Armut gebracht werden.

Erhalten hat sich diese Eigenschaft in verschiedenen Versen und Wendungen, so auch in dem Kneipenspruch: „Und wenn ich dann Arbeitswut habe, setze ich mich ganz schnell in meine Ecke und warte, bis der Anfall vorüber ist."

Im Jahr 1504 übernahm Berlin amtlich das Hochdeutsche, genauer das Obersächsisch-Meißnerische als offizielle Sprache. Im 16. Jahrhundert trieb Hans Clauert aus Trebbin in der Mark Brandenburg und in Berlin seine verschlagen-witzigen Eulenspiegeleien. Immer wieder schlüpft er in andere Rollen, gibt sich selbstbewusst als Pastor, Arzt oder Wahrsager aus und hält durch dieses Verwirrspiel mit verschiedenen Identitäten den Menschen

Noch heute wird in Trebbin an Hans Clauert, den „märkischen Eulenspiegel", gedacht.

einen Spiegel vor. Zwar ist der Fluch einer alten Frau, die „ihm mehr als zwanzig Tonnen voll Teufel in den Leib" wünscht, von ungewöhnlicher Übertreibungslust geprägt, aber insgesamt ist der dem Trunk zugeneigte Clauert eher behäbiger Natur. Seine schlitzohrigen Scherze münden am Ende jeder Episode in moralische Lebensweisheiten und praktische Ratschläge wie: „Nie lohne den unbekannten Mann, / Eh' seine Arbeit er getan" oder „Darum veracht' nicht jedermann, / Du weißt nicht, was ein andrer kann!"

Das Berlinische bildete sich in der typischen Form durch verschiedene fränkische, flämische, holländische, französische und böhmische Einflüsse bis zum 18. Jahrhundert heraus und wurde in allen gesellschaftlichen Schichten, sogar am Hof, gesprochen. Der Berliner Witz allerdings begann sich erst etwa Mitte des 18. Jahrhunderts langsam zu regen. Aus dem Tabakskollegium des Soldatenkönigs Friedrich Wilhelm I. jedenfalls sind lediglich derbe, grobe und geistlose Scherze überliefert. In dieser Tradition stehen auch die vom Soldatenkönig auf der Straße verabreichten willkürlichen Prügel vor 1740, die der Romancier Willibald Alexis in seinem realistischen Roman „Cabanis" atmosphärisch beklemmend festhält:

> Ich erinnere mich, nie einen müßigen Spaziergänger auf der Straße gesehen zu haben; (...) Denn allzu gefährlich war es, dem alternden Könige zu begegnen, wenn ihn etwa die üble Laune trieb, einen, der ihm auffiel, heranzuwinken und ein Examen mit ihm anzustellen. Wer nicht bestand, wer geckenhafter gekleidet war, als es ihm erlaubt schien und keine nützliche Beschäftigung nachzuweisen wußte, hatte eine üble Behandlung zu fürchten. (...) Die Straßen waren still, die Fenster mit Jalousien geschlossen und um die Nähe des kriegerischen Lustgartens ließen sich nur die Einwohner sehen, deren Geschäfte es unumgänglich nötig machten.

Aus dieser willkürlichen Prügeltradition entwickelte sich im 19. Jahrhundert im Handwerkermilieu die Volksbelustigung der Massenschlägereien, eine Gepflogenheit, die sich noch im Berliner Lied „Bolle reiste jüngst zu Pfingsten" erhalten hat. Bei dieser „Keilerei" auf der Schönholzer Heide werden Messer herausgezogen und „fünfe massakriert", später dann war „das Nasenbein zerknickt, das rechte Auge fehlte, das linke marmoriert, aber dennoch hat sich Bolle janz köstlich amüsiert." Langsam aber wurde der direkte Schlag durch die verbale Schlagfertigkeit ersetzt, aus der sich dann der Berliner Witz entwickelte.

Frühe Geistesblitze

Als frühester geistreicher Berliner gilt Friedrich der Große, der am liebsten Französisch sprach und schrieb und dessen esprit-voll-eleganter Briefwechsel mit dem scharfen Satiriker Voltaire ebenso wie seine

Voltaire macht an der Tafel Friedrichs des Großen eine seiner geistreichen Bemerkungen. Ausschnitt aus dem berühmten Gemälde von Adolph Menzel, 1850

sprühend-lebhaften Tafelrunden in Sanssouci geradezu legendär sind. So schrieb Friedrich II. an Marquis d'Argens über die königliche Tafel: „Wie das sprudelt, wie das schäumet! Funkenhelle Geistesblitze". Bekanntermaßen schrieb Friedrich II. vor allem Französisch. Auf Deutsch übernahm er die derbe Ausdrucksweise seines Vaters, des Soldatenkönigs. Der Berliner Bevölkerung gegenüber war er misstrauisch. Er schreibt von ihrer „unruhigen querulierenden" Art, hält die Berliner für ein „obstinates folk", für „lauter Schlüngels" und „faul Teufelszeug", ja, bezeichnet die ganze preußische Nation als „schwerfällig und faul". In seinen auf Deutsch geschriebenen Randbemerkungen zu Staatsakten benutzt er unbekümmert Ausdrücke wie „Schlüngel", „Essel" (Esel), „Scheker", „ertz Spitzbube" und rügt oft: „Er ist ein Wintbeutel!" Im Alter allerdings ist Friedrich II. durchaus von der Rede der Berliner beeindruckt:

> Wahren Witz hab' ich hier oft im Ausduck des gemeinsten Pöbels bei heftiger Leidenschaft gehört: lang ausgesponnene Flüche, Dialoge aus Schimpfwörtern und Ergüsse bitterer Galle, die wert wären im Shakespeare zu stehen.

Der Erforscher des Berliner Witzes, Lothar Binger, ist davon überzeugt, dass die Individualgeschichte des Königs, also sein Kampf gegen den Vater, sich für die Berliner durchaus zum kollektiven Nachvollzug eignete: „Wie Friedrich II. zwischen Höhenflug und Absturz, Euphorie und Depression hin- und hergeworfen war, changierte auch das Berlinertum zwischen „Uns kann keener" und „uns könn'se alle!" Wie dem auch sei: Fest steht, dass durch seine satirisch gefärbte Schlagfertigkeit Friedrich II. als eines der ersten Beispiele der witzigen Berliner Redeweise gilt. So verlieh er einst einem Offizier mitten im Frieden einen Orden. „Majestät", antwortete der Krieger, „einen Orden kann ich nur auf dem Schlachtfelde annehmen." „Ach was", redete ihm der König zu, „nehm' Er ihn nur immer; seinetwegen kann ich keinen neuen Krieg anfangen." Einmal bekagte sich eine Offiziersfrau in einer Audienz: „Ew. Majestät, mein Mann mißhandelt mich." „Das geht mich nichts an." „Aber er schimpft auch auf Ew. Majestät." „Das geht Sie nichts an."

Um 1750 wurde Berlin zu einem Zentrum der europäischen Aufklärung. Neben der französisch geprägten Hofkultur Friedrichs II. entstand um 1750 in Berlin durch Friedrich Nicolai, Gotthold Ephraim Lessing und Moses Mendelssohn erstmalig so etwas wie eine bürgerliche Öffentlichkeit. Ab 1751 betreute Lessing die literarische Monatsbeilage „Das Neueste aus dem Reiche des Witzes", wobei „Witz" hier eher Geist als Scherz meint. Lessing war berüchtigt für seinen beißenden Spott und seine ironische Kritik. Da er in Berlin eine Verquickung von französisch geprägter Oberflächlichkeit und Untanengeist am Werke sah, ging er schließlich nach Hamburg, was Moses Mendelssohn sehr bedauerte: Er „hat seine Geißel andern übergeben, aber sie streichen zu sanft, denn sie fürchten Blut zu sehen." Als erster richtiger geborener Berliner aber gilt aufgrund seiner Spottsucht und Schnoddrigkeit Friedrich Nicolai, „mit ihm trat diese Spezies in die deutsche Literatur ein". Als die drei großen Berliner Aufklärer Nicolai, Lessing und Mendelssohn einmal zusammensaßen und über die Unsterblichkeit der Seele disputierten, mischte sich ein Gast ein:

> „Also, ick jloobe nich an ihr." „Woran glauben Sie nicht?", wollte Lessing wissen. „Na, an die Unsterblichkeit." „Und warum nicht?" „Ja, seh'n Se, wenn ick dran jloobe und se kommt nich, dann ärjere ick mir; wenn ick dran jloobe und se kommt, so find ick weita nischt dabei. Wenn ick aber nich dran jloobe und se kommt, so freu ick mir. Merken Se wat? Drum jloobe ick nich an de Unsterblichkeit."

Lessings Stück „Nathan der Weise" (1779), für das Moses Mendelssohn Pate gestanden hatte, übte eine derartige Wirkung auf die gebildete berlinische Mittelklasse aus, dass nun so etwas wie der „berlinisch-jüdische Geist" (Fontane) entstehen konnte. Laut einer Anekdote, die von der Erforscherin des jüdischen Witzes, Salcia Landmann, überliefert ist, soll Moses Mendelssohns Verstand sogar noch demjenigen Friedrichs II. überlegen gewesen sein:

> Friedrich der Große war Antisemit, aber als ihm gesagt wurde, der Philosoph Moses Mendelssohn sei ein berühmter Mann, wollte er ihn doch kennenlernen und lud ihn zu einem Gesellschaftsabend ins Schloß. Da Mendelssohn sich in der fremden Umgebung jedoch ziemlich schweigend verhielt, war der König enttäuscht. Und um dem Ausdruck zu geben, schrieb er auf einen Zettel: ‚Moses Mendelssohn ist ein Esel. Friedrich II.' Und diesen Zettel befahl er dem Philosophen vorzulesen. Mendelssohn gehorchte. Er las: ‚Moses Mendelssohn ist *ein* Esel, Friedrich der *zweite*.'

Bereits 1780 verfasste der vielseitige Schriftsteller Karl Philipp Moritz eine Abhandlung über die Berliner Grammatik und wandte seine Forschungsergebnisse in einer beispielhaften komischen

Unterhaltung zweier Berliner Damen an, die vor eigentümlichen Präteritumsformen nur so strotzt. Da findet sich dunkel tönend „jung" statt ging, „hung" statt hing, „fung" statt fing, „sung" statt sang, „klung" statt klang, „sprung" statt sprang, „zwung" statt zwang, „jug" statt jagte, „kunnte" statt konnte, „rung" statt rang, „lohfte" statt lief, „jelitten" statt geläutet und sogar die niedliche Verkleinerungsform „gar zu sehriken" von gar zu sehr.

Ein verwegener Menschenschlag

Goethe, der mit dem Direktor der Berliner Singakademie Karl Friedrich Zelter befreundet war und mit ihm in regem Briefaustausch stand, schätzte dessen direkte Berliner Ausdrucksweise durchaus: „Sprich nur nach deiner Art immer recht derb und deutsch, damit ich in Klarheit bleibe, (...) denn das kleidet euch Berliner doch immer am besten." Berühmt ist Goethes harsches Urteil über die Berliner Bevölkerung, dem er allerdings schmeichelhafte Worte über Zelters Sensibilität voranstellt:

> Er kann (...) bei der ersten Bekanntschaft etwas sehr derbe, ja mitunter sogar etwas roh erscheinen. Allein das ist nur äußerlich. Ich kenne kaum jemanden, der zugleich so zart wäre wie Zelter. Und dabei muss man nicht vergessen, dass er über ein halbes Jahrhundert in Berlin zugebracht hat. Es lebt aber, wie ich an allem merke, dort ein so verwegener Menschenschlag beisammen, daß man mit der Delikatesse nicht weit reicht, sondern daß man Haare auf den Zähen haben und mitunter etwas grob sein muß, um sich über Wasser zu halten.

Als Zelter in einem Brief an Goethe schrieb, eine Butterfrau habe einem betrunkenen Berliner, der die Treppe eines Butterkellers hinunterfiel, zugerufen „wat is denn det for'n Butterkellertreppenjefalle!", gefiel Goethe dieses lange originelle Wort außerordentlich gut. Aus einigen Anekdoten über Zelter zu schließen, muss dieser von schlagfertiger Direktheit gewesen sein. So ließ er einen jungen Mann, der Opernsänger werden wollte, einige Läufe singen und urteilte: „Sie haben ja gar keine Stimme." „Ich habe aber", sagte der andere, „einen unbezwingbaren Drang nach den

Brettern." „Na, dann werden Sie doch Tischler!" Als Zelter einem Freund zuhörte, der ihm seine neuesten Kompositionen vorspielte, öffnete er mittendrin das Fenster, durch das eisige Winterluft ins Zimmer strömte. Der junge Musiker war irritiert, Zelter aber bemerkte gelassen: „Ich schlafe immer bei offenem Fenster." Hier haben wir ein schönes Beispiel für die schnörkellose Berliner Schroffheit, die noch nicht an den Stand gebunden ist.

Sogar im geistreichen Sprühfeuer der Salonkultur, die sich an den französischen Geselligkeitskonventionen orientierte, war der Berliner Witz vertreten. So findet sich bei den großen Salondamen, vor allem bei Rahel Varnhagen, die durch ihre eloquente Rede die Erzfeinde der Geselligkeit, „Ennui" und „Velegenheit", in Schach zu halten wusste, bereits der für den Berliner Witz so typische Hang zu Übertreibungen und eine witzige Abwehr von Gefühlen. „Selbst der Papst", sagte sie einmal, „würde in Berlin ruppig."

Um 1800 verkehrte auch der Philosoph und Theologe Friedrich Schleiermacher, der aus Breslau stammte und in der Berliner Dreifaltigkeitskirche predigte, in den Salons. Auf die große Anzahl von Zuhörern bei seinen Predigten war er nicht sonderlich stolz und sagte selbstironisch: „In meine Kirche kommen haupt-

Gesegnet mit Berliner Witz: Singakademiedirektor Karl Friedrich Zelter. Gemälde von Karl Begas

sächlich Studenten, Frauen und Offiziere. Die Studenten wollen meine Predigt hören, die Frauen wollen die Studenten sehen, und die Offiziere kommen der Frauen wegen." Er verstand es auch, schlagfertig auf beleidigende Unterstellungen zu reagieren. Denn einmal wollten sich zwei höhere Beamte, die wie Schleiermacher morgens durch den Tiergarten ritten, mit ihm anlegen. „Sieh da", sagte der eine, „der Gottesmann im stolzen Sattel, wo sich doch Jesus selber mit einem Esel begnügte!" „Das ist heute kaum noch möglich," gab der Theologe zurück, „da fast alle dieser Tierchen im Staatsdienst sind."

Als dann 1806 die französischen Truppen Berlin besetzten, begann sich im Volk der Berliner Witz zu formieren, mit dessen Hilfe Wut, Ärger und alle Zumutungen der Unterdrückung abgewehrt werden konnten. Sogar der Philosoph Hegel äußert sich lobend über den frappierenden Nuancenreichtum des Berliner Witzes. Genüsslich notiert er die Kaskade von unflätigen Beschimpfungen einer Marktfrau, deren Eier für faul gehalten wurden, und resümiert: „Der Witz der Berliner ist mehr wert als eine schöne Gegend." Er führte die Schimpfereien der Hökerinnen sogar als Belege für das dem Menschen eingeborene abstrakte Denken an.

Wie groß die Strahlkraft des Berlinischen bereits um 1825 war, ist in der Verwendung des Wortes „Sekt" belegt. Sekt war zu der Zeit das deutsche Wort für Sherry. Als der Schauspieler Ludwig Devrient, der allabendlich, gerne zusammen mit E. T. A. Hoffmann, in der Gaststätte Lutter & Wegner am Gendarmenmarkt Champagner trank, einmal ein Getränk mit dem Shakespeare-Zitat „Bring er mir Sekt, Bube" bestellte, brachte der unaufmerksame Kellner ihm keinen Sherry, sondern den gleichen Schaumwein wie sonst üblich. Daraufhin wurde zunächst bei Lutter & Wegner, etwas später in ganz Berlin und um 1890 im ganzen Deutschen Reich der Sekt vom Sherry zu dem Getränk, das er auch heute bezeichnet. E. T. A. Hoffmann übrigens beherrschte das typisch berlinische Auftrumpfen, als er bei einem reichen Berliner Kaufmann zu Gast war, der hemmungslos prahlte: „Ich beanspruche für meine Person drei Kammerdiener." Hoffmann, dem der aufdringliche Gastgeber bereits auf die Nerven ging, meinte: „Oh, das ist aber wenig. Ich habe vier Diener, die nur für mein Bad zu sorgen haben: Der erste legt die Badetücher zurecht, der zweite hat die Aufgabe, die Wassertemperatur zu prüfen, und der dritte sieht nach, ob die Wasserhähne alle in Ordnung sind." „Und was macht der vierte Diener?", fragte der verblüffte Hausherr. „Der vierte," antwortete Hoffmann, „er ist die wichtigste Person in der ganzen Sache – er nimmt das Bad für mich."

Wie originell mit der Dehnung der Grammatik, genauer mit dem Komparativ, gespielt wurde, zeigt sich bereits 1821 im treffenden Kommentar des großen romantischen Berliner Schriftstellers Ludwig Tieck zu einer misslungenen Aufführung von Kleists „Prinz von Homburg". In dieser Inszenierung aus Wien wurde das Stück derart pathetisch gesteigert, dass es unter Zischen und Gelächter unterging: „Kein Wunder, dass die Aufführung missglücken musste; wenn man Kleist steigert, wird Kleister daraus!"

Die Zeit des Biedermeier gilt als Glanzzeit des Urberliners, der nicht gerade zartbesaitet war. Damals gab es in Berlin noch keine Kanalisation und der Gestank der Reinigungseimer wurde von den Berlinern „tragbares Gas" genannt. Es war die Zeit, als jeder einziehende Fremde am Stadttor beim Torschreiber seinen Namen angeben musste. „General Globig", sagte der Fremde. „Ach wat, gloob ick", empörte sich der Torschreiber, „sowat muß man doch wissen!" Es war die Zeit des beginnenden Berliner Witzes, als ein Handwerksbursche, der in der Breiten Straße einen Droschkenkutscher fragte, wie er wohl am schnellsten zur Stadtvogtei (Polizeipräsidium und Gefängnis) käme, zur Antwort bekommen konnte: „Jehn Se man hier in den Laden da drüben, und stehlen Se en Pack seidene Dücher!" Und es war die Zeit, als verschiedene burleske Handwerkerfeste wie der Stralauer Fischzug, das Fliegenfest der Leinenweber und das Mottenfest der Tuchmacher zu einem Hauptvergnügen der Berliner Bevölkerung wurden. Julius von Voß gilt mit seinem Lustspiel „Der Strahlower Fischzug" (1821) als erster Entdecker der berlinischen Welt und des Dialekts für das Volkstheater. Diese erste Berliner Posse, die die Neigung zu un-

63

gebremster Redelust parodiert, ist gespickt mit Berolinismen wie „ufklavirt" für aufgedonnert, „Genasium" für Gymnasium und „Regalschule" für Realschule. Im Stück des Lustspieldichters Louis Angely „Das Fest der Handwerker" (1828) tritt der Berliner Dialekt mit dem Schlesischen, dem Pommerschen und dem Sächsischen in witzige Zwiesprache. Umgibt sich der Berliner Handwerker mit Bildungsfetzen wie „allabunöhr" (á la bonheur – zum Glück), so wird dem Schlesier ein besonders verdrehter Witz in den Mund gelegt: „Er hatte so seine pockennarbige Haare ins Gesicht, und wenn er sprach, stutterte er a Bißel mit 'n linken Ellbogen."

Das Berliner Volksstück holte die städtischen Originale von der Straße auf die Bühne. In der Wirklichkeit der Stadt gab es Schusterjungen, Fischfrauen, Eckensteher, Torfweiber, Hökerinnen und Leichenbitter, die bei Todesfällen mit Sprüchen wie „Er hat ausgerungen!", „Jott hat sie retourgenommen!" oder „Er hat sich von diesem Dasein absolviert!" Trost spendeten, dann den „Ätherfritzen", die „Eis-Rieke" und den „Lindenläufer", der auch „Demoiselle Fischer" genannt wurde, ein dünnes Männchen, das jeden Mittag eilig drei- bis viermal die ganzen Linden entlang trippelte, mit niemandem sprach, niemanden kannte und von dem man nicht einmal sicher wusste, ob es ein Mann oder eine Frau war.

Das herausragendste Original dieser Zeit aber war Madame Du Titre (1748–1827). Durch ihre Heirat mit dem überaus reichen hugenottischen Seidenhändler

Berliner Originale auf der Bühne: Anna Schramm als Hökerin in dem Lustspiel „Wie die Alten sungen" von Karl Niemann. Foto von 1912

Du Titre verkehrte sie auch in Hofkreisen. Nach dem Tod von Königin Luise 1810 soll Madame du Titre zu König Friedrich Wilhelm III. gesagt haben: „Ach ja, für Ihnen is et ooch nich so leicht. Wer nimmt heut schon 'nen ollen Witwer mit sieben kleenen Kindern?" Allerdings konnte Madame Du Titre den König auch grollend zur Rede stellen, nachdem er sie mit ihrem Hofknicks bei einem Spaziergang Unter den Linden übersehen hatte: „Ja, Majestät, Steuern nehm', det könn'se, aber 'ne olle Berlinerin jrießen, det is nich, wat?" Aus ihrer Unbildung machte sie keinen Hehl, wenn sie einen Klavierabend mit Carl Maria von Weber an der Singakademie schildert:

> Jottedoch, der Herr von Weber! Wie der so mit die Fingerchens über die ville weiße und schwarze Tasten herumdippte, hat mir ja amüsiert, det war lustick. Wenn bloß die eklige Musik nich jewesen wäre!

Gegenüber Verbesserungen ihres Berliner Jargons ist sie nicht nur immun, es gelingt ihr sogar, den Spieß umzudrehen und ihre Redeweise als höherwertig hinzustellen:

> „Denken Se sich, Liebeken, von der Behrendschen bin ick zur Gerickschen jeloofen, dann bin ick wieder zur Behrendschen jeloofen, und von die bin ick zur Kassiscken jeloofen, und wie ick so jeloofen bin ..."
>
> „Aber Madame!", flüstert ihre Begleiterin leicht indigniert, „on dit: gegangen, geeegaaangeeen und nicht jeloofen!"
>
> „Wat gegangen, gegangen! Mamselleken! Ick bin jeloofen und hab den reichen Dutitre jekriegt, und Sie sind gegangen und gegangen und 'ne olle Jungfer jeblieben, also is jeloofen besser als gegangen!"

Als es mit ihr zu Ende ging, soll ihr letzter Seufzer gewesen sein: „Wenn ick denke, wer von meine Verwandte all det scheene Jeld erbt, möcht' ick am liebsten jar nich sterben." Madame Du Titre hatte Haare auf den Zähnen, aber die trug sie, wie so viele beherzte Berlinerinnen, gerne gut frisiert.

Zu derselben Zeit wirkte in Berlin der Arzt Ernst Ludwig Heim (1747–1834), der grob und gütig zugleich war und jede Art von

Getue und Aufgeblasenheit verabscheute. Als eine Patientin, die, um sich besser zu dünken, immer wieder Fremdwörter benutzte, wegen einer lächerlichen Bagatelle die Nachtruhe des Arztes störte und jammerte, dass sie ihn dringend „insultieren" müsse, da sie an „Konfektionen" im Kopf litte, antwortete Heim verärgert: „Schicken Sie schnell hinüber nach der Hypothek und lassen Sie sich etwas Rhinozerosöl geben!"

Das Genie Berlins

Adolf Glaßbrenner gilt als Vater des Berliner Witzes, oder besser, als literarisches Sprachrohr der witzigen Stadtbevölkerung, wenn er schreibt: „Berliner, dein Genie ist der Witz. Du bist ein Shakespeare an Witz, der reicher ist als unsere gesamte Literatur." Den Berliner Humor preist Glaßbrenner hymnisch und redet ihn als sein Gegenüber an: „Berliner Witz, du bist kein bloßer dummer Junge, du bist das Genie Berlins, der souveräne Geist der Bevölkerung." Sein Bekenntnis „Nicht ich, das Volk hat gedichtet!" zeigt, dass er die Menschen auf der Straße als seine Inspirationsquelle ansah. Denn der gebürtige, mit Spreewasser getaufte Berliner tummelte sich in der immer stärker sich entwickelnden Großstadt und bewunderte erstaunt ihre disparate Vielfalt:

> Wo ist Berlin in Berlin? Man hat Berlin noch lange nicht in den Händen, wenn man mir statt mich hört und volkstümliches Weißbier getrunken hat. Hier ist Berlin Paris, dort London, hier Kräwinkel, dort Kaserne, hier eine Demokratie, dort ein Büro, hier ein Bethaus, dort ein lustiger Markt.

Seine der Bevölkerung abgelauschten dialogischen Perlen gab er in seiner eigenen Zeitschrift, dem „Berliner Don Quixote" (1832), heraus. Während der Restaurationszeit wurde Glaßbrenner wegen politischer Anspielungen 1833 mit Berufsverbot belegt. Daraufhin ersann er in seinem Buch „Aus den Papieren eines Hingerichteten" (1834) den „Journal-Kirchhof", in dem er sarkastisch-boshafte Todesanzeigen für etliche eingegangene und verbotene Zeitungen verfasste, so für das Journal „Der Berlinische Zuschauer": Dieses Blatt „war so witzig wie ein Nachtwächter, so interessant wie eine Nachtmütze, (…) so liebenswürdig wie eine Fledermaus, so keusch wie eine tote Nonne, (…) und so nützlich wie ein Schwefelholz, das versagt hat." Zwischen 1835 und 1850 gab Glaßbrenner dann dreißig vermeintlich harmlose Heftchen unter dem Titel „Berlin wie es ist – und trinkt" meist in Berliner Dialekt heraus, sehr erfolgreiche Groschenheftchen, in denen er verschiedene Berliner Berufe wie Eckensteher, Hökerinnnen, Holzhauer, Köchinnen, Fuhrleute, Zirngibler, Guckkästner und Nachtwächter in witzigen Gesprächen zeigt und Einblicke in Schnapsläden, Tabagien, Billards, in verschiedene Stadtteile wie

Moabit oder Tempelhof, in den Lustgarten und die Pferderenn-bahn gewährt. Berühmt ist der Glaßbrenner-Dialog zwischen zwei Eckenstehern, denen es gelingt, die Substanzlosigkeit ihrer Rede durch einvernehmliche Geschwätzigkeit zu verbrämen:

Machte den Berliner Humor unsterblich: Adolf Glaßbrenner. Litho-grafie, um 1840

A: Sag mal, hast du denn schon davon jehört?
B: Wovon denn?
A: Nu von die Jeschichte mit den – mit den – na, da draußen, da neben die – jees! Wie heißen denn die Leute?
B: Meenst du vielleicht die neue Bierkneipe?
A: I nee doch! Ick meen die Jeschichte da mit den – na, der Name schwebt mir uff de Lippe. Die da draußen vorjejangen ist, da draußen bei – Jott, du mußt ja den Ort kennen!
B: Ach, jees, det ist die Jeschichte mit den – ja, die kenn ick – mit den – na, mit den, jees, wie heißt er noch? Die meenste?
A: Richtig, ja, die meene ick. Also die kennste schon?

B: Ja, die kenn ick; die hat mir ja der – der – na wie heeßt er
denn? erzählt. Der – da draußen – du weißt ja.
A: Ja, ick weeß schon, det is die Jeschichte. Von dem ha'ck se
ooch.

Mit besonderem Vergnügen beobachtete Glaßbrenner die originelle Schlagfertigkeit der Marktfrauen und Spittelmarkt-Hökerin-
nen, die er in seinen Dialogen verewigte:

Lehrling: Hören Se mal, haben Sie keenen anderen Früchte als
die schlechten Dinger, die hier liegen?
Hökerin: O ja: Ohr-Feigen!
Lehrling: Nee, ick danke, da bin ick selbst Engros-Händler,
wenn Sie mal wat brauchen.
(...)
Hökerin: Na, junger Herr, keene Nüsse heute? Kommen Se her,
bester Herre, Nüsse wie Mandeln! Wieviel woll'n Se'n?
Junger Mann: Sind auch keine taube drunter?
Hökerin: Ja, hör'n Se mal, junger Herr, ick wär mit Vergnügen
in jede ringekrochen un hätt mal nachjesehen, aber ick darf
de Schalen nich uffmachen.

Nicht nur schlagfertiger Sarkasmus zeichnet die Hökerinnen aus,
sondern auch das Vergnügen, gemeinsam über Kunden zu lästern.
So fragt eine Marktfrau die andere, als ein buckliger Edelmann vo-
rübergeht: „Seh' mal, den Pucklichen, der da hinlooft. Is det nich
der adlije Herr?" Die andere: „Ja, det is en Ast von seinem Stamm-
boom." Den Hökerinnen mangelt es an duldsamer Servilität, in
Wirklichkeit sind sie enorm reizbar. Wird vonseiten der Kundschaft auch nur die kleinste Kritik am Feilgebotenen laut, fällt die
dünne Tünche der Dienstbeflissenheit ab, die Hökerinnen reagieren wie von der Tarantel gestochen und eine Schimpfkanonade
originellster Beleidigungen ergießt sich über den armen Kunden,
über „det Jemensche", dem die fantasievollsten Wortarabesken
wie Ohrfeigen entgegenklatschen:

Er langbeeniger Kranich! (...) Er spillrijet Jerippe (...), so'n
Schatten von Mannsperson! (...) Er Gespenst! Em blase ick ja
durch seine durchsichtije Knochen in die Höchte, det Er ver-

hungern soll in de Luft, (...) Er abjemerjelter Menschensplitter! (...) Er zweebenije Distel, (...) von oben bis unten wie'n hohler Zahn, (...) verkoof Er sich vor'n Viertel Pfund Lumpen, damit wenigstens noch mal en Stück Papier aus Em werdt, wat man benutzen kann! (...) Nehm' Er sich doch Kiessand und schaure (scheure) Er sich reene, damit nischt von Em übrig bleibt! Er abjeknabberte Kälberpote, laß Er sich do(r)ch zu Leim kochen und en Stiebelknecht mit sich zusammenkleben, damit er doch zu etwas nutze ist! (...) Er abjerissene Polizeiklinke!

In einem Witz dieser Zeit ist ein dazu passender Wutausbruch eines Meisters gegenüber einem frechen Schusterjungen überliefert: „Hältst du Blitzkröte nich uff 'n Fleck det Maul, so schmeiß' ick dir 'nen Fünfdalerschein in't Jesicht, det de acht Dage dran zu wechseln hast."

Sehr erheiternd auch noch für den heutigen Leser ist Glaßbrenners dialogisches Porträt eines „Berliner Guckkästners". Dieser längst untergegangene Berufsstand der Guckkästner ließ seine Kundschaft für fünf Pfennige, also für einen „Sechser", durch eine runde Glasscheibe in einen Guckkasten schauen, eine Art sehr früher Vorläufer des Fernsehens, in dem bunte Bilder zu sehen waren, die der wichtigtuerische Guckkästner mit seiner komischen Halb- und Viertelbildung kommentiert. Gezeigt werden unter anderem die Völkerschlacht bei Leipzig, Napoleon auf St. Helena, die Inhaftierung des Studenten Sand, der „Kotzebug" ermordet hatte und nun von einem Scharfrichter hingerichtet wird, das Paradies, sodann „mehrere Mumien, die durch Jewürze immer so jut wie lebendig erhalten werden, (...) die man aus de Perjemieten (Pyramiden) ausjebuddelt hat" und den „jroßen Jroßsultan, umjeben von allen seinen Dardanellen". Als der Guckkästner ins romantische Fach greift und begeistert schildert, „hinten überjibt sich der Mond durch de Wolken!", fragt ein zuschauender Junge kritisch zurück: „Ick denke, es heeßt: der Mond bricht durch die Wolken!", eine Kritik, die der Guckkästner mit den Worten „nein, de is zu jemeene, auf vornehm heeßt es überjeben" abschmettert. Weiterhin führt er „den Raub der Rabinerinnen" vor, das „berühmte Athen in Jriechenland" mit „Demosterich und Sokratz-tes", Christoph Columbus, wie er „mit die Erfindung Amerikas" beschäftigt ist, die „Bullewarze von Paris", also die Boulevards, dann das Bild einer flachen Landschaft, das „die projektierte Eisenbahn" zeigen soll, ebenso eine glatte Wasserfläche, die „das berühmte Binger Loch" vorstellt, und schließlich, fast philoso-phisch, ein gänzlich schwarzes Bild, das Nichts, „die äjiptische Finsternis."

Während der Guckkästner immer wieder von „Sperspektion" oder auch „Sperpektiefe" spricht, zeigt er ein Bild der Schweiz, ignoriert die Zwischenfrage eines Zuschauers, „besteht die Schweiz nich aus Kartons?", präsentiert vielmehr „die herrliche Stadt Prag im Jlanz der Abendsonne und seiner Denkwürdigkeit. (...) Vorne jeht der Kaiser, klein aber edel, jleich hinter ihm her der Fürscht Mitternacht". Ob der Gesang der drei Männer im Feuerofen, das Brandenburger Tor von Berlin, der Exerzierplatz bei London mit

Immer noch eine Sensation: Berliner Guckkästner bei der Arbeit. Lithografie, 1822

dem Tiergarten, „wo man roochen derf" – es ist ein buntes Kaleido-
skop, das die ganze Welt nach Berlin holt. Immer wieder kritisch
beäugt von der „Schandarre", dem Gendarm, fragt der Guckkästner zum Schluss, ob sich die Herrschaften „annejiert", also gelang-
weilt haben, was die Zuschauer in vertrackter Weise bejahen: „Ick
kann eben ooch nich über Mangel an Langeweile klagen."

Immer wieder leben die Dialoge Glaßbrenners von Sprachspielen, von Wortverformungen wie „cholerarisch" statt cholerisch,
vom Wörtlichnehmen der Sprache, von homonymen Doppel-
bedeutungen, wenn auf die Ankündigung des Guckkästners,
„meine Herrschaften, so erlauben Sie mir, deß ich fortfahre", ein
Zuschauer antwortet: „Bleiben Se doch hier!" Und der Gurken-
händler, der bei einem Volksfest seine Ware vergeblich mit „Saure
Jurken, meine Herren" anpreist, ist durch die schlechten, zähen
Geschäfte schließlich so wütend, dass er zu rufen beginnt: „Saure
Herren, meine Jurken!"

Auf ein Berliner Original, den Besitzer einer Tabagie, geht
Glaßbrenners Figur des Rentiers Buffey zurück, eine biedermeier-
liche Kleinbürgerfigur in der Vormärzzeit, die aufmucken und
frei sein will. Zwar tappt Buffey immer wieder in die Falle seiner
eigenen wichtigtuerischen Beschränktheit, fällt aber auch originelle Urteile:

> Jöthe hat mir nie jefallen können, weil er allens von sone kalte
> Seite anfaßt, so mit Jlacéhandschuhe, nich aus't Herz raus (...).
> Un denn fehlt et ihm ooch an Riehrung un an Wahrheit, denn
> wenn er mal *Mensch* sind will, denn hängt er sich jedesmal
> noch drei Mäntel um, damit er sich nich erkältet.

Buffey, ein aufbegehrender Bürger des Vormärz, schreckt aber
auch nicht davor zurück, seinem Sohn gnadenlos Prügel anzudro-
hen: „Denn kriegste een Katzenkopp, det de nich weeßt, zu welche Konfession du jehörst." Wie dünn die zivilisatorische Tünche
ist, die über den ebenfalls von Glaßbrenner gestalteten Theater-
besuch von Handwerkern gebreitet ist, zeigt sich in der Drohung
eines Gesellen, der von ruhestörenden Zuschauern geplagt ist:
„Ick schmeiß euch raus, un spiele euch draußen eine Jungfrau von

Orleang vor, det ihr jlohben sollt, det janze Trauerspiel besteht aus Maulschellen."

Der Berliner Witz konnte nur auf dem immer komplexer werdenden Großstadtboden gedeihen. Der Berliner Romancier Georg Hermann meinte sogar, dass fast alle Dialektdichtung zu einer unerträglichen Sentimentalität neige, die berlinische Dialektdichtung aber eine Ausnahme mache: Sie sei von Anfang an großstädtisch und unsentimental.

Eckensteher und andere Typen

1824 wurde am Alexanderplatz das Königstädtische Theater für Lustspiele, Possen, Vaudevilles, Volksstücke, Melodramen, Singspiele und Pantomimen als erstes bürgerliches Theater auf dem Alexanderplatz eröffnet. Theaterdirektor war das Berliner Unikum Carl Friedrich Cerf, unter dem nicht nur Louis Angely, sondern auch der Breslauer Karl von Holtei als Hausautoren wirkten. Hier wurden Holteis Lustspiele „Wiener in Berlin" (1823) und „Berliner in Wien" (1824) aufgeführt. Holtei und seine Frau traten sogar selber in den sehr erfolgreichen Possen auf, in denen sich der Witz am Zusammenstoß zweier unvereinbarer Mentalitäten und Dialekte entzündet. So räsoniert der Wiener Franz:

die Sprach' versteh' ich eben so wenig, wie man die meinige verstehen möcht', wann ich recht los leget'. Manchmal gieb ich mir wohl Müh', mich zu berolinisieren, – aber wie man bei uns sagt: es thut's halt nimmermehr.

Der Berliner Eugen muss nachfragen: „Was heißt das: Es thut's halt nimmermehr?" Franz: „Das soll heißen: Es geht nicht, – ma bringt's nicht zu Stande, – es paßt nicht, – es will nicht vom Fleck – es geht nicht z'sammen – es wird nix draus – es thut's halt nicht – Mein Gott, das kann man in Eurer Sprach' gar nicht beschreiben." Dass die Berliner der unerschütterlichen Auffassung waren, im Gegensatz zu anderen Regionen „reines Deitsch" (Glaßbrenner) zu sprechen, zeigt sich auch im Dialog zwischen der Berliner Dörthe und dem Wiener Hubert: „Laß's ei ni gehn und plausch' nit so dalketes Zeug daher. Freili soll's kommen." Dörthe: (im Gehen für sich)

„Wenn ich diesenjenigten Wiener Dialog alle Dage hören müßte, das würde mich meine reene deutsche Sprache ganz verderben."

Holteis Possen am Königstädtischen Theater leben stark vom Sprachwitz, vom Aneinanderprallen verschiedener Mundarten. Holtei versuchte, die deutsche Sprache als Literatursprache gegenüber dem Französischen, das damals in der Literatur- und Theatersprache noch sehr vorherrschend war, aufzuwerten. Dazu bediente er sich verschiedener Dialekte, ein Stilmittel, das es so im Französischen nicht gab. Die Aufwertung des Dialekts gegenüber der Hochsprache diente auch einer Aufwertung des Bürgerlichen gegenüber dem Aristokratischen. Aber Holtei war kein Revolutionär, sondern er versuchte eher, zwischen Adel und Bürgertum zu vermitteln. Daher sind die Konflikte seiner Stücke im biedermeierlichen Sinne vorwiegend privater Natur. Der Zusammenstoß verschiedener Dialekte führt in Holteis Stücken zu Sticheleien und Missverständnissen, die aus Sprachverdrehungen und Wortspielen resultieren, wenn ein Wiener Kellner sagt:

An'n g'segneten Appetit", und der Berliner Andreas antwortet: „Hören Sie, mein Lieber, wie schreiben Sie denn Xegnet?" Kellner: „Mit an'n X, Ihr Gnaden." Andreas: „'s is' wahr! – (...) Also mit enen X. Nich wahr, mein Juter, dazu is des X in den Alphabet, daß man xegnet und Xundheit mit schreiben kann? Weiter kommt es jar nich vor?" Kellner: „O doch! Wir schreiben a Ochs mit an X." (Ab) Andreas (allein): „Ochse? – Ick jlobe, des sollte en Stich sind, weil ick ihn jeneckt habe. – Na, mag er nu jeseegnet mit X oder mit Ypsilon schreiben, ick will mir den Kaffee jeseegnet lassen sind!

Mit Holteis Schauer- und Kriminaldrama „Ein Trauerspiel in Berlin" (1832), das mit einigen komischen Berolinismen wie „gemorken" und „geschumpfen" aufwartet, betrat erstmals die Figur des Nante die Bühne. Nante ist hier eine gaunerische Figur aus dem Volk, der sich kräftiger Berliner Redensarten bedient:

Willst du mir etwa durch die Lappen gehen? Mir Fisematenten machen, du pfiffiger Wippchendreher? Da ist gesorgt vor! Dir krieg' ich beim Kanthacken (...), du Stiefelputzer, du!

Der aus Breslau stammende Schauspieler Friedrich Beckmann, der zwischen 1824 und 1844 als Komiker am Königsstädtischen Theater auftrat, wurde durch seine Verkörperung des Eckenstehers Nante berühmt. Als Nante hatte er in Holteis Stück derart viel Beifall bekommen, dass er diese Figur eigenständig in einer äußerst erfolgreichen Szenenreihe weiterentwickelte und damit den ersten komischen Rollentypus Berlins schuf. Als Beckmann „Eckensteher Nante im Verhör" (1832) spielte, eine Szene, die zum Vorläufer aller späteren humoristischen Gerichtsszenen wurde, drängten sich die Berliner ins Königstädtische Theater „wie das Volk bei einer Hungersnot vor dem Bäckerladen und dem Brothause", um die witzigen Dialoge nicht zu verpassen:

> Nante: Ick habe mir gemolden! (…)
> Aktuarius: Nun! – Geboren? (…)
> Nante: Ja, ick schmeichle mir mit meinem Dasein. (…)
> Aktuarius: Was war sein Vater?
> Nante: Ja, mein Vater war – eh er verschied – verschieden. Des Morgens war er Milchfrau, des Nachmittags Kegeljunge in Pankow und des Abends Stammgast in der Tabagie. (…)
> Aktuarius: Was ist er? (…)
> Nante: Ick war 'ne janze Weile jarnischt, denn studierte ick Nachtwärter, un jetzt stehe ick Ecke. Nun habe ick mir noch eene Karre anjeschafft, un dadurch eene eijne Karriere jebildet. (…)
> Aktuarius: Verheiratet? (…)
> Nante: Jetzt hab ick 'ne Frau, wenn wir noch ein halbes Jahr beisammen sind, können wir den Siebenjährigen Krieg miteinander feiern.

Der Breslauer Friedrich Beckmann war für seine geistreichen sprachspielerischen Bemerkungen berühmt. So sagte er, als er eines Tages bei einem Diner zwischen zwei schönen Schwestern, den Schauspielerinnen Auguste und Charlotte von Hagn saß: „Zwischen A. und C. Hagn kann man nur Behagn fühlen." Aber es konnte sich durchaus auch Bissigkeit in seinen Ton mischen. Immer wieder geriet er mit dem Theaterdirektor Cerf aneinander,

der zwar ein tüchtiger und umtriebiger Theaterprinzipal war, aber weder lesen noch schreiben konnte, sodass Beckmann spottete: „Sie sind Ritter des Roten Adlerordens 3. Klasse, Besitzer eines Theaters 2. Klasse und ein Rindvieh 1. Klasse." Und als eines Tages ein verkanntes Genie ausrief „wenn ich eines Tages wieder auf die Welt kommen sollte, werde ich bestimmt kein Künstler mehr!", antwortete Beckmann: „Ich glaube, Sie sind schon wieder auf die Welt gekommen."

Vom komischen Rollentypus des Nante, den Friedrich Beckmann ersonnen hatte, angeregt, verfasste auch Glaßbrenner einige humorvolle Nante-Dialoge:

> Aktuarius: Geboren?
> Nante: Ja, jeboren bin ick. Je suis. Entschuld'jen Sie, wenn ick manchmal en bissken Französisch unter meine Reden jieße. Erschtens kleedt des en jungen Menschen jut, un zweetens kleebt mir des noch von Anno 13 und 14 an, die ick mitjemacht habe. (...)
> Aktuarius: Was war Er, bevor er Eckensteher wurde? (...)
> Nante: Nun überließ ick mir selber und studierte Straße, zettadier: ick wurde Straßenjunge.

Sehr lautmalerisch erzählt Nante dann von der Keilerei, die vor Gericht verhandelt wird: „Des jing hastenichjesehn kniz, knaz, rungs, klapp, knall, pladderadautsch, baff."

In einem anderen komischen Nante-Dialog, oder besser -Monolog Glaßbrenners wird ein typischer Morgen in Nantes Leben voll schnapsseligen Behagens vorgestellt:

Das Berliner Original schlechthin: Eckensteher Nante, verkörpert von Friedrich Beckmann. Farblithografie von Julius Schoppe

Aach, des schmeckt! Des schmeckt als wenn eener Schnaps trinkt, un er schmeckt ihm. So, nu hab ick jefrühstückt, nu wer' ick mir mal de Welt ansehen, ob noch allens in Ordnung is. (...) Himmel is da, is oben, de Erde is hier, un de Destlationsanstalt is drüben: Welt, jetzt kannste wieder losjehen! Lebenslauf, ick erwarte dir.

Und wenn Nante ans Sterben denkt, klingt das – gereimt – so:

Un sagt der Tod einst: Nante, du,
Komm mit die jroße Strecke!
Da spring ick bloß, un ruf ihm zu:
Ick bin schon um die Ecke!

Aufgrund der originellen Ausgestaltung der Nantefigur bezeichnete der Publizist Heinrich Beta in seiner „Physiologie Berlins" (1846) Glaßbrenner als „Eckensteherhomer". Zwar ist Beta der Überzeugung, dass die Berliner eigentlich unsicher seien und sich hinter ihrem Witz versteckten. Aber seine Kritik an der Berliner Scharfzüngigkeit, die er aus der kargen Natur Berlins herleitet, ist selbst eine Kanonade giftiger Ablehnung:

Ich glaube steif und fest, daß ein großer Teil der Ge- und Verbrechen des Berliner Lebens, der kleinlichen, peinlichen Philistereien und Engherzigkeiten, mit denen die Menschen sich und andere zwicken und zwacken, beknausern, beknattern, zerkritteln und zerkratzen, anbeißen, beschnitzeln und bewitzeln, (...) diese flußspatsaure, alles zerfressende Kritik und Klatschsucht und der in sich vermauerte und versauerte Egoismus (...) auf Rechnung dieser trostlosen Sandwüste zu setzen ist.

Dazu passt auch eine Szene aus Ludwig Lenz' Posse „Das Kunst-Kabinett" (1840), in der ein „Erklärer", übrigens gespielt von Friedrich Beckmann, eine Ansicht von Berlin, vom Kreuzberg aus gesehen, humoristisch vorstellt: „Hier erblicken Sie die Umgebungen der Haupt- und Residenzstadt Berlin, eine reizende Sandfläche, wobei die Natur alle Abwechslungen sorgsam vermieden hat."

Glaßbrenners, Beckmanns und Holteis witzige Stücke stellten in der Zeit des Vormärz ein Ventil für die Volksseele dar. Bereits

1830 hatte auf einer Karikatur Franz Burchard Dörbecks ein Gendarm eine Wasser tragende Frau mit dem Zeigefinger ermahnt, die zurückgab: „Ick sage ja keen Wort, Herr Kumsarjus." „Halt sie's Maul! Sie raisonniert inwendig." Im Jahr 1844 hatte der preußische Innenminister Witze als gefährlich eingestuft, sodass Glaßbrenner einen Narren sagen lassen kann: „Ich bin ein Narr, solange Fastnacht ist, und da es gegenwärtig immer fast Nacht ist, so bleibe ich auch ein Narr."

In den 1840er-Jahren muss die Sprengkraft der Witze erlahmt sein, obwohl Theodor Mundt noch 1844 schrieb: „Der Witz ist der Robespierre der Berliner, ihre Freiheit, ihre Charte, ihre Constitution, ihr Alles und ihr Nichts." Dennoch wurde das schlechte Niveau des Komödienhauses nach dem Tod von Theaterdirektor Cerf 1845 sogar selber schon in einem Witz beklagt, wenn ein Berliner dem andern erzählt: „Weeßte schon, heute haben se den Blitzableiter von't Königstädtische Theater runterjenommen!" „Wieso denn?" „Na, da schlägt doch nischt mehr in!"

Und 1846 war im Berliner Blatt „Laterne" zu lesen: „Der Berliner Witz ist ausgeflogen, seitdem Beckmann und Glaßbrenner von dort fortgezogen sind und die Polizei ihr Imprimatur zu jedem Witz geben muss."

Adolf Glaßbrenners Stücke wurden von Theodor Hosemann illustriert. Hier ein Bild zu der Posse „Eine Landpartie". 1847

Affen-Theater.

Der Teufel in Berlin

Kurz vor der Revolution 1848 scheint die Klinge des Berliner Witzes stumpfer geworden zu sein. Zwar hatte 1846 der Berlinforscher Heinrich Beta in seiner „Physiologie Berlins" in etwas zwiespältiger Weise festgestellt: „Man wird berlinisch, grob, dreist, egoistisch, gerieben, gewitzt, weltklug, mit allen Hunden gehetzt und bekommt Intelligenz." Aber kein Geringerer als Theodor Fontane beklagte im selben Jahr die Abwesenheit eines tatsächlich treffenden, aufrüttelnden Witzes:

> Die „Berliner sehen sich gar nicht mehr ähnlich, entweder werden gar keine Bonmots und beißende Bemerkungen anjetzt gemacht, oder es fehlt der Geschmack daran, und was sonst wie ein Lauffeuer von einem zum anderen ging, bleibt jetzt beim dritten, vierten stecken und stirbt."

Und ein anderer Zeitgenosse äußert 1847: „Der Berliner Witz ist vom Pferd auf den Esel und von da auf den Hund und von da auf die Maus gekommen, so daß man witzig zu sein glaubt, wenn man sich ‚mausig' macht."

Nur wenige witzige Bemerkungen sind aus dieser Zeit überliefert. So wurde über die Nischen am alten Berliner Schinkel-Dom, dem Vorgängerbau des heutigen Doms, gescherzt, dass in der leeren Nische am Portal demnächst eine Statue von Luther aufgestellt würde, denn in der anderen Nische stünde ja schon Wegener, in Wirklichkeit eine Apostelfigur mit einem Kelch in der Hand – eine Anspielung auf das gleichnamige Lokal. Und aus dem portugiesischen Titel des erfolgreichen Stücks „Vasco da Gama", das ein Puppenspieler namens Linde in den 1840er-Jahren in Berlin vor begeistertem Publikum aufführte, entwickelte sich im Berliner Jargon die heute noch gebräuchliche Bezeichnung „Fatzke" für einen aufgeblasenen Dummkopf. Auffällig ist, dass es in

Harmloses Vergnügen: Affen-Dressurnummer in einem Berliner Theater. Kreidelithografie von Theodor Hosemann, um 1860 der Zeit um 1848 herum vor allem meist Schlesier waren, die auf der einen Seite den Berliner Dialekt und Humor als grob, unfein und schroff abwerteten und auf der anderen Seite als zugereiste „Entwicklungshelfer" fungierten und den Berliner Witz somit zu einer neuen Blüte führten. So fällte schon 1841 der aus Breslau stammende Romancier Willibald Alexis ein vernichtendes Urteil über den partout witzig sein wollenden Berliner Dialekt, den er auf der Bühne für gänzlich untauglich hält:

> Jener Jargon, aus dem verdorbenen Plattdeutsch und allem Kehricht und Abwurf der höheren Gesellschaftssprache auf eine so widerwärtige Weise componirt, daß er nur im ersten Moment Lächeln erregt, auf die Dauer aber das Ohr beleidigt, konnte auf der Bühne wenigstens das nicht erwecken, was er sollte, eine reine Lustigkeit.

Und der aus dem schlesischen Sprottau stammende vielseitige Schriftsteller und Theaterdirektor Heinrich Laube urteilt 1850 über die Berliner Art, die sich für ihn keineswegs mit Witz verbindet: „Ein Bajonett des schnellsten, willkürlichen Urteils geht durch alle Berliner, und gewissermaßen sind sie auch alle Soldaten." Aber, so bemerkt Herbert Schöffler in seiner „Kleinen Geographie des deutschen Witzes", Seele müssen die Berliner schon deshalb langsam bekommen haben, weil im 19. Jahrhundert ganze Menschenströme aus Schlesien, dieser von Russland, Polen und Böhmen umgebenen preußischen Provinz, in der Gemüt, Gefühl und Herz allgemein verbreitet waren, nach Berlin kamen. „Grattez le Berlinois et vous verrez le Silésien", schreibt Schöffler, was sich mit „Kratzt am Berliner und es wird der Schlesier zum Vorschein kommen" übersetzen lässt.

Kladderadatsch revolutionär

Tatsächlich waren es dann um 1848 aus Breslau zugezogene, oft jüdische Schlesier, die den Berliner Witz neu belebten. Der Berliner Schriftsteller und Publizist Karl Gutzkow rühmt das humoristische Niveau des 1848 in Berlin gegründeten Satireblatts „Kladderadatsch":

Wer „würde verkennen, daß ‚Kladderadatsch' ganz Deutschland (…) vorm Einschlafen geschützt hat? Aber die ‚Gelehrten'
des ‚Kladderadatsch' sind witzige Ausländer, die sich nur Berliner Formen bedienen. Ohne die Schärfe dieses Blattes würden
diese Formen, wie die Erfahrungen auf den neu eröffneten
hiesigen Bühnen zeigen, ins Quatsche zurückfallen."

Mit den Gutzkowschen „witzigen Ausländern" sind vor allem
aus Schlesien stammende jüdische Publizisten und Schriftsteller
gemeint, so der Vater bzw. einer der Väter der Berliner Lokalposse
und Mitbegründer des „Kladderadatschs", David Kalisch, so die
redaktionellen Hauptstützen des Blattes Ernst Dohm und Rudolf
Löwenstein. Angeblich soll die Idee zu dem Satiremagazin in der
Hippelschen Weinstube am Berliner Alexanderplatz geboren
worden sein, wo Kalisch, der Berliner Verlagsbuchhändler Albert
Hofmann und andere Berliner Publizisten verkehrten. Kalisch,
Dohm und Löwenstein verabredeten, dass das Blatt „täglich mit
Ausnahme der Wochentage" erscheinen solle. Ernst Dohm, 1819
in Breslau im assimilierten jüdischen Bürgertum geboren und ab
1849 einer der führenden Köpfe des „Kladderadatsch", wurde von
seinen Zeitgenossen, unter anderem von Otto von Bismarck, für
seine sprühende Intellektualität und ironische Schärfe, für seinen
schneidenden Witz, für seine geistreichen Gedanken und seine
Fülle liebenswürdiger Bosheiten gerühmt. Auf der anderen Seite
rechnete man es ihm hoch an, dass er genügend Takt und Delika-
tesse besaß, um nicht den Exzessen der verletzenden Satire zu ver-
fallen. Von seinem Nachruhm heißt es sehr optimistisch: „Ernst
Dohm stand an der Spitze des Kladderadatsch volle 35 Jahre,
und werden die Spuren seiner Wirksamkeit an diesem Blatt selbst
in Äonen nicht vergehen." Auch Rudolf Löwenstein, zeitweilig
alleiniger Leiter des Weltwitzblattes „Kladderadatsch", gehörte
maßgeblich zu den gelehrten Herausgebern des Magazins. Er war
es, der die berühmten typischen Figuren des „Kladderadatsch",
die erzreaktionären, in Herrenreitermanier berlinernden Barone
Prudelwitz, ein pommerscher Gutsbesitzer, und Strudelwitz, ein
Gardeoffizier, ersann. In ihren Briefen überbieten sich die beiden

Erste Ausgabe des
Kladderadatsch
vom 7. Mai 1848

Erzjunker gerade-zu mit Ausrufen, phrasenhaften Wendungen und Fremdwörtern: „Kamerad! Terrible! Schreckensnachricht! Mein janzer Humor weg, auf Ehre! Corps-Befehl, Kranzlers Ecke verboten! (...) O, es ist écrasant, détestable!" Rudolf Löwenstein gehörte übrigens auch der Berliner Dichtervereinigung „Tunnel über der Spree" an, in der jedes Mitglied und auch Mitgliedergruppen treffende Spitznamen verliehen bekamen. So gab man den schweigsamen Teilnehmern den satirischen Namen „Klassiker" bei, während die zur Schreibwut neigenden Dichter selbstironisch „Makulatur" gerufen wurden.

Bei Gründung des Magazins 1848 verstand es sich in seiner politischen Ausrichtung als liberal und demokratisch. In der Zeit der Revolution 1848/49 entstanden in Berlin auch andere, allerdings kurzlebige politische Witzblätter mit originellen Titeln wie „Satan", „Die ewige Lampe", „Der Teufel in Berlin", „Feuerbrände" und „Berliner Krakehler", wobei der „Kladderadatsch" sich als die einflussreichste Zeitschrift durchsetzen konnte. Das

Leitungstrio Kalisch, Dohm und Löwenstein hatte an der Ausprägung des geistreich-pointierten jüdisch-berlinischen Witzes in
den folgenden Jahrzehnten hervorragenden Anteil. In einer der
ersten Nummern vom 2. Juli 1848, also aus der Zeit, als nach der
verlustreichen Märzrevolution bis zum Sommer eine gewisse Libe-
ralisierung eingesetzt hatte, finden wir unter dem Titel „Politische
Bummeleien" eine manifestartige Bezugnahme auf Friedrich den
Großen, der, wie oft in der Zeit um 1848, als Gewährsmann frei-
heitlicher Ideen herangezogen wurde:

> Vorläufig behalten wir Schwarz, Roth, Gold! Wir wollen aber
> keinen schwarzen Absolutismus, auch keine rothe Republik,
> sondern die goldne Mittelstraße einer Regierung wie die Fried-
> richs des Großen, herrlichen Andenkens.

Nachdem es im Juni 1848 mit dem „Berliner Zeughaussturm"
erneut zu einem revolutionären Aufruhr in der Stadt gekommen
war, reimte im Juli 1848 der „Kladderadatsch" spöttisch:

> Wollt Ihr, daß endlich Ruhe sei –
> Sperrt ganz Berlin in die Stadtvogtei.

Als die militärischen Truppen, die nach den Barrikadenkämpfen
mit mehreren hundert Toten im März 1848 hatten Berlin ver-
lassen müssen, im November 1848 unter der Leitung von General Wrangel wieder zurückkehrten, hatte das Volk dem General
gedroht, dass man seine Gattin hängen würde, falls er es wagen
sollte, in Berlin einzurücken. Wrangel, der sich um diese Drohung
nicht scherte, fragte, als er an der Spitze seiner Truppen durchs
Brandenburger Tor ritt, nur lapidar seinen Adjutanten: „Ob se ihr
woll jetzt hängen?" Der aus dem pommerschen Stettin stammende Wrangel bediente sich der Berliner Mundart und war, obwohl
er sich als Gouverneur von Berlin bis 1864 immer wieder gegen
das Volk wandte, durch seine derbe und volkstümlich-hemdsärm-
lige Art bei den Berlinern so beliebt, dass sie ihn in einer gewissen
Schizophrenie „Papa Wrangel" nannten. In einer Akademieaus-
stellung fragte er einmal einen anwesenden Maler, von wem denn
dieses Bild sei. Als der Künstler geschmeichelt antwortete „von
mir, Exzellenz", sagte Wrangel: „Soso, Van Mier, det is doch der

jroße Holländer, wie?" „Verzeihung, Exzellenz", gab der Maler peinlich berührt zurück, „Ich meine – von mich!" „Ah so", sagte Wrangel bewundernd, „von Sie – det freut mir!"

Das Gegenteil von derb, nämlich geistreich und gewitzt, waren dagegen die Artikel, Kommentare und Zeichnungen im „Kladderadatsch". So wartet die Ausgabe vom Silvestertag 1848, die den Untergang der „rothen Republik" vor dem März 1848 beklagt, auf der Titelseite mit bissig-sarkastischen Regeln zur Abschaffung der Farbe Rot auf: Ab heute dürfe der Regenbogen nur noch fünf Farben enthalten, die Vögel müssen „bei Strafe sofortiger Einsperrung" ihre roten Federn ablegen, Blut, „das gefährlichste Sinnbild der rothen Republik, soll „allen Demokraten" abgezapft und „alle Rothköpfe und Rothbärte" müssen abgeschnitten werden. Damen ist es nicht nur verboten, rote Kleider, Schleifen und Tücher zu tragen, sie dürfen nicht einmal mehr schamrot werden, und die Abend- und Morgenröte, auch in Gedichten, gehöre abgeschafft. So sei der Anfang der Ballade von Gottfried August Bürger, „Lenore fuhr ums Morgenrot / Empor aus wilden Träumen", in „Lenore fuhr zur Frühstückszeit ..." zu entschärfen. Aus der Zeit kurz nach der Revolution war auch ein Witz im Umlauf, in dem der Gerichtspräsident zu den Angeklagten sagt: „Ihr habt euch gegen die bestehende Ordnung empört!" Woraufhin ein Angeklagter antwortet: „Umgekehrt, Herr Präsident! Die bestehende Ordnung hat uns empört!"

Auch in der Nachmärzzeit strotzt der „Kladderadatsch" von originellen Einfällen und Sprachspielereien, wenn die Namen der politischen Gegner zu Verben umgeformt werden. So ist auf dem Titelblatt vom 4. März 1849 in radikal-sarkastischer und sozial anklagender Weise zu lesen:

Bis zum 18. März 1848 herrschte in Berlin die rothe Republik. Wenn wir bedenken wie wir jetzt im März 1849, im fünften Monat des Belagerungszustandes trotz kirchhofähnlicher Ruhe in der guten Stadt Berlin gebajonettet, geknutet, gewrangelt, gehinkeldeyt, gereitpeitscht, gemathisst, gehundejungt, gewarschaut, gewindischgrätzt, getreten, gestoßen und geniederträchtigt werden! Haha! lächerlich! auf Ehre und Seligkeit lächerlich! ruft das Exzellenzenvolk, die dicken Durchlaucts, (...) diese ranzigen Austernbäuche mit dunkelrothen Champagnerlarven, diese Pferde-Aepfel-parfümirten Landjunker, das Bedienten-Volk der Geheim-Räthe und Majors a. D. mit zugeknöpften Röcken und Herzen, mit Sporen an Füßen und in den Köpfen! (...) Laßt Eure glänzenden Equipagen anspannen und Euch aus den Geheimrathsvierteln in die Armenviertel fahren, – Sie Exzellenz Manteuffel können mitfahren. (...) Denn wenn Sie, Herr Minister des *Inneren*, in das *Innere* dieser Wohnungen des Elends und der Verzweiflung blicken, die Agonie des Hungers sehen, diese Flüche und Verwünschungen hören würden – die Quint-Essenz-Bouillon dürfte weniger schmecken!

Und in der Restaurationsära heißt es zwei Jahre später, 1851, dann überaus sarkastisch:

Brechen wir mit der Revolution. Das versteht sich! Was soll denn das ewige Revolutioniren? Was hat man davon? – Gar nichts hat man davon (...). Also brechen wir mit der Revolution so lange – bis wir uns übergeben müssen!

Im „Kladderadatsch" von 1852 wurde das inhaltsleere Sprechen, die Tabula rasa der Öffentlichkeit in Zeiten von Restauration und Zensur, auf die Spitze getrieben:

A: „Haben Sie die Blätter von gestern Abend gelesen?"

B: „Nein. Und Sie?"

A: „Ich auch nicht."

B: „Was haben Sie denn gehört?"

A: „Es soll nichts drinstehn!"

B: „Ja, das habe ich auch gehört!"

Um mit der Zensur Spott zu treiben, präsentiert das Titelblatt des „Kladderadatsch" vom Mai 1855 einen scheinbar unverfänglichen Text, der den Lesern durch die fett gedruckten Wörter am rechten Rand radikal-subversive Mitteilungen macht. Seit 1849 hatte sich der „Kladderadatsch", dieser „Großmogul der Journalistik", unaufhaltsam eine Monopolstellung im Berliner Blätterwald

erobert, vor allem im stillen Jahrzehnt der Restaurationszeit von
1849 bis zur Neuen Ära 1858, dem Regierungsantritt Wilhelms I.,
der sich nach der reaktionären Herrschaft seines Bruders Friedrich
Wilhelms IV. für einige Jahre um Reformen bemühte. Obwohl der
„Kladderadatsch" kein radikales Blatt war, sondern sich um eine
gemäßigte Position bemühte, war er zuvor immer wieder der Zensur zum Opfer gefallen und konfisziert worden, der verantwortli-
che Redakteur Ernst Dohm wurde sogar inhaftiert.

Den Gelehrten des „Kladderadatsch" stand eine ganze Palet-
te satirischer Stilmittel zur Verfügung und sie stellten in ihren
Artikeln hohe Ansprüche an den Bildungsstand der Leser. Die
Zeitschrift, die sich selbst „Organ des höheren Blödsinns" nannte, wurde von Thomas Mann später als das „politisch-literarische
Inventarstück der bürgerlichen Kultur Deutschlands" bezeichnet
und trug durch seine jüdisch-berlinisch-schlesische Mischung
enorm zur intelligenten Schärfe des Berliner Witzes bei.

In der Restaurationszeit um 1853/54 erinnerte sich Heinrich
Heine in einem Gedicht kurz vor seinem Tod an seine Berliner

Jahre zwischen 1821 und 1823. Ob er „Herr(n) Wisotzki", einen Berliner Wirt, oder den damaligen „Kronprinz(en)" erwähnt, den späteren König Friedrich Wilhelm IV., dem immer wieder ein überdurchschnittlicher Sinn für Humor nachgesagt wurde – aufschlussreich ist, dass es in dieser Strophe vor allem um den Berliner Witz geht, nach dem Heine von Paris aus sehnsüchtig fragt:

> Borussenhauptstadt, Berlin, was machst du?
> Ob welchem Eckensteher lachst du?
> Zu meiner Zeit gabs noch keinen Nante:
> Es haben damals nur gewitzelt
> Der Herr Wisotzki und der bekannte
> Kronprinz, der jetzt auf dem Throne sitzelt.
> Es ist ihm seitdem der Spaß vergangen,
> Und den Kopf mit der Krone läßt er hangen.

König der Pointen: David Kalisch

Den geschliffenen Witz von David Kalisch, der von Zeitgenossen als ein humoristisches Genie allerersten Ranges tituliert wurde, hätte Heine sicherlich sehr goutiert. Kalisch erfand sowohl für seine Possen als auch für den „Kladderadatsch" Typen wie den Kaufmann Zwickauer, der in gestelzter pseudojüdischer Sprache über wirtschaftliche Fragen parliert, oder den naiv-schlauen Berliner Schüler Karlchen Mießnick. Als Neuerfindung in Kalischs Stücken wurden die Rollentypen aus der Berliner Gesellschaft angesehen, die nicht in Schablonenhaftigkeit erstarren, sondern mit wacher Beobachtung der Realität entnommen sind. Seine Dialoge gelten als zündend und anspielungsreich, seine neuartigen Couplets sind mit scharfen Spitzen und treffenden Pointen versehen, sein revolutionärer Witz verbirgt sich unter scheinbarer Harmlosigkeit. Die hochdeutsche Sprache und den Berliner Dialekt handhabe Kalisch mit gleicher Virtuosität. Die Art seines Humors trägt wieder schlesische Züge insofern, als dass sich Kalisch ganz dem Sprachwitz, dem Wörtlichnehmen der Sprache verschrieben hatte. Überliefert sind Anekdoten, in denen Kalisch auf genau dieser Ebene arbeitete. So erregte sich ein Bekannter Kalischs über die Gewissenlosigkeit eines Theaterkritikers, der über ein Stück und die Schauspieler geurteilt hatte, ohne überhaupt in der Vorstellung gewesen zu sein. „Im Gegenteil", erwiderte Kalisch, „das ist der Beweis seines kunstrichterlichen Ernstes." „Unmöglich! Sie meinen – ?" „Freilich! Denn soll nicht auch der Richter über einen Schauspieler ohne Ansehen der Person urteilen?" Über einen bekannten Novellisten hörte Kalisch, dass er nicht schreiben könne, wenn er nicht eine Katze

Die „Gelehrten" des Kladderadatsch: David Kalisch (oben), Ernst Dohm (links), Rudolf Löwenstein (rechts) und der Zeichner Wilhelm Scholz (unten)

neben sich hätte. „Noch merkwürdiger bleibt es," war Kalischs Antwort, „daß sich bei seinen Lesern immer ein Kater einstellt." – „Wer auf meine Witze schimpft", äußerte er einmal sehr selbstbewusst, „der hüte sich: Ich verklage ihn schleunigst wegen Spotteslästerung."

Nicht nur in den publizistischen Organen knisterte es vor allem nach 1848, sondern auch auf der Bühne. „Berlins Mundwerk ist in Bewegung geraten. Es ist die Artillerie des Bürgertums, der die Possendichter die politische Munition liefern", schreibt Felix Henseleit in seinem Theater-Büchlein „Dem Vergnügen der Einwohner".

Auch David Kalischs Altberliner Possen sind durchzogen von temporeichen und schlagfertigen Sprachspielereien. Verballhornungen, komische Reime, die Lust an Übertreibungen, das Wörtlichnehmen der Sprache und satirische Passagen über den Typus des Berliner Vielsprechers zeichnen seine Possen „Auf der Eisenbahn", „Einmalhunderttausend Taler", „Berliner auf Wache", „Berlin bei Nacht" und „Junger Zunder – alter Plunder" aus, die kurz vor und kurz nach 1848 entstanden. In ihnen zeigt sich Kalischs geistreich-lebendiger Sprachwitz, der auch heute noch nicht abgedroschen, sondern im Gegenteil sehr frisch wirkt. In den Couplets dieser Possen finden sich oft komische Reime, wie „und in Breslau in der Schlesien/ Bin ich auch gewesien". Auch die Endreime der Gesangseinlagen strotzen immer wieder vor Satire:

Sagramento – Lamento
Reichsverweser – Millionser
dornigen – Kalifornien
Guadeloupen – Puppen
Miete – Mythe
Mexikaners Lippe – Schrippe
Taille – Canaille
comme il faut – Po
O mon Dieu! – Mulacksgasse sechse B.

In die Abgründe des Berliner Dialekts führt folgende Passage:

Wie wollt Shäkspern ich un Göthen
Uf de Bretter verarbeeten (...)
Singen tät ich neu'ste Schule:
„Lucia" und de „Somnambule",
Romeo und och de Jule
Wie es grade mich gefule!

Auch das missverständliche Wörtlichnehmen der Sprache, das aus harmlosen Wörtern die Namen zweier inkriminierter Revolutionsdichter macht, wird in der Unterhaltung zwischen dem politisierenden Berliner Schlitzohr Schulze und dem Polizeidiener Passauf vorgeführt:

Passauf: Soziales Bewußtsein hier? Da muß ich ja auf der Stelle fort, um die nötige Anzeige zu machen! Sie entschuldigen gütigst, dürfte ich wohl fragen, woher Sie das erfahren haben?
Schulze: Wie ich hierher reiste, auf dem Herweg sagte man mir –
Passauf: Herwegh! Herwegh, ganz richtig! Das ist einer von

den konfiszierten Liedermachern! Den wollen wir gleich
fassen, Sie raten mir auch –
Schulze: Freilich rat ich auch –
Passauf: Freilichgrath auch! Na, da haben wir's! Das ist der
andere Gedichtmacher.

Auch das Gespräch zweier Bürger mit dem immer wieder von der
Zensur verfolgten Dichter Spadelius funkelt vor Sprachspielerei:

Tannemann: Deine Lieder sind in alle Kasten der Gesellschaft
gedrungen.
Timon: Namentlich in alle Leierkasten.
Tannemann: Ja, das ist wahr! Spadelius ist derjenige Dichter in
Berlin, der am meisten zitiert wird.
Timon: Vors Stadtgericht, meinst du?

Dass Kalischs Sprachspiele immer wieder auch politischer Natur
sind, lässt sich an der „Versammlung deutscher Kellner zur Be-
sprechung vaterländischer Restaurations-Angelegenheiten" oder
an der Wendung „darauf war ich nicht gefaßt, gefaßt zu werden"
ablesen. Und in unpolitischer spiegelbildlicher Verdrehung kann
sich das ausbleibende „Abenteuer" enttäuscht in „ä teure Abend"
verwandeln.

Auch die beinahe barocke Lust an sprachlichen Übertreibungen findet sich in David Kalischs Possen, wenn Dienstmädchen
Wilhelmine atemlos klagt: „mitten durch die Berliner Höflichkeit
un Ehrlichkeit mit Bürgersteigbegehrlichkeit, ohne Herrlichkeit, is
'ne Beschwerlichkeit voll Gefährlichkeit ohne Erklärlichkeit!" An
anderen Stellen findet sich das überschäumende Verdoppeln und
Verdreifachen von ähnlich klingenden Wörtern:

O diese Damen vom Ballett! Wie werden sie zischeln, sticheln,
hecheln! (…) Wie wollen wir zischeln. Wie wollen wir muscheln. Wie wollen wir tuscheln. Hecheln, ärgern, zischeln,
muscheln, tuscheln. (…) Wie wird mir ach so muckerlich! So
ducker-, mucker- zuckerlich!

Diese sprachlichen Übertreibungen, dieses Reim-Spielvergnügen
und hemmungslose Vorführen des Sprachreichtums ist bereits in
Gedichten und Balladen des aus Breslau stammenden Schriftstel-

Kalisch parodierte auch die deutsche Hochkultur, z. B. Wagners Tannhäuser nach der Berliner Erstaufführung 1856.

lers August Kopisch, vor allem in seinem berühmtesten Gedicht „Die Heinzelmännchen von Köln" (1836), vorformuliert, wenn es da von den „Männlein" heißt, sie schwärmten

und klappten und lärmten,

und rupften und zupften

und hüpften und trabten

und putzten und schabten

(...) und schnitten und rückten

und nähten und stickten

und faßten und paßten

und strichen und guckten

und zupften und ruckten.

Auch Verballhornungen sind bei Kalisch ein beliebtes Mittel, soziale Unterschiede in Hinsicht auf Bildung, Halbbildung und Unbildung sprachspielerisch aufzuspießen. So verkündet ein aufgeblasener Berliner Parvenu: „Wir haben Bücher, Broschüren geschrieben, unter anderem auch die Oper: ‚Ein Pelzlager bei Schlesinger' – nein, wollt' ich sagen: ‚Ein Feldlager in Schlesien.'" Und ein Dienstmädchen, empört über die Belästigung durch den Dichter Spadelius, stolpert zunächst über ein schwieriges Fremdwort, weiß sich dann allerdings überaus sprachmächtig zu wehren:

Eine ehrliche Frau zu kompro- prokom - reprom- koprimieren wollen Sie mir, wegen so ein nichtswürdiges Wilhelmstraßen-Linden-Nachgeloofe, um hier so 'nen armen Wurm in den Weg zu treten, anzuhaspeln, ins Ohr zu kaspeln, Süßholz zu raspeln – paspeln – zaspeln!

Als Spadelius nicht lockerlässt und sie erneut mit der Frage „wie geht's, Proppenmädchen?" anspricht, kontert das Dienstmädchen: „Ach, immer mit Ihrer Proppenfopperei! Weil ich (...) Proppen verkloppen tue, deswegen verhöhnen Sie mir?"

Auch Wortneuschöpfungen aus Halb- und Unbildung erzeugen witzige semantische Verschiebungen, die das „Vaudeville", die „Odaliske", das „Intervall" und das „Individuum" wunderbar verformen:

Friederike: O denken Sie sich, wenn ich auftrete in den Gesangspossen, in den Wodu, Wasdu, Wiedu –

Flöricke: Wodewills!

Friederike: Woduwillst? Richtig!

So kann ein Dienstmädchen gefragt werden: „Willst du meine Obeliske werden?"
Sie wiederum spricht davon, dass er, „Gott,
wie nennen sen doch – Düplo- Duplo- Di-
plomat" ist, ein Kaufmann verheddert sich
am „neue(n) Sechselgewächs – (verbessernd)
– Wechselgesetz", und zwischendurch kann
es zu „Interwallungen" eines „Individevude-
vum(s)" kommen, das „melankolerisch" ist.
In Kalischs Possen sind auch selbstironische
Töne von Figuren, die ins soziale Abseits ge-
raten sind, vernehmbar, wenn der Dichter Spadelius gefragt wird:

David Kalischs Grab
auf dem Alten St.-
Matthäus-Kirchhof
in Schöneberg war
bis 2014 Ehrengrab
des Landes Berlin.

Tannemann: Na, wie gehts sonst, Freundchen? Was treibt
man? Wo wohnt man?

Spadelius (mit hohler Grabesstimme): Seit 13 Jahren ruhe ich
bereits im Schoß der Erde.

Tannemann: Wie?

Spadelius (mit gewöhnlicher Stimme): Ich hab 'ne Keller-
wohnung in der Grenadierstraße 85.

Kalisch nimmt auch den Typus des Berliner Vielsprechers satirisch aufs Korn, wenn er seine Figur, den Parvenu Stullmüller,
prahlerisch anheben lässt:

Ich muß mich heute abend ungeheuer zusammennehmen,
meine Berliner Individualität in den Hintergrund zu drü-
cken, sonst glaubt mir kein Mensch, daß ich vierzehn Tage in
Paris war. ((...) vornehm lächelnd) Berlin? Ah – schwach, sehr
schwach, Marktflecken, Dorf, Nest, Winkel gegen Paris. Place
de la Concorde größer als ganz Berlin, hahahaha. Berlin gar
keine Stadt – Linden keine Bäume. Champs élysées müssen Sie
sehen, ganz was anders. Tiergarten – lächerlich, gar nichts. Jar-
din des Plantes – ah! Das lasse ich mir gefallen, 50 Elefanten,
100 Hyänen, 1000 Orang-Utans und – Bären, Bären, Bären –
Oh! / Alle (lachen).

Auch andere Wichtigtuer, einer aus Berlin, einer aus der Provinz,
werden in ihrer Gehemmtheit durch die Zensur vorgeführt,
sozusagen mit ihrem Maulkorb, durch dessen Geflecht nur noch
nichtssagende Plattitüden sickern:

> Prösicke: Wat für eene politische Stimmung herrscht denn so
> bei euch in die Provinz?
> Fischer (wichtig, auseinandersetzend): Nu, ick will dir sagen –
> das heißt – wenn man – sonst allen Respekt – wenn aber – das
> heißt – zuweilen – – Sonst aber ist alles ruhig.
> Prösicke: Na, ick danke dir für die gütige Auskunft, bei uns is es
> ooch so.

Kalisch war ein Meister darin, in seinen Possen, seinen Artikeln
und seinen satirischen Versen eine Unmenge verschiedener
Register zu ziehen, seien es Sprachwitze, oft mit politischer Impli-
kation, seien es überschäumende Wortkaskaden und übereinan-
dergeschichtete Witzworte. Dass all diese Übertreibungen aus der
sich rasant entwickelnden Großstadt mit ihren schwankenden
Konjunkturen herrühren können, erkennt Kalisch hellsichtig,
wenn es in einer seiner Possen heißt: „Ich sage dir, hier in Berlin
kommt mancher mit der Equipage uf'n Hund und mancher von
de Hunde zur Equipage." In seiner Posse „Der gebildete Haus-
knecht" parodiert Kalisch den Drang des einfachen Berliners,
sich durch das Einstreuen französischer Brocken auf die Seite des
Bildungsbürgertums zu schlagen:

> Komm ich ins Speisehaus,
> Bitt' ich mir gleich aus:
> Geb'n Sie mir mal la carte!
> Das klingt gleich so aparte.
> Dann sag ich: Kellnör, mon cher,
> Hör'n Sie, kommen Sie mal her,
> Bringen Sie mir zum dessert
> Une douzaine pommes de terre.

Kalisch nimmt in seinen satirischen Versen „Das kann nur ein
Berliner sein" auch die Kritik- und Meckerlust des Berliners aufs
Korn, der auf Reisen sofort daran zu erkennen ist, dass er alles

Neue und Fremde abwerten muss, und der sich, zurück in Berlin, selbst knauserig und wenig gastfreundlich zeigt:

> Bei Hofrath's wird sehr fein zum Thee
> Man invitiert. U. a. w. g.
> Steht auf der Karte. Man denkt, das heißt
> Gewiß: Und abends wird gespeist.
> O Täuschungsjammer! Ach – es giebt
> Nur Butterbemkens, eingestippt
> In heißes Wasser mit Pecco-Saft:
> Das ist Berliner Gastfreundschaft.

Kalischs Possen wurden im Königsstädtischen Theater am Alexanderplatz aufgeführt, zu einer Zeit, als das Theater den Höhepunkt seines Ruhms längst überschritten hatte. Des ungeachtet erfreuten sich seine Stücke großer Beliebtheit und die Lieder aus seinen Possen wurden als Gassenhauer von Köchinnen, Dienstboten, Handwerksburschen und Gassenjungen gepfiffen und gesungen. 1851 wurde das Königsstädtische Theater sang- und klanglos von der Zensur geschlossen, 1855 ging es in das neu gegründete Wallner-Theater in der Blumenstraße, Ecke Grüner Weg Nr. 9 (heute Singerstraße) auf, wo die Stücke dann harmloser waren. Der Ausdruck „Ach du grüne Neune" soll von dieser Hausnummer herstammen. Auch hier wurden noch Possen Kalischs gegeben.

Wie beliebt Kalischs Possen waren, wird aus einer Kritik der Vossischen Zeitung aus dem Dezember 1859 ersichtlich:

> Die glänzendste Seite aber der neuen Posse sind die zahllosen, wohl hier und da nicht immer ästhetischen Witze, sowie die ausgezeichneten Couplets, mit denen sie ihr hiesiger Bearbeiter, Hr. D. Kalisch, ausgestattet hat. (...) Fast jedes einzelne Lied wurde mit einem wahren Beifallssturm aufgenommen und immer wieder von neuem verlangt, bis den Sängern der Athem fehlte.

Kalischs Theaterschaffen war auch noch im ausgehenden 19. Jahrhundert derart populär, dass der alte Fontane dazu anmerken konnte, Kalisch habe auf dem Theater das geschaffen, was wir das moderne Berlinertum nennen, ein eigentümliches Etwas, darin sich Übermut und Selbstironie, Charakter und Schwankendheit, Spottsucht und Gutmütigkeit, vor allem aber Kritik und Sentimentalität die Hand reichen.

Und noch 1909 jubelt die „Berliner Morgenpost" anlässlich der Aufführung einer Kalisch-Posse am Operettentheater in der Charlottenstraße:

Frohsinn und Humor mit der sprudelnden Laune unseres besten und berlinischsten Possendichters! (...) Was hatte dieser David Kalisch doch für Einfälle! Aber die Possenfabrikanten von heute werden sich kopfschüttelnd fragen, warum der Humorist des Biedermeier und der Märzrevolution seine Perlen so verschwenderisch verstreute. Zehn Possen würden sie aus den Bonmots und Aperçus zimmern.

Wachsender Antisemitismus

Zwischen der Neuen Ära 1858 und der Reichsgründung 1870/71 setzte der „Kladderadatsch" seinen Siegeszug weiter fort. Da in den Artikeln und satirischen Dialogen nicht nur Berliner, sondern auch Bayern, Sachsen, Schwaben, Schlesier und andere zu Wort kamen, trug der „Kladderadatsch" durchaus zum Einigungs- und Integrationsprozess der Deutschen bei. Doch gab es in den 1860er-Jahren Angriffe auf die Monopolstellung des „Kladderadatsch" sowohl von links, nämlich von Glaßbrenners „Berliner Montagszeitung", vor allem aber von rechts durch die Zeitschrift „Der kleine Reactionär". Dieses antifortschrittliche und antijüdische Organ, das vonseiten des „Kladderadatsch" als humorlos und ironiefern eingestuft wurde, reimte daraufhin boshaft – und das ist eine Schattenseite des Berliner Witzes:

Sollten wir auch nicht sein witzig,
So sind wir doch ein W dem Itzig. [1]

Dass in der Zeit des beginnenden Wilhelminismus der Antisemitismus immer stärker zunahm, erfuhr Kalisch auch am eigenen

1   W wohl im Sinne von Weh

Leibe. Als er nämlich, so schildert er gelassen, zu einem Berliner Bockbierfest gehen wollte, um das Volksleben zu studieren, fürchtete er, weil die Leute betrunken und deshalb „aufgeregt" seien, „es könnte eine Juden-Verfolgung inszeniert werden, bei der ich jedenfalls schlecht wegkommen würde". So bat Kalisch seinen Schriftstellerkollegen Johannes Trojan um Begleitung: „Du wirst mir zum Schutz dienen, weil du so ganz unverdächtig aussiehst."

Wie selbstironisch die jüdischen Redakteure des „Kladderadatsch" auf antisemitische Stereotypen Bezug nahmen, zeigt sich nicht nur in den Episteln der Barone Strudelwitz und Prudelwitz, sondern im „Damen-Kladderadatsch", im Gedankenaustausch zwischen der bürgerlichen Deputiertengattin Hermine Pulverkessel und der Gemahlin eines Rittergutbesitzers Corinna von Zackenburg, welche über ihre Erlebnisse im Berliner „Carnevalsstrudel" 1870 berichtet:

Auffallend wenige Charaktermasken trifft man auf dem Corso unter den Linden. Der Billigkeit des Costüms wegen, stellen die Meisten Juden vor. Der Jude ist eine sehr einfache Maske, die man dadurch erzeugt, daß man den Rockhenkel hinten am Kragen hochstehen läßt und der Hut etwas nach hinten in den Nacken geschoben wird. Selbstverständlich liegt Alles an der Nase, die in allen Größen getragen wird.

Nach dem Rücktritt Löwensteins 1885 aus der Redaktion wurde der in Danzig geborene Johannes Trojan Chefredakteur des Kladderadatsch. Er schrieb humoristische Geschichten und veröffentlichte 1902 „sehr lustige Autobiographien". Doch konnte das Blatt nicht mehr an die frühere Monopolstellung und an das herausragende journalistische Niveau mit dem blendenden Witz anknüpfen, das der Journalist und Schriftsteller Felix Philippi 1915 aus der Rückschau noch einmal in Zusammenhang mit Dohm, Kalisch und Löwenstein beschwört:

Sie haben ihre Kampfschrift nicht durch die verlockenden Niederungen billiger und ordinärer Komik geschleift; sie haben mit Freimut, mit Vornehmheit und mit Humor, mit Witz und mit warmem Herzen für die Freiheit gekämpft und haben oft, namentlich in der Konfliktsperiode, mit einem ernsten Gruß, mit poetischem Mahnruf, einem blendenden Witz das erlösende Wort gesprochen.

Neben Kalisch, dessen humoristisches Niveau allerdings unübertroffen ist, gab es in den 1860er-Jahren auch noch andere Possendichter, so Emil Pohl und Hermann Salingré. In Emil Pohls Posse „Der Goldonkel (1861), einem unglaublichen Kassenschlager, entsteht der Witz in der Rede eines halb- oder viertelgebildeten Ladenmädchens, wenn sie im Zusammenhang mit fälschlich gebrauchten Fremdwörtern unablässig „die alten Griechen" im Munde führt: „unsere Madame, diese Hetakombe", „daher der Nimbius", „ich fürchte mich noch lange nicht vor so einer Medusia", „sie hielten einen Metrolog" (statt Nekrolog) – sprachliche Verformungen, denen immer der Halbsatz „wie die alten Griechen sagten" folgt, auch wenn Worte wie „Mesalliance" oder „mente captus" keineswegs griechischen Ursprungs sind. Auch werden in Pohls Couplets Sprachspiele zum Besten gegeben. So verschiebt sich im Refrain die Wendung „ein einnehmendes Wesen" von der Vorstellung einer sympathischen Person mit gewinnender Art hin zum Einnehmen von Geld, von Steuern,

Emil Pohls Possen waren in ganz Deutschland erfolgreich. Hier ein Theaterzettel aus Würzburg von Ländern und von Medizin. In diesem Stück wird ein Loblied auf die Angriffslust der freien Presse, zu der auch der „Kladderadatsch" gehört, gesungen:

> Von Blei sind zwar die Lettern bloß,
> Doch keiner das vergesse!
> Ihr Blei wird auch zum Kriegsgeschoß,
> Drum hoch die freie Presse!

Auch Hermann Salingré spielt in seinen Volksstücken, so in der Gerichtsposse „Abtheilung V. Zimmer IV. oder vor Gericht" aus den 1860er-Jahren mit witziger Unbildung und politischen Andeutungen, wenn ein Angeklagter vor Gericht sein Alter angeben soll:

> Pietsch: Also vierundzwanzig Jahre bei Tag und eben so alt bei Nacht – vierundzwanzig und vierundzwanzig, das macht zusammen – das darf ich nicht sagen.
> Referendar: Warum nicht?
> Pietsch: Nee, Herr Präsident, nur keine politische Anspielungen!

In pseudo-dümmlichem Verismus zeigt sich in einer anderen Szene das typische Berlinertum:

> Referendar: Wovon leben Sie?
> Neumann: Vom Essen und viel Trinken.
> Referandar: Ich meine, von wem Sie Ihr Brod haben?
> Neumann: Vom Bäcker.

Auch Sprachspiele verleihen dem Stück eine witzige Würze. So beschreibt ein Angeklagter vor Gericht seine Herkunft:

> Meine Eltern haben mich ausgesetzt. Denken Sie sich, Herr Präsident, noch so jung und schon hatten sie etwas an mir auszusetzen. In gewisser Beziehung hat also die Polizei Recht, wenn sie behauptet, ich sei ein Aussatz der Menschheit.

Und so echot ein widerwilliger Geliebter boshaft, als seine zudringliche Geliebte fordert, „aber sein Herz will ich ganz haben", „das sollst du, Gans – – haben!"

Der Ironiker Adolph Menzel

Doch nicht nur die Possenautoren, die sich vom Humor der Straße und des Volkes inspirieren ließen, entwickelten und verfeinerten den Berliner Witz. Auch der aus Breslau stammende Adolph von Menzel, der sich als Schutzschild den schroffen Berliner Ton zulegte, hinterließ in seinem malerischen Werk deutliche Spuren von Ironie und Witz, die wiederum auf den Berliner Humor zurückwirkten. Einige Zeit zuvor hatte der gebürtige Berliner Bildhauer Johann Gottfried Schadow, der niemals aus seinem Herzen eine Mördergrube machte, die Italienvorliebe seiner Kollegen mit den Worten kritisiert:

> Ick bin nich so sehr vor Italien, und die Bööme jefallen mir schon jar nich. Immer diese Pinien und diese Pappeln. Un wat ist denn am Ende damit? Die eenen sehn aus wie uffjeklappte Regenschirme und die andern wie zujeklappte.

Friedrich flötet vor: Menzels berühmtes Gemälde ist nicht frei von Ironie.

Übrigens kommentierte Schadow kurz vor seinem Tod 1850 das projektierte Reiterstandbild Friedrichs des Großen von Christian Daniel Rauch – ein Auftrag, den er selbst gerne bekommen hätte –

seinem Freund Fontane gegenüber in sprachspielerischer Weise: „Ja, da kannste nu nischt mehr machen – mein Ruhm is in Rauch ufjejangen."

Menzel nun gelang in seinen Bildern der ironische Spagat zwischen den Porträts der preußischen Könige und einer Ratte im Rinnstein, einem Gully, einem Sperrmüllhaufen. Es ist der Spagat zwischen dem Höchsten und dem Niedrigsten, Abseitigsten, das er aber als bildwürdig erachtet. Auch in seinem opulenten Tafelwerk „Die Armee Friedrichs des Großen in ihrer Uniformierung" (1850) zelebriert er genüsslich den Zusammenstoß von Hoch und Niedrig. Nach der durchweg repräsentativen Behandlung der Prachtuniformen des ersten Bandes, in dem die stolzen Dragoner und Husaren mit ihren Fellmützen und pelzverbrämten Uniformen geradezu operettenhaft wirken, lässt Menzel nun im zweiten Band seine ironisch-pointierten Kommentare aufblitzen. So sitzt auf dem ersten Blatt ein Infanterist in Rückenansicht, also betont unrepräsentativ, in Hemd und Unterhosen vornübergebeugt auf einem Stuhl, über dem seine Uniform auf der Leine trocknet – ein augenzwinkerndes und freches Lockerlassen nach den steifen Posen der Uniformen. Auch im berühmten „Flötenkonzert" findet sich ein witziger Kontrast zwischen Hohem und Niedrigem, oder besser, zwischen Schönheit und Hässlichkeit, zwischen der anmutigen, etwas elegischen Lieblingsschwester Friedrichs in ausladender Toilette auf dem lachsfarbenen Kanapee nämlich, und der alten Dame rechts daneben, die Menzel in ihrer zahnlos-verkniffenen Eulenhaftigkeit ironischerweise in die Bildmitte gerückt hat. In einer späteren schroffen Selbsteinschätzung des Bildes sagt Menzel: „Der König steht da wie ein Kommis, der Sonntags Muttern etwas vorflötet."

Ironie und Pointenreichtum ziehen sich durch Menzels gesamtes Werk. Auch bei den Darstellungen gesellschaftlicher Ereignisse mangelt es nicht an Kommentaren von subtilem Witz. So sind beim „Ballsouper" (1878), dem größten und bedeutendsten von Menzels Hoffestdarstellungen, die in der linken unteren Ecke stehenden Militärs in satirischer Schärfe wiedergegeben. Denn die drei hohen Ränge, von denen einer sogar den Helmbusch unter den Arm geklemmt hat, befinden sich in der etwas peinlichen Verlegenheit, nicht nur unbequem im Stehen essen zu müssen, sondern gleichzeitig das Glas festzuhalten, auf dem Teller zu schneiden und dazu noch geistreich zu plaudern. Bewusst gemalte Pointen finden sich auch in der „Festkarte für Ludwig Pietsch" von 1889. Ludwig Pietsch war Kunstreferent der Vossischen Zeitung. Auf der Karte ist eine Verkörperung der „Tante Voss" als Silberbraut zu sehen, wie sie am Arm ihres Gatten, des Berliner Bären, eine Kunstausstellung durchwandert. Der Bär aber, anstatt die Kunstwerke zu betrachten, vertieft sich in den Ausstellungsbericht von Ludwig Pietsch in der Vossischen Zeitung, die er in seiner Pranke hält – gemalter Scharfsinn, der mit verschiedenen Ebenen spielt. Der Humor Menzels zeigt sich auch in seinem Spazierstock, einem Holzstock mit einer elfenbeinernen Krücke in Form eines Pferdehufes, der im Märkischen Museum ausgestellt ist. Getreu dem Berliner Motto „Meckern ist wichtig, nett kann jeder" lautete Menzels Credo: „Man muß unliebenswürdig im Leben sein." Trotz seiner schlesischen Herkunft verhielt sich Menzel so grob, dass Max Liebermann später über ihn sagen konnte: „Er ist gräßlich wie alle Märker!" Zu seinem 60. Geburtstag ließ Menzel seine Festgesellschaft warten, sodass der Hof eine Kutsche schicken musste, um ihn abzuholen. Die Herbeigesandten fanden ihn damit beschäftigt, die beiden feurigen Rappen der Hofkutsche zu zeichnen. Als sie ihn mit leichtem Vorwurf drängten, seine Gäste nicht länger warten zu lassen, sagte Menzel:

> Du lieber Gott, Menschen, die ein Abendessen herunterschlingen und langweilige Festreden halten, kann ich so oft genießen, wie ich will, aber ein Paar so wundervoller Pferde in dieser köstlichen Beleuchtung auf dem nassen funkelnden Asphalt – wann sehe ich das wieder?

Als Künstler war sich Menzel seines Wertes durchaus bewusst. So hatte er für ein größeres grafisches Werk noch eine kleine Zeichnung vergessen. Als der Herausgeber ihn daran erinnerte, lieferte Menzel sie in einer guten Viertelstunde nach und verlangte dafür

250 Taler. Der Herausgeber, der gar nicht mehr mit einer Honorarforderung gerechnet hatte, fragte: „Ist das nicht für zwanzig Minuten zu viel, Exzellenz?" Der Alte schaute ihn eine Zeit lang durch die Brille ruhig an, legte dann die Hände auf den Rücken und sagte: „Junger Freund! Um diese Vignette in zwanzig Minuten zeichnen zu können, habe ich siebzig Jahre meines Lebens als Lehrzeit gebraucht!" Überliefert ist auch, dass Menzel, als er eine junge, schöne, reiche Bankiersfrau porträtieren sollte, nach einer Weile den Pinsel weggeworfen und gerufen haben soll: „Es tut mir leid, meine Gnädige, aber ich kann Ihr Gesicht nicht malen!" Auf die erstaunte Frage: „Weshalb nicht?" kam die prompte Antwort: „Weil nichts drin ist." Denn für Menzel beginnt die Schönheit des Menschen erst in einem gewissen Alter:

> Sehen Sie z. B. an diesem hübschen Kindergesicht den übergroßen Raum zwischen Nase und Ohr, eigentlich: eine wahre Einöde! Ja, im Alter, da passieren darin tausend interessante Dinge, die merkwürdigsten Kombinationen von Falten usw., wobei einem das Herz im Leibe lacht.

Als ein Bekannter einmal zu ihm kam und Menzel sehr beschäftigt schien, wollte der Bekannte sich zurückziehen und bat, zu gelegenerer Zeit wiederkommen zu dürfen. „Nein!" sagte er. „Bleiben Sie nur, da Sie hier sind. Sie kommen ja ein andermal ebenso ungelegen."

Zwar sind Humor und Ironie in Menzels Bildern immer subtil, geistreich und nie verletzend, was auf den unter der Berliner Schale hervorgekratzten gemütvollen Schlesier hinweist. Aber sein schroffer, am Berlinischen geschulter Umgangston führte dazu, dass Zeitgenossen die „kleine Exzellenz" als „giftige Kröte" bezeichneten, die in der aufstrebenden Großstadt Berlin mit ihrer Ruppigkeit durchaus am rechten Platz war.

Modus vivendi.

Pontifex. Nun, bitte, geniren Sie sich nicht!
Kanzler. Bitte gleichfalls!

Der kleene Zoo von Wilhelm zwo

Mit der Reichsgründung 1871 unter Kaiser Wilhelm I. und der zunehmenden Industrialisierung ging nicht nur ein rasantes Wachstum der Bevölkerung einher, sondern aufgrund der zunächst relativ liberalen Pressegesetze ein Boom neuer politischer Witzblätter in Berlin, von denen aber ein großer Teil bald wieder einging. Andererseits erließ Reichskanzler Bismarck bereits 1871 den „Kanzelparagraphen", also das Verbot von Kirchenpredigten, die den „öffentlichen Frieden" gefährden könnten, ein Verbot, das 1876 auch auf gedrucktes Schrifttum ausgedehnt wurde. Sehr witzig von Wilhelm Scholz ins Bild gesetzt ist die „Mechanische Novelle zu den Kirchengesetzen" im „Kladderadatsch" 1874. Auf der linken Zeichnung predigt ein Kleriker mit fromm zum Himmel erhobenen Augen, während ein Schutz-

Bismarck tritt Papst Leo XIII. auf die Füße. Holzstich nach einer Zeichnung von Wilhelm Scholz im Kladderadatsch, 1878

Mechanische Novelle zu den Kirchengesetzen, 1874

105

mann andächtig zuhört. Die Strippe, die dieser in der Hand hält, zurrt das Dach über der Kanzel, das wie ein Damoklesschwert über dem Prediger schwebt, in der richtigen Position fest. Auf der rechten Zeichnung dagegen muss der Geistliche gegen das Gesetz verstoßen haben. Während seiner Predigt wird er vom heruntergesausten Dach der Kanzel zerquetscht, denn, so die Bildunterschrift: „Sobald der Prediger anfängt auf den Staat zu schimpfen, oder gar zu fluchen oder zu excommuniciren, läßt der Schutzmann die Strippe los."

Jüdischer Witz und seine Gegner

Spätestens mit den 1878 bis 1890 verhängten „Sozialistengesetzen", die sozialdemokratische, sozialistische und kommunistische Versammlungen, Vereine und Schriften verboten, wurden nicht nur Organe dieses Spektrums, sondern auch protestantisch-konservative und katholische Zeitungen polizeilich unterdrückt. Dagegen boomten in dieser Zeit die liberalen Witzblätter, die sich mit Bismarcks gegen die katholische Kirche gerichtetem Kulturkampf stark identifizierten, hatte doch der Reichskanzler selbst Berlin als „Fortschrittsring" bezeichnet. Neben dem von Bismarck sehr geschätzten „Kladderadatsch" belebten ab 1868 die „Berliner Wespen", 1872 der „Ulk" und 1887 die „Lustigen Blätter" den liberalen Blätterwald. Zu den bekannten Serienfiguren des „Kladderadatsch" wie Schultze und Müller und Prudelwitz und Strudelwitz kamen in den „Berliner Wespen" Dr. Reptilius und der Kriegskorrespondent Wippchen aus Bernau von Julius Stettenheim hinzu, sowie im „Ulk" Paula Erbswurst und Nunne, vom journalistischen „Champagnergeist" Sigmar Mehring ausgestaltet. Die meisten Mitarbeiter dieser Magazine waren jüdischer Herkunft und stammten nicht aus Berlin. Dennoch wussten sie mit der humoristischen Vielfalt des Berlinischen oft besser zu jonglieren, als etliche gebürtige Berliner selbst. So ist die einzigartige christlich-jüdische Symbiose, die sich in Berlin nach 1848 zu etablieren begann, hauptsächlich auf die jüdischen Publizisten zurückzuführen. Doch mehrten sich in den 1870er- und 1880er-

Jahren Angriffe von katholischer, protestantisch-konservativer und antisemitischer Seite auf die liberalen Blätter, Angriffe, die sich als Feldzug gegen den „jüdischen Geist" und vor allem gegen seine stärkste Seite, den Witz, verstanden. Die liberalen jüdischen Publizisten wurden mit ihrem spezifischen Witz als Macht angesehen, die den „deutschen Volkskörper" zu zersetzen drohte. Antisemitische Kampforgane waren nicht nur „Der kleine Reactionär" (ab 1860) mit den Spottfiguren Jussuf und Levy, sondern auch das christliche Witzblatt „Die Wahrheit" (ab 1880) mit den ebenfalls antisemitischen Figuren Jeiteles und Waiteles, und „Der deutsche Michel" (ab 1889), die Sonntagsbeilage mehrerer judenfeindlicher Blätter. An den Angriffen gegen die satirische liberale Presse beteiligten sich auch Adolf Glaßbrenner und Theodor Fontane, der ein „Anti-Kladderadatschtum" forderte. Fontane äußerte deutlich das Bedürfnis, dem „kladderadatschigen Nihilismus" und dem „frivolen Blödsinn" einen „Humor höherer Art" entgegenzusetzen.

Fontanes Roman „Frau Jenny Treibel" (geschrieben 1887/88, erschienen 1892) gilt nicht nur als witzigstes, sondern auch als berlinischstes unter allen seinen Werken. Der Berliner Witz erscheint hier in der Verbindung von Gutmütigkeit und Spottsucht, die die bourgeoise Aufgeblasenheit aufspießt. Ob es sich nun um einen „Humor höherer Art" handelt, wenn ein Kommerzienrat über die Beredtsamkeit eines Lieutenants klagt, sei dahingestellt: „Er hat einen Sprechanismus, um den ich ihn beneiden könnte, trotzdem ich doch auch nicht in einem Trappistenkloster geboren und großgezogen bin." Bei einer kleinen Landpartie nimmt Fontane die lokalpatriotische Genügsamkeit des Berliners aufs Korn: „So klang denn ‚ein Nachmittag in Halensee' fast so poetisch wie ‚vier Wochen auf Capri'." Doch bekennt sich Fontane selbst zu dieser berlinisch-genügsamen Heimatverbundenheit, wenn er in seinem Gedicht „Havelland" ein lautmalerisches Feuerwerk von Ortsnamen zur hymnischen Preisung der Mark Brandenburg abschießt:

Und an dieses Teppichs blühendem Saum
Die lachenden Dörfer, ich zähle sie kaum:

Linow, Lindow,
Rhinow, Glindow,
Beetz und Gatow,
Dreetz und Flatow,
Bamme, Damme, Kriele, Krielow,
Petzow, Retzow, Ferch am Schwielow,
Zachow, Wachow und Groß-Bähnitz,
Marquardt an der stillen Schlänitz,
Senzke, Lenzke und Marzahne,
Lietzow, Tietzow und Rekahne,
Und zum Schluß in dem leuchtenden Kranz:
Ketzin, Ketzür und Vehlefanz.

Diese Selbstgenügsamkeit und Selbstbescheidung zeigt sich auch in seinem kurzen Vers „Welches von beiden", dessen holpernde Schlusszeile ein geradezu herzklopfendes Heimatbekenntnis ablegt:

Rom im Siebenhügelkranz,
Cremmen, Schwante, Vehlefanz,
Nemi-See, Genzano-Sträußchen,
Stralau, Treptow, Eierhäuschen,
Blick aufs Forum, Ara Celi,
Tasse Kaffee bei Stehely[1],
Lockt auch Fremde, Schönheit, Pracht,
Glücklicher hat mich die Heimat gemacht.

In Erinnerung an den ironischen Ton des Bildhauers Schadow, mit dem der über 50 Jahre jüngere Fontane bekannt gewesen war, machte er sich 1882 Gedanken über den Berliner Witz, den er aus der Geschichte der Unterdrückungen herleitet:

Man hat dies ironische Wesen auf den märkischen Sand, auf die Dürre des Bodens, auf den Voltairianismus König Friedrichs II. oder auch auf die eigentümliche Mischung der ursprünglichen Berliner Bevölkerung mit französischen und jüdischen Elementen zurückführen wollen – aber, wie ich glaube, mit Unrecht. Alles das mag eine bestimmte Form ge-

---

1 ein 1820 am Gendarmenmarkt gegründetes Lesecafé

schaffen haben, nicht die Sache selbst. Die Sache selbst war Notwehr, eine natürliche Folge davon, daß einer Ansammlung bedeutender geistiger Kräfte die großen Schauplätze des öffentlichen Lebens über Gebühr verschlossen blieben. Das freie Wort ist endlich der Tod der Ironie geworden und wird es täglich mehr.

Fontane zufolge schärft sich der Witz an der Feile der Unfreiheit, gemäß der beliebten Vorstellung, dass Zensurmaßnahmen die Witzproduktion zum Erblühen, Zeiten größerer Freiheit sie jedoch zum Erlahmen bringen – eine Position,

Theodor Fontane. Gemälde von Carl Breitbach, 1883

die in den Zeiten der Sozialistengesetze eher konservativ wirkt. In etlichen Anekdoten ist Fontanes eigener Humor überliefert, und es sei wiederum dahingestellt, ob es sich hier um einen „Humor höherer Art" handelt. So versuchten einmal sowohl Fontane als auch Rudolf Virchow, die Gunst einer jungen Dame zu gewinnen, und gerieten darüber in Streit. Auf Virchows Angriff „wenn unsere Angebetete bei der Lektüre Ihrer faden Romane einmal erkranken sollte, Herr Fontane, so werde ich sie wieder gesund machen!" antwortete Fontane schlagfertig: „Und wenn sie an Ihren Rezepten stirbt, Herr Doktor, so werde ich sie unsterblich machen!" Tatsächlich konnte Virchow sein Wort nicht halten, wohl aber verewigte Fontane die Dame in seinem Roman „Cécile". Ein anderes Mal sollte Fontane die Bilder eines jungen Künstlers in einer Ausstellung beurteilen. Der Künstler wartete am Ausgang,

109

um die Kritik entgegenzunehmen. Als Fontane kommentierte, „Ihre Bilder waren die einzigen, die man sich ansehen konnte", fühlte sich der Maler geschmeichelt und dankte für das Urteil. Daraufhin musste Fontane richtigstellen: „Sie irren, mein Lieber. Ihre Bilder waren die einzigen, die man sich ansehen konnte, weil vor den anderen immer zu viele Menschen standen." Ein weiteres Mal schlief Fontane, der Theaterkritiker bei der Vossischen Zeitung war, bei einer Theateraufführung ein. Als der Autor das sah, sprach er Fontane an: „Ihre Kritik erkenne ich nicht an, da Sie den größten Teil der Vorstellung verschlafen haben." Fontane fragte zurück: „Ist Schlafen denn keine Kritik?" Hart geht Fontane mit der aggressiven Mäkelsucht des Berliner Publikums ins Gericht:

> In der ganzen Welt geht der Mensch ins Theater, um seine Freunde daran zu haben. Nur der Berliner geht ins Theater, um diese Freude nicht zu haben, und diese Nichtfreude ist seine einzige Freude. Auf diese Freude wartet er, und deshalb setzt er sich ins Parkett, nicht als ein dankbarer Zuschauer, sondern wie ein Sonntagsschütze, der sich in eine Sandkuhle legt, um einen armen Hasen abzuwarten.

Und in origineller Weise fasst Fontane die charakteristische Art des Berliners zusammen: „Das Laute, das Vorlaute gehört zum Zahnschmelz des Berliner Volksmunds."

Was die politischen Witzblätter der Kaiserzeit zwischen 1871 und 1890 angeht, lag Fontane mit seiner Einschätzung, dass Witz nur in Zeiten strenger Zensur entstehen könne, nicht ganz richtig. Denn der „dreiköpfige Humor-Zerberus" aus „Kladderadatsch", „Berliner Wespen" und „Ulk", wie die drei liberalen jüdischen Witzblätter von Zeitgenossen genannt wurden, strotzten auch in dieser Zeit vor Esprit und geistreichem Humor. So hinterließen der Gründer der „Berliner Wespen", Julius Stettenheim, wie auch der jüdische Satiriker Alexander Moszkowski, der an dem Blatt mitarbeitete, Artikel von intelligentem Wortwitz und jüdischer Selbstironie. In der Zeit des zunehmenden Antisemitismus verfasste Moszkowski 1884 die gallig-selbstironische Satire „Die Antisemiten-Foppung", in der er den Christen, die die heißen

Sommerwochen in Berlin verbringen müssen, einen „amüsanten"
Zeitvertreib gegen die Langeweile ausmalt:

> Ein besonderes Pläsir
> Kannst du leicht verschaffen dir,
> Notabene, wenn du Christ
> Und nicht etwa Jude bist:
> Streiche schwarz dein Haupthaar an,
> Geh' zum „Obelisken"[2] dann
> Und behaupte lauten Tons,
> Deine Ahnen seien Cohns.
> Gleich geht's Dir da an den Kragen,
> Du wirst ungesäumt geschlagen
> Und zerbläut, zerpufft, zerrissen,
> schleunigst durch die Thür geschmissen.
> Während das die Leute machen,
> Hältst du dir den Bauch vor Lachen.

In seinem parodistischen Artikel „Zahlen beweisen" reagierte
Stettenheim in derselben Zeit auf die Unterstellungen katholischer Kreise, die Juden würden in Deutschland die Nicht-Juden
verdrängen:

> Hierzu rechne man die unglaubliche Fruchtbarkeit jenes
> Stammes. Von fünf eigens zu diesem Zwecke statistisch unter-
> suchten jüdischen Ehepaaren hatten zwei eine Nachkom-
> menschaft von je drei, eines eine solche von zwei Kindern,
> während zwei Paare kinderlos waren. Mithin stellt sich der
> durchschnittliche Kindersegen der Juden auf 11 Stück pro
> Familie. Ließe man jene 5 Paare sich ungehindert fortentwi-
> ckeln, so würden sie bereits in der vierten Generation zu der
> enormen Menge von acht Trillionen Menschen angeschwol-
> len sein und schon lange vorher alle Christen in den Ocean
> gedrängt haben. Die elementare Pflicht der Selbsterhaltung
> gebietet mithin, dem Zustandekommen jener Progression bei
> Zeiten durch Ausrottung einen Riegel vorzuschieben.

2   Restaurant

Der große Berliner Humorist Julius Stettenheim wurde von Zeitgenossen als „Wortbrückenmeister" bezeichnet, dem eine „unerschöpflich reiche Vorratskammer des Spottes, der Travestie und Satire" zur Verfügung stand. Besonders großer Beliebtheit erfreute sich die von ihm erfundene Figur des windigen Reporters „Wippchen" aus dem idyllischen Bernau bei Berlin. Wippchen, der fiktive Berichte von realen Kriegsschauplätzen der Zeit wie dem „orientalischen Krieg" 1877, dem „französisch-tunesischen Krieg" 1881 oder dem „russisch-japanischen Krieg" 1903 verfasste, bedient sich einer schräg-originellen Grammatik und Logik und bindet dem Publikum einen Bären auf, mit dem er seine eigene Unbildung zu verschleiern trachtet. So schreibt Wippchen, dem schon die zeitgenössische Kritik die „tollsten und barocksten Sprach- und Stilverrenkungen" bescheinigte, 1877 über den Krieg zwischen Russland und der Türkei:

> Beide erhoben sich stets wieder wie Aphrodite aus der Asche. Daß der Halbmond ein kranker Mann ist, kann ich nicht zugeben. Im Gegenteil glaube ich, daß er gesund ist wie ein Karpfen in Bier – würde er wohl sonst die Vielweiberei bis zur Bigamie treiben können? Freilich, freilich, Rußland behauptet jetzt, der Bart des Propheten müsse vom Erdboden rasiert werden, weil die Türkei die Christen verfolge und quäle. Wie aber, wenn nun plötzlich die Türkei sagte, auch in Rußland seufzten die Christen unter dem Prokrustesbett? (...) Wo ist der Ariadnefaden, der uns aus der Scylla dieses Augiasstalles herausleitet?

Der aus Breslau stammende jüdische Journalist Sigmar Mehring, einer der wichtigsten Mitarbeiter der zwischen 1872 und 1932 erscheinenden Satirezeitschrift „Ulk", gab um 1900 allwöchentlich die Lebensweisheiten von Eckensteher Nunne, einem Nachfolger von Nante, in einem sprachspielerisch-wortwitzigen Feuerwerk zum besten, das sich hier gegen den Katholizismus wendet:

> Zu 'ne fromme Erziehung jehört ooch 'ne Badehose. Und der Farrer, der in die Jejend von Bonn det Seelsorjeamt bekleidet, will ooch die Jungens bekleiden, eh' det se baden. Keen

Mensch darf sich zeijen, wie ihn Jott jeschaffen hat, sonst macht sich der Farrer mit ihm zu schaffen. Wenn een Junge nackt unter de Brause tritt, denn braust der Farrer uff, und wenn 'n Knirps jarnischt anhat, denn bedeckt ihn der Seelsorjer mit Flüchen. Eh' det 'n Junge mit ohne Badehose dasteht, soll er lieber det Wasser lassen. Und wat een richtiger frommer Jüngeling is, der hüllt sich lieber in 'ne Schmutzkruste, wenn er sonst keene Hülle hat. Ick, der Nunne, hab' et aber immer wieder jesagt: Der Dreck heiligt die Mittel.

Wippchen, Kriegs-Correspondent der Berliner Wespen.

Sigmar Mehring, der Vater des bekannten satirischen Schriftstellers Walter Mehring, verfasste auch eine amüsante, selbstironische Biographie über sich selbst aus dem Jahr 6856, vor allem über seine Gedichte und Satiren, die bzw. das Papier, auf das sie geschrieben waren, immer wieder als Einwickelpapier von „saftig-dampfender Breslauer", wie die beliebteste Wurstsorte in Berlin hieß, herhalten mussten:

Julius Stettenheim als Wippchen

Vertieft man sich nun in das Studium dieser von Fettflecken durchtränkten und dadurch manchmal schwer lesbaren Wurstpapierhüllen, so staunt man über den fettglänzenden Geist, Witz, Humor, Spott, Schliff, Feingeschmack, Gedankenreichtum, Stimmungsaufwand, Seelenadel, Sprachzauber, Versfluß, Reimschmuck, Wortklang, Wohllaut, Wagemut, Volkston, Hoch- und Tiefsinn jener Schriften.

Nachdem er sein vielfältiges Schaffen aufgezählt hat, kommt er zum unerwarteten Schluss:

Sigmar Mehring (war) zweifellos imstande, nicht nur ein, sondern sämtliche Berliner Wurstgeschäfte seiner Zeit mit literarischem Einwickelpapier zu versorgen. Und es ist aus kulturhistorischen Gründen bedauerlich, daß sich durch die fünf Jahrtausende viel zu wenig davon erhalten hat, um von Mehrings Papierüberbleibseln auf die Qualität – der darin eingehüllten Würste schließen zu können.

Berlin wächst heran

Zwischen 1875 und 1900 entwickelte sich Berlin zur Weltstadt. Der Zuzug, vor allem aus Schlesien, aber auch aus anderen Regionen, während der betriebsamen Gründerjahre mit ihrer Goldgräberstimmung und ihren Bodenspekulationen war immens. 1875 waren nur noch 42,8 Prozent der Einwohner in Berlin geboren. In seinem Roman „Villa Schönow" (1884) macht Wilhelm Raabe die Zugezogenen für den Untergang des Berliner Dialekts verantwortlich:

Det is nu Berlin, mein Sohn. Jott bessere es und uns und lasse ihm und uns unsere Ankunft jedeihen! (...) Sind wir Richtigen, Injebornen eenmal uf den Aussterbeetat jesetzt, na, so müssen wir et uns eben jefallen lassen, wie die Mohikaner, die richtigen Athenienser und ähnliche Klassiker (...) sich et ooch haben passieren lassen müssen. Richtig, die janze Pferdebahn voll Dresdener und Leipzijer, Linksmainer, Bremer, Hamburger und det übrige Krethi und Plethi! An seine eijene Muttersprache wird man von Tach zu Tach mehr irre in det unjlückselije Weltnest!

Aber entgegen aller Unkenrufe erwies sich das Berlinische als unverwüstlich, ja, trotz des massiven Zuzugs trat die Berliner Sprache in eine neue fruchtbare Phase ein. Mit großer Energie wurden neue Wörter wie Radau, Klamauk, Tingeltangel und viele andere geschaffen, und der Hang zur Lautmalerei, zu Wortspielen und Wortwitzen war so allgemein ansteckend wie die Abkürzungslust, beispielsweise j. w. d. (janz weit draußen), d. b. d. d. h. k. P. (doof bleibt doof, da helfen keine Pillen) oder q. m. w. (quatsch man weiter). Sehr beliebt waren auch Sprachspiele, die auf das Glatteis des Berliner Dialekts führten, wenn ein nichtsahnendes Opfer aufgefordert wurde, einen Satz mit „Drama" zu sagen: „Dra' ma' (trag mal) Vatern de Stiebel rin!" Oder einen Satz mit „Mutter Erde": „Mutter, ehr de wegjehst, schmier mir 'ne Stulle!" Auch in Berlin angesiedelte Schüttelreime standen hoch im Kurs:

Mitten auf dem Tegler See
Kocht der brave Segler Tee.
Nimmst du diese Boa mit,
Kommst du gleich nach Moabit.
Ich lernte sie als Perle kennen,
Jetzt jehtse mit de Kerle pennen.

Ebenso erfreuten sich Scherzfragen großer Beliebtheit:

Was ist der Unterschied zwischen einem Türken und einem Schneider, dessen Braut Wanda heißt? Der Türke wandat nach Mekka und der Schneider meckert nach Wanda.

Weitere Silben- oder Buchstaben-Scherzfragen lauteten: „Was ist Tesch?" „Ein Druckfehler, soll Tisch heißen." „Und was ist Pensch?" Kam nun die Antwort: „Ein Druckfehler, soll Punsch heißen", so wurde erwidert: „Nee, das ist die Mitte von Lampensch-irm!" Immer wieder stößt man in der Literatur auf die hinterhältige Frage: „Was ist paradox?" „Wenn det Joethedenkmal durch de Bäume schillert", „wenn ein Oberkellner am Unterarm ein Überbein hat", „wenn man hart an der Weiche leise Lieder zur Laute singt", „wenn man von einem Stehkragen verlangt, dass er sitzen soll", „wenn ein Onkel seinen Neffen vernichten will" oder „wenn einer mit seiner Flamme im Dunkeln sitzt". Noch hinterhältiger ist daraufhin die Frage: „Was ist nicht paradox?" „Wenn einem Einbrecher die Geldschränke offen gestanden sehr gut gefallen", „wenn ein Claqueur alle Hände voll zu tun hat" oder „wenn sich ein Modell bloßstellt".

Wilhelm in der Löwengrube: Denkmal für den Kaiser auf der Schlossfreiheit in Berlin. Foto, um 1900

In der Zeit des ausgehenden 19. Jahrhunderts entstanden auch die Zitzewitz-Witze. Im Zentrum steht ein höherer militärischer Rang der alten hinterpommerschen Adelsfamilie derer von Zitzewitz, der hemmungslos berlinert und dessen Derbheit, Unbildung, gar Dummheit seinem altadligen Selbstwertgefühl keinen Abbruch tut. So brüllte einst ein Unteroffizier einen Rekruten auf der Reitbahn an: „Reißen Se sich zusammen un sitzen Se nich uff Ihrem Jaul wie Iphigenie uff Tauris!" Daraufhin räusperte sich Oberleutnant von Zitzewitz und schnarrte los: „Unteroffizier, det is ja sehr lobenswert, det Se so jut in der Bibel Bescheid wissen, aber Jottes Wort jehört nun mal nich in die Reitbahn!" Dann wieder sagte ein Offizierskollege zu Zitzewitz in knappem Militärton: „Heute im Kasino jewesen, Beethoven jespielt." Woraufhin Zitzewitz interessiert nachfragt: „Und, jewonnen?" Im Offizierskasino gab es auch wissenschaftliche Debatten, so zum Thema „Das

Gesetz der Schwerkraft". „Es bewirkt", doziert ein sachkundiger
Offizier, „dass wir fest auf der Erde stehen, obwohl die Erde rund
ist und sich mit rasender Geschwindigkeit dreht." Zitzewitz kommentiert schwer beeindruckt und erleichtert zugleich: „Tschul-
dijung, Kamerad, da müssen ja unsere Vorfahren janz schönen
Drehwurm jehabt haben, bevor das Jesetz erlassen wurde."

Schwulst und Pomp unter Wilhelm zwo

Nach dem Tod von Wilhelm I. übernahm im „Dreikaiserjahr"
1888 Wilhelm II. den Thron. Für seinen Großvater Wilhelm I. ließ
er vor dem Berliner Schloss ein großes Denkmal bauen, das 1897
enthüllt wurde. Da es ungewöhnlich viele Tierskulpturen auf-
wies, neben Löwen eine ganze Menagerie von Pferden, Stieren,
Schlangen, Fledermäusen und vielen anderen Tieren, sprach der
Volksmund bald spöttisch von „Wilhelm in der Löwenjrube" oder
„Kleener Zoo von Wilhelm zwo". Aus dieser Zeit stammt auch die
Antwort eines Schutzmanns auf die Frage eines Ungarn: „Wo ist
derr Brrandenburrger Torr?" „Unterstehen Sie sich nicht, Majestät
zu beleidigen!"

Wilhelm II. setzte eine strenge Theaterzensur durch, was zur
Folge hatte, dass sich politisches Kabarett nur sehr bescheiden
entwickeln und erst nach dem Ersten Weltkrieg zu einer Blüte
gelangen konnte. In den 1880er-Jahren begann dann auch „der
Possenbrunnen spärlicher zu fließen". So gab es leichte Unterhal-
tungsdramen nach französischem Vorbild von Paul Lindau, die
sich größter Beliebtheit erfreuten, gemäßigt lustige Volksstücke
von Adolph L'Arronge und den behäbigen, aber doch zündenden
Witz des Couplet-Sängers und Humoristen Guido Thielscher aus
Schlesien. Der bodenständige Possenschauspieler Emil Thomas
verteidigte um 1900 das Urberlinertum der Volksstücke gegen Einflüsse von außen, vor allem aus Wien, und kam zum grämlichen
Schluss: „Wien hat sich seinen Lokalpatriotismus bewahrt, Berlin
hat ihn leider verloren. (...) Berlin liegt nicht mehr an der Spree,
sondern an der Donau." Hier ist vor allem der Schauspieler und
Komiker Joseph Giampietro aus Wien gemeint, der sehr erfolg-

reich als schneidig-schnarrender Prototyp des Feudalberliners verschiedene Typen der Kaiserzeit in ebenso lässig-eleganter wie florettscharfer Weise parodierte: „Er kopierte die Leutnants und die Leutnants kopierten ihn."

Ein sehr volkstümliches Possentheater im Berliner Norden war das Vorstädtische Theater am Weinberg, vom originellen Ehepaar Gräbert geführt. Julius Rodenberg beschreibt nicht nur die gewitzte Geschäftstüchtigkeit von Mutter Gräbert, sondern auch den Austernkonsum von Vater Gräbert in seinem Theater, der „aus den Austernschalen Tempel und Altäre zum Schmuck seines Gartens auf(baute), (...) Muschelgrotten, groß genug für eine büßende Magdalena."

Ansonsten triumphierte in der Zeit des Wilhelminismus der Stil des Monumentalen. Als ab 1894 der pompöse neobarocke Berliner Dom anstelle des Schinkelschen Vorgängerbaus entstand, wurde er von den Berlinern sogleich als „Zuckerbäckerei" und „Seelengasometer" verspottet. In dieser Zeit florierte überhaupt der Kirchenbau in Berlin, sodass ein Schusterjunge einen glatzköpfigen Herrn, der Unter den Linden vor einer frommen Hofdame den Zylinder lüftete, mit den Worten warnen konnte: „Setzen Sie den Zylinder schnell wieder auf! Wenn unsere Hofdamen den leeren Fleck sehen, lassen sie gleich eine Kirche drauf bauen."

Der Humorist Otto Reutter, der im Berliner Wintergarten und auf anderen Berliner Bühnen mit seinen Couplets große Erfolge feierte, nahm mit seinem „Onkel Fritz aus Neuruppin" die Denkmalsucht in Berlin um 1900, vor allem die monumentale Siegesallee im Tiergarten aufs Korn:

Nun ging mein lieber Onkel
Zur Sieg'sallee hinaus.
Da ward ihm etwas übel,
Drum spuckte er mal aus.
Ein Schutzmann sprach: „Ich hab' geguckt,
Sie hab'n ein Denkmal angespuckt!"
„Ich konnt' ja gar nicht anders".
Hat Onkel da geschrien,

Die Siegesallee wurde von den Berlinern auch gerne „Puppenallee" genannt. Foto, um 1900

„Denn wo der Mensch auch hinspuckt,
Steht ein Denkmal in Berlin!"

Die Siegesallee, von Wilhelm II. angelegt, zog sich 700 Meter lang durch den Tiergarten und bestand aus 32 völlig gleichartigen halbrunden Denkmalsanlagen aus schneeweißem carrarischem Marmor, der so grell leuchtete, dass Max Liebermann sarkastisch verkündete: „Ick ha ma 'ne Schneebrille jekooft, damit ick jesund durch'n Tiergarten komme."

Der aus Breslau stammende Theater- und Literaturkritiker Alfred Kerr verzeichnet am Ende des 19. Jahrhunderts in seinen „Briefen aus der Reichshauptstadt" eine gewisse Verflachung der Berliner Witzkultur, wenn er von einem „Gemisch von Parodie und blutigen Kalauern" spricht und die „landesübliche Neigung zur Schadenfreude" kritisch erwähnt. Damit meinte er unter anderem Phänome wie den beliebten Berliner Komiker, den Urkomischen Bendix, der vor allem auf schenkelklopfende Kalauer, derbe Späße und blödsinnige, aber langlebige Redensarten wie „Quatsch nicht, Krause" setzte und von dem nur ein Witz als überlieferungswürdig gilt: „Der Spiegel is so jut wie neu. Et haben erst drei rinjeguckt!" Vielmehr ist Kerr der Auffassung, dass

> noch vieles, was heut in Süddeutschland und am Rhein, vielleicht auch in Schlesien, volksmäßig gedichtet wird, in des Knaben Wunderhorn aufgenommen werden [könnte]. Jedes geflügelte Wort aber, das die verödete Phantasie der Panke-Athener erzeugt, würde das Buch verunreinigen.

Nach diesen harten Worten verwundert es nicht, dass Kerr ein ganzes Panorama schlesischer Künstler in Berlin um 1900 entrollt, unter ihnen viele Humoristen, „wie denn die meisten bedeutenden Leute in Berlin Schlesier sind", denen er sich in einer gewissen Eitelkeit ebenfalls zurechnet. Er erwähnt nicht nur Menzel und Gerhart Hauptmann, sondern auch den Gründer des Kabaretts „Überbrettl", Ernst von Wolzogen, der gesagt habe: „Ich stamme aus Breslau, ich mache aber keinen Gebrauch davon". Weiterhin hebt Kerr den komischen Schauspieler Adolf Ernst hervor, „Lorbeer ums Haupt gewunden, die Beine etwas geknickt", den lustigen Possendichter Julius Freund, „der die geschicktesten Couplets in Berlin schreibt", den Satiriker Alexander Moszkowski und kommt zum Schluss: „Die Schlesier wuchern im Berliner öffentlichen Leben."

Tatsächlich hinterließ Julius Freund Humoresken, in denen es – schon 1894! – um die Verführung durch einen Schokoladen-, Zigarren-, Blumen- und Likör-Automaten geht, der die zunächst solide Hauptfigur schließlich finanziell ruiniert: „Mit mir ist's Automatthäi am letzten!" Sehr schön sind auch die Variationen zum Thema des gesellschaftlich lästigen und „fürchterlichen" U. A. w. g., eine Chiffre, mit deren Entzifferungsversuchen der Protagonist verschiedene Berliner Geselligkeiten parodiert. So bleibt offen, ob die Abkürzung „Und andere werden gelästert!",

„Und Anbeter werden ge-
fangen!", „Und Abends wird
gehungert!" oder „Und alles
wird gepfändet" heißen soll.
Sogar aus den schneever-
wehten Gräbern erhebt sich
schließlich noch die Forderung: „Um Andacht wird
gebeten!"

Neulandgebuddel und Kulturkuddelmuddel

Das literarische Kabarett
„Überbrettl", eine satirische
Bezugnahme auf Nietzsches
Übermenschen, das 1901
als erstes seiner Art in Berlin
von Ernst von Wolzogen gegründet worden war, traf mit
seinen Sketchen und Balladen
einen Nerv der Zeit und war
enorm erfolgreich. Hier trat

Die Lustigen Blätter
brachten 1900
eine Karikatur auf
Admiral Tirpitz und
den glücklosen
Reichskanzler Fürst
zu Hohenlohe.

auch Christian Morgenstern, der 1894 als junger Mann aus München nach Berlin gekommen war, mit seinen „Galgenliedern" auf.
Diese lyrischen Grotesken waren zunächst nicht zur Veröffent-
lichung bestimmt, hatten jedoch bei Lesungen im „Überbrettl" so
großen Erfolg, dass sie 1905 gedruckt erschienen. Jeder Wortpfeil
sollte treffen, „doch er trägt kein Gift". In Abwandlung von
Nietzsches Forderung der „Umwertung aller Werte" spricht Morgenstern von der „Umwortung aller Worte". Durch die Mond-
nacht wandernde Trichter, mit gefalteten Zehlein zur Nacht
betende Rehlein, ästhetische Wiesel, die „um des Reimes willen"
auf einem Kiesel sitzen, ein einsames Knie auf Wanderschaft,
der „Gymnaseweis", der „Theolog", der nichts anderes ist als die
Imperfektform von „Theo lügt", die lückenhafte Deklination

des Werwolfs und die um den Mond herum gruppierten Neben-
monde Mondamin und Tulemond (Tout le monde) – das ist der
Kosmos, in dem „der König der Groteske" sich bewegt. Mit dem
Gedicht „Neo-Berlin" spießt er den unübersichtlichen (Kultur-)
Betrieb der sich rasch ausdehnenden Großstadt auf:

Welche Kunstsiegesalleen!
Welches Neulandgebuddel!
Ein blendendes Phänomen:
Dies Berliner Kulturkuddelmuddel.

Der sprachgewaltige Satiriker Alexander Moszkowski gründete
im Jahr 1887 das politische Witzmagazin „Lustige Blätter". Dort
und auch in der Zeitschrift „Ulk" waren ab 1895 als Zeichner
Lyonel Feininger und Heinrich Zille, ab 1913 auch George Grosz
beschäftigt. Übrigens gab es neben den politischen Witzblättern
in Berlin auch unzählige unpolitische Humorzeitschriften wie
„Fisimatenten", „Humor-Bazillen", „Satyr", „Kille-Kille" und
„Flirt", die teilweise erotischen Inhalts waren. Zwar verlor Berlin
in den 1890er-Jahren seine Monopolstellung für die deutschlandweit erfolgreichen politischen Witzblätter. So erschien ab 1896
die satirische Wochenzeitschrift „Simplicissimus" in München.
Dennoch erlebte der Berliner Witz, oft durch Zugezogene, immer
wieder eine neue Blüte. 1908 dichtete der jüdische Satiriker Alexander Moszkowski mit Tempo, Schwung und Witz:

Hurra Berlin
Wo die Panke mit Gestanke
Sich durchs enge Bette wälzt,
Wo der Blaue nach der Haue
Siegreich durch die Straßen stelzt,
Wo der Preiße trinkt die Weiße
Mit 'ne kleine Strippe zu,
Wo die Blonde zur Rotonde
Dir bestellt zum Rendewouz,
Wo die Waden uff Prom'naden
Jeder Kennerblick begafft,
Wo die schönsten Kavalkaden

Uns die Polizei verschafft,
Wo die Spatzen, wenn se atzen,
Nutzlos kratzen im Benzin,
Wo nischt los is, wenn kein Moos is,
Sehste wol, det is Berlin!
(...)
Wo der Himmel voller Kümmel
Hängt und voller Sekt und Bier,
Wo die Menscher den Messenscher
Schicken zu dem Kavalier,
Wo die Misses mang die Bisses
Mit dem Cookschen Wagen ziehn, -
Mitmensch, wiß es, ja det is es,
Ja, det is mein Groß-Berlin!

Und 1912 parodierte Moszkowski auch die „Berliner Monstre-Bäl-le", auf denen Venedig, die Zentralschweiz, das Mittelalter, Konstantinopel, Kalkutta, Yokohama, Monte Carlo und der Nordpol aus Pappe gezeigt werden, um schließlich zum Fazit zu kommen: „So eine Ball-Saison in Berlin / Wahrhaftig, die ist nicht von Pappe." Und die damals sehr dringliche Fordung nach „Licht, Luft, Sonne" im Städtebau persifliert er in seinem Gedicht „Was fangen wir mit Berlin an?":

Dann die Oper. Kein Gewinsel!
Denn das Alte stört uns bloß,
Schmeiß sie auf die Pfaueninsel,
Dorten steht sie ganz famos;
Lang genug gestanden hat se,
Schleunigst wird sie rausgepufft
Plötzlich auf dem Opernplatze
Hast du, Bürger, Licht und Luft.

Moszkowski, der auch wissenschaftliche Sachbücher verfasste, bekannte augenzwinkernd: „Da ich aber als Humorist abgestempelt bin, und die Welt von mir immer wieder Pointen erwartet, so muß ich wegen dieser wissenschaftlichen Entgleisungen vielmals um Entschuldigung bitten."

Alexander
Moszkowski.
Porträtfoto
um 1930

Stammten Julius Freund, Ernst von Wolzogen, Adolf Ernst und viele andere aus Schlesien, kam Alexander Moszkowski aus Polen, so war auch Heinrich Zille kein gebürtiger Berliner, sondern Sachse. Dennoch konnte er zum urtümlichen bildnerischen Sprachrohr der Berliner Unterschicht aufsteigen. Dass Theodor W. Adorno abfällig schrieb, „Zille klopft dem Elend auf den Popo", ist insofern ungerecht, als dass Zille nicht etwa aus dem wohletablierten Bürgertum, sondern selbst aus einfachen Verhältnissen kam und als Kind die Mühen, das Elend und die bittere Armut der Arbeiterschicht am eigenen Leib erfahren hatte. Er begann in Berlin die grausame Kehrseite des Gründungsrauschs und der Immobilienspekulation zu zeichnen – finstere Kellerlöcher, Ganoven und Obdachlose in Kaschemmen, düstere Hinterhöfe mit unterernährten Frauen, Asyle, Armeleuteküchen, Schieber, Nutten, Zuhälter und Invalide, Rummelplätze, ebenso grimmige wie hoffnungslose alte Leute und rachitische Kinder mit Berliner Mundwerk, die in der Gosse und um Mülltonnen herum spielen. Um nicht zu verzweifeln, griff er oft, aber keineswegs immer, zu den Mitteln des Humors. Zille, der bei Theodor Hosemann, dem humorvollen Schilderer Altberliner Spießbürger, lernte, entdeckte schließlich in der Welt der kleinen Leute und der Arbeiter sein „Milljöh". Immer wieder spießte er zeichnerisch Situationen voller Komik auf, die er auch in schnoddrig-witzigen Bildunterschriften festhielt. Seine mit Galgenhumor gewürzte Sozialkritik zeigt sich in einem Gespräch zwischen alten Leuten, die sich beschweren, dass man nicht mal mehr begraben werden könne, denn „det jiebt keene Särje mehr", worauf eine in Lumpen gehüllte Frau antwortet: „Ick fang an zu stinken, denn wer'n se mir schon holen!" Zum Lachen reizt die Bildunterschrift, in der ein kleiner Junge bettelt: „Koofen Se mir doch wat ab, lieber Herr, mein Vater is drei Jahre vor meine Jeburt jestorben!" Angesichts eines Kindersargs, der von Bewohnern eines elenden Mietshauses abtransportiert wird, bleibt dem Betrachter das Lachen im Hals stecken, vor allem angesichts des Kommentars: „Besauft eich nich un bringt den Sarg wieder, die Müllern ihre Möblierte braucht'n morjen ooch." Durch und durch komisch wirkt ein kleines Mädchen inmitten ihrer vier noch kleineren Geschwister, das zufrieden-naiv sagt: „Vata wird sich frein, wenn er aus't Zuchthaus kommt, det wir schon so ville sind!" Und der Dialog zwischen Patientin und Kassenarzt lebt von einem witzigen Missverständnis: „Liebe Frau, am besten wäre es, Ihre Schwägerin käme selbst zu mir, hat sie vielleicht Würmer?" „Jawohl, Herr Doktor, drei Stück, un det vierte is unterwejens."

Zille, der äußerst unprätentiös war und akademische Ehren ablehnte, reagierte auf jede Art von Wichtigtuerei mit Unwillen. So ärgerte ihn bei einer Einladung seine Tischnachbarin, die dauernd mit dem Wissen ihres Mannes, eines Chemikers, prahlte: „Mein Mann sagt immer, daß es eine große Erkenntnis der Wissenschaft ist, daß der Mensch ist, was er ißt." Zille nickte zustimmend und reichte seiner aufgedonnerten Tischnachbarin die Bratenschüssel mit der Bemerkung: „Wollen Se nich noch 'n bißken Jans, jnädije Frau?" Als Zilles jüdischer Bekannter namens Baum sich taufen ließ, bedauerte Zille ihn außerordentlich, bis Baum ihn schließlich nach dem Grund fragte. Zille flüsterte ihm daraufhin ins Ohr: „Armer Kerl, weeßte, du tust mir leid. Du mußt jetzt det janze Jahr als Christ-Baum rumloofen."

Zille, der sich zur Genüge im Elend der Arbeiterbehausungen umgesehen hatte, kam zum Schluss: „Man kann mit einer Wohnung einen Menschen genauso gut töten wie mit einer Axt." Die Bewohner der schlechten Quartiere schickten immer wieder

Gesuche ans Wohnungsamt, um bessere Wohnungen geradezu
zu erflehen. Um in Zeiten der strikten Klassengesellschaft überhaupt Gehör zu finden, bemühten sich die Bittsteller um einen
gehobenen Stil, was zu etlichen – realen – Stilblüten führte: „Ich
und meine Frau sind zusammen zwölf Personen." „Ich werde den
Schnupfen nebst meiner Frau nicht mehr los." „Diese Wohnung
ist erstens gesundheitswidrig, zweitens wegen dieser großen Haus-
haltung auch sittlich nicht maßgebend." „Ich habe Rheumatis-
mus und ein Kind von vier Jahren. Dieses ist auf die Feuchtigkeit
zurückzuführen." „Hier kann ich nicht bleiben; in dieser Wohnung bin ich andauernd der Sittlichkeit ausgesetzt."

Zilles Freund Max Liebermann schrieb über den spezifischen
Humor des Zeichners: „Das größte Mitleid regt sich in Ihnen,
aber Sie beeilen sich, darüber zu lachen, um nicht gezwungen
zu sein, darüber zu weinen. Wir spüren die Tränen hinter Ihrem
Lachen." Und Kurt Tucholsky dichtete 1929 auf seinen verstorbe-
nen Kollegen:

Malen kannste.
Zeichnen kannste.
Witze machen sollste.
Aba Ernst machen dürfste nich.

Der gebürtige Berliner Max Liebermann, der im Alter von sich
selbst sagte, „Ich hatte zu viele Feinde, ich bot ja auch drei An-
griffsflächen: Ich war erstens Jude, zweitens reich und drittens
hatte ich auch Talent", war ähnlich unprätentiös wie sein Freund
Zille. Von Orden beispielsweise hielt er nicht viel. So sagte er
zu einem Künstler, der seinen ersten Orden stolz präsentierte:
„Passen Se uff! Jetzt kommen noch mehr. Wo ein Hund hinpißt,
da pissen alle hin!" Wie selbstironisch Liebermann sein konnte,
zeigt sich in seiner Reaktion, als er bei einer Tombola den ersten
Preis gewonnen hatte, einen echten Liebermann. Enttäuscht und
belustigt betrachtet er sein Werk und bemerkt: „Wenn ick det
jewußt hätte, hätte ick mir zu wat Besserem uffjeschwungen." Als
Liebermann in den späten 1920er-Jahren den berühmten Arzt
Ferdinand Sauerbruch porträtierte, erklärte der Chirurg nach ei-

niger Zeit: „Können Sie sich nicht ein bißken beeilen? Ick muß in die Charité – und bei Ihrer Arbeit kommt es ja nicht so drauf an." „Saren Se det nich", antwortet Liebermann, „wissen Se – wat Sie vermurksen, deckt der jriene Rasen. Wat ick mache, kommt ins Museum."

Zu Beginn des 20. Jahrhunderts kam verstärkt Reklame auf, die das Stadtbild zu prägen begann und die das Berliner Mundwerk zu Verballhornungen herausforderte. So wurde aus dem Werbespruch eines Optikers „Sind's die Augen, geh zu Ruhnke" die schöne Umdichtung: „Sind' die Augen, jeh zu Mampe, / Jieß die eenen uff de Lampe, / Kannste alles doppelt sehn, / Brauchste nich zu Ruhnke jehn." Beliebt wurde auch die Wendung: „Ick trag's Osram: mit Fassung!" Aus der sich drehenden Lichtreklame des Zigarettenherstellers Manoli um 1910 entwickelte sich die Bezeichnung, dass jemand „Manoli ist", also verdreht, ein bisschen verrückt. Dass der Ausdruck der uneingeschränkten Anerkennung, „knorke", von einer Berliner Fleischreklame herstammt, ist umstritten. Nicht umstritten aber ist die große Ansteckungskraft dieses Wortes, wie Tucholsky schreibt: „Knorke überschwemmte alles: die Straßenbahngespräche, die Volksversammlungsreden, die Diskussionen, die Telefongespräche, die Lieder, die Scherzgedichte."

An der Straßenkreuzung Oberwallstraße/Jägerstraße hatte sich schon im 19. Jahrhundert Berlins „jleichjültige Ecke" herausgebil-

Nie um einen Spruch verlegen: Max Liebermann. Selbstporträt von 1909/10

det. Denn an der ersten Ecke warb eine Textilhandlung mit dem Spruch „Verkaufe Jacke wie Hose zum gleichen Preis!", woher der Ausdruck „Jacke wie Hose" im Sinne von egal, gleichgültig stammt. An der zweiten Ecke, der Werkstatt eines Kerzenziehers, fielen bei der Kerzenproduktion immer Wachsstückchen, sogenannte „Schnuppen", herab, daher die Wendung „det ist mir Schnuppe". Die dritte Ecke gehörte einem Kosmetikladen, der auch Pomade feilbot. Obwohl das Adjektiv „pomadig" für gleichgültig von polnisch „pomału" (langsam) herkommt, wurde die Friseurpomade geradezu als Allegorie der Gleichgültigkeit angesehen. Und da an der vierten Ecke in einer Fleischerei „allet wurscht" war, war der Spitzname der „jleichjültigen Ecke" besiegelt.

Auch der Name des Berliner Traditionsschuhgeschäfts „Leiser", das schon 1891 gegründet wurde, ist mit einem Sprachspiel verbunden. Fragte nämlich jemand aus der Provinz nach einem guten Schuhgeschäft in Berlin, so begann er auf die wiederholte Antwort „Leiser" immer mehr und mehr zu flüstern, bis er schließlich unverrichteter Dinge davonschleichen musste. Aus dieser Zeit stammt auch der Berliner Spruch: „Wat Krupp in Essen ist, sind wir im Trinken."

Ab 1881 tauchten die Milchwagen der Meierei Bolle in den Straßen Berlins auf. Wohl eher zufällig trägt die ebenfalls aus dieser Zeit stammende volkstümliche Witzfigur Bolle denselben Namen, die sich, bei aller Grobheit, doch durch Schlagfertigkeit hervortut. So muss sich Bolle, als die Bahn plötzlich bremst, an einem Fahrgast festhalten. „Mensch", sagt der, „ick bin doch keen Laternenpfahl!" „Det stimmt", gibt Bolle zurück, „dafür sind Se oben nich helle jenuch." Und als Frau Bolle über die ewige Raucherei ihres Mannes schimpft, „die Jardinen stinken, und in die Tischdecke hast mia een Loch rinjebrannt", ist Bolle völlig unbeeindruckt. Da holt Frau Bolle ihren letzten Trumpf heraus: „... und überhaupt: Tabak is een janz langsam wirkendes Jift!" Bolle brummt zurück: „Meenste, Olle, wejen dia wer' ick Cyankali roochen?"

In dieser Zeit war in Berlin geradezu eine Wortschöpfungs-, Sprachspiel- und Reimsucht am Werke. Es entstanden neue Wörter wie Kintopp, Raffke, knorke, Schnulze und Tingeltangel, ein Wort mit einer besonderen Geschichte. Walther Kiaulehn weist nach, dass um 1900 einer der populärsten Komiker der Berliner Singspielhallen, ein Herr Tange, einmal in einer Halle namens „Triangel" auftrat, wo er eigens ein Triangellied schrieb. So soll aus Tange und Triangel das neue Wort Tingeltangel geworden sein. In Frank Wedekinds Gedicht „Tingel-Tangel" findet sich dazu die schöne Zeile: „ein hübsches Tangel-Tengel-Tingel-Tongel-Tungel-Weib".

Die Freude an Reimen mit Vornamen zeigt sich in folgenden Nonsens-Versen:

Hedwich, Hedwich, was du verlangst, det jeht nich!
Ach Ernst, ach Ernst, was du mir alles lernst!
Walter, wenn er fällt, dann knallt er.
Ach du mein lieber Ewald, komm mit mir in den Spreewald

und:

Da kriecht 'ne Spinne,
Sagt Minne.
Hat se Beene,
sagt Lene.
Jawollja,
Sagt Olja.
Versteht sich,
sagt Hedwich.
Lasse kriechen,
Sagt Mariechen.

In dieser sprachlichen Überkugelungstradition steht auch der naturalistische Dichter Arno Holz, der in seinem Gedicht „Berliner Himmelfahrtstag" um 1910 die Masse der vergnügungssüchtigen Berliner vorführt:

Gelächter
Gelärm, Geschrei, Geschwärm,
Ge-uz, Gewitzel, Gefopp, Gespitzel, Gestoße, Gestupps,
Gedränge, Geschupps!

In seiner Tragikomödie „Die Ratten" von 1911 gibt Gerhart Hauptmann eine schlesisch-berlinische Wörterexplosion zum Besten,

wenn er einen ehemaligen Theaterdirektor inmitten seines abge-
halfterten Theaterfundus hervorstoßen lässt:

> Was so hier in diesem alten Kasten (...) schleicht, kriecht,
> ächzt, seufzt, schwitzt, schreit, flucht, lallt, hämmert, hobelt,
> stichelt, stiehlt, (...) das ist auf keine Kuhhaut zu schreiben.
> Und dein alter Direktor, last not least, rennt, ächzt, seufzt,
> schwitzt, schreit und flucht, ha ha ha, wie der Berliner sagt,
> immer mittenmang mit.

Ebenfalls 1911 veröffentlichte der humoristische Schriftsteller
Sigmar Mehring seine „Spottverse" über die „Leute von Berlin",
über Dienstmädchen, Marktfrauen, Ganoven, ja, es gibt sogar
eine „Elegie eines Droschkengauls erster Güte", dessen Klagen
über den zunehmend motorisierten Stadtverkehr tragikomische
Qualitäten besitzen:

> Wie ick mir an de Radler hab jewöhnt,
> So is mir de Elekterschee pomade.
> Kaum aber hab' ick mir damit versöhnt,
> Da jibbt et eene neie Fahrparade.
> Automobil, so heeßt die Deibelspost,
> Det schiebt de Straße lang wie'n Unjewitter.
> Et schmettert los un frahcht nich, wat et kost',
> Un flitzt, det ick am janzen Leibe zitter'.
> Un det Jetute denn un der Jestank!
> Ick bin ja keen Jurmank[3] in Stadtjerüche,
> Jedennoch aberscht mang de Autos mang,
> da jehn de stärksten Nerven in de Brüche.

Auch der Komiker Otto Reutter brachte in dieser Zeit in seinen
Couplets, in denen immer deswegen so viel „geschrie'n" wird,
weil sich das so schön auf „Berlin" reimt, das harte Berliner Stra-
ßenleben auf die Bühne, so in seinem beliebten Gesangsstück
„Hab'n Sie 'ne Ahnung von Berlin!":

> Jüngst las ein Bengel von zehn Jahren
> Dort 'nen Zigarrenstummel auf.

---

3   Gourmet

‚Den suchst du wohl für deinen Vater?'
Frug ich den kleinen Kerl darauf.
‚Mein Herr, Sie haben wohl 'nen Koller?'
Hat der entrüstet dann geschrie'n.
‚Ick rooch ja doller wie mein Oller!' –
Hab'n Sie 'ne Ahnung von Berlin!

Während des Ersten Weltkriegs mietete Reutter das Berliner Palasttheater am Zoo, wo seine sogenannten Kriegsrevuen stattfanden. Nachdem er 1915 chauvinistisch-patriotische Gesangsstücke aufgeführt hatte, die der Fronturlauber Kurt Tucholsky fürchterlich fand, brachte Reutter ab 1916 kriegskritische Couplets auf die Bühne, so etwa über Kriegsgewinnler:

Bronzeskulptur
Otto Reutters in
seiner Heimatstadt
Gardelegen

Noch kurz vor dem Kriege sah ich 'nen Mann,
der hatte zerrissene Stiefel an.
Im ersten Kriegsjahr, da war'n sie besohlt.
Im zweiten hat er schon neue geholt.
Im dritten, da war er schon Millionär -
Ick wunder mir über jarnischt mehr!

Fast wider Willen muss Tucholsky ein paar Jahre später, 1921, die Vortragskunst Otto Reutters, dessen Couplets er gar nicht mal „so ungeheuer witzig" findet, geradezu hymnisch preisen:

dieser Fettbauch hat eine Grazie, die immer wieder hinreißt. Die Pointen fallen ganz leise, wie Schnee bei Windstille an einem stillen Winterabend. (...) Er schwitzt nicht, er brüllt nicht, er haucht seine Pointen in die Luft, und alles liegt auf dem Bauch (...), und wenn sie wieder hochkommen, dann verbeugt sich da oben ein dicker und bescheidener Mann, der gar nichts von sich her macht, obgleich er ein so großer Künstler ist.

131

PIZZI-PUZZI

PIZZICATO
STÄNDCHEN
VON
HERMANN KROME

KLAVIER........... M 1.80 n.   SALON-ORCHESTER... M 2.50 n.
KLAVIER UND VIOLINE M 2.—„   ORCHESTER .... M 3.—„
VIOLINE SOLO ..... M_.60„   INFANTERIE-MUSIK M 3.—„
CAVALLERIE MUSIK.....M 3.—n.
100% 50% Teuerungszuschlag!

Eigentum des Verlegers für alle Länder. Aufführungsrecht vorbehalten.

RICHARD BIRNBACH, BERLIN.

Die Linden lang! Galopp! Galopp!

T rotz der unsicheren politischen Verhältnisse nach dem Ersten Weltkrieg – Novemberrevolution 1918, Spartakusaufstand 1919 und Kapp-Putsch 1920 –, trotz weitverbreiteter Arbeitslosigkeit, sozialem Elend, Spanischer Grippe und Hunderttausenden von Kriegsversehrten begannen sehr bald in Berlin nach dem Ende der Monarchie Unterhaltungslokale, Varietébühnen und Kabaretts aufzublühen. So schrieb das musikalisch-kabarettistische Multitalent Friedrich Hollaender, dass in der Zeit direkt nach 1918 das Tohuwabohu einer unglaublichen Betriebsamkeit ausbrach: „Munkel-Bars und Schummer-Dielen schossen aus dem Asphalt wie kleine Giftpilze", Reime wie „Lues, bist du es?" tauchten auf und Bars für Homosexuelle und Transvestiten entstanden. Der bislang eher moderate Komiker Otto Reutter sang bei seinen ersten Nachkriegsauftritten angesichts des sozialen Elends recht bissige Couplets, in denen er die Forderung gegenüber den Armen, bescheiden und anspruchslos zu sein, persifliert: Schließlich brauchten sie keine Wohnung und keine Kleidung, sondern könnten, nackt wie Adam und Eva, ebenso gut im Freien schlafen, sie sollten am besten aufs Essen verzichten, und ihre Besitzlosigkeit habe den unschlagbaren Vorteil, dass ihnen nichts gestohlen werden könne, woraufhin er zum sarkastischen Ratschlag gelangt:

Nimm's Faß, mach's wie Diogenes
und setze dich davor –
Dann hast du den verzeihenden,
befreienden Humor.

Im Jahr 1913 hatte Otto Reutter noch relativ gemütlich, aber vorausschauend sein erfolgreiches Couplet „Berlin ist ja so groß" gesungen, dessen Schlussstrophe lautet:

Sehnsucht nach harmloser Unterhaltung: Titelblatt eines Notendrucks von 1919

Ein Mägdelein poussierte
In jedem Nachtlokal.
Dann kam der Storch – ich traf sie
Mit ihrem Kinde mal.
‚Wer ist der Vater?' frug ich leis.
Da sprach das Mägdelein: „Wer weiß?"
Berlin ist ja so groß – so groß – so groß –
Ich nenn den Bengel da
Georg Max Bernhard Heinrich -
Gekürzt: G. M. B. H.

Tempo, Tempo, Tempo!

Als aus dem großen Berlin 1920 das administrative Groß-Berlin
wurde, setzten auch die Goldenen Zwanziger ein, die – laut Friedrich Hollaender – mit viel Getöse, mit einem Tempo wie auf einer
Achterbahn, wie ein „Zyklon" und nicht wie ein „Herbstlüftchen"
begannen, „Kinder, haltet eure Hüte fest!" Sehr eindrucksvoll
kommt die Atemlosigkeit und der schärfere Ton in Walter Mehrings Gedicht „Heimat Berlin" (1921) zum Ausdruck:

Die Linden lang! Galopp! Galopp!
Zu Fuß, zu Pferd, zu zweit!
Mit der Uhr in der Hand, mit'm Hut auf'm Kopp
Keine Zeit! Keine Zeit! Keine Zeit!
Man knutscht, man küßt, man boxt, man ringt,
Een Pneu zerplatzt, die Taxe springt!
Mit eenmal kracht das Mieder!

Dieses „Berliner Tempo" wurde bald, und damals keineswegs abfällig, in „jüdische Hast" umgetauft, und tatsächlich vergoldeten sehr
viele jüdische Künstler und Satiriker durch Witz und Selbstironie das
Berlin der Zwanzigerjahre. Dieser Selbstironie hatte sich sogar Albert
Einstein schon während des Ersten Weltkriegs bedient, als er sagte:

Sollten sich meine Theorien als richtig erweisen, bin ich für
die Franzosen ein Europäer und für die Deutschen ein Deutscher; sollten sie sich aber als falsch herausstellen, bin ich für
die Franzosen ein Deutscher und für die Deutschen ein Jude.

134

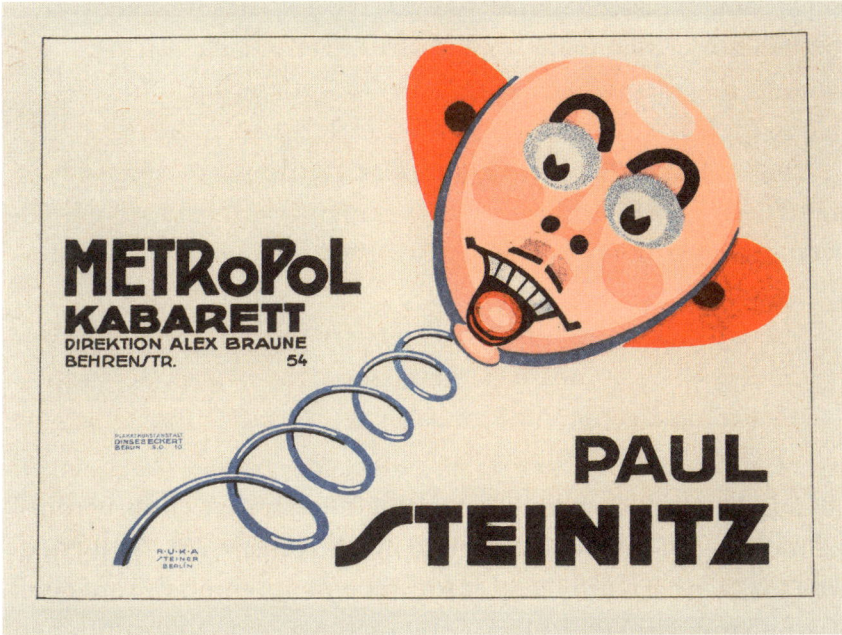

Bereits 1918 entstand dieses Plakat für das Metropol-Kabarett in der Behrenstraße.

1920/21 wurden drei berühmte literarische Kabaretts gegründet, das Kabarett „Schall und Rauch" von Max Reinhardt, die „Wilde Bühne" von Trude Hesterberg im Keller des „Theaters des Westens" und das Cabaret „Größenwahn" im „Café des Westens" von Rosa Valetti. Hier versammelte sich alles, was in Berlin in puncto temporeichem Witz und geistreichem Esprit Rang und Namen hatte oder gerade erwarb. So konnte sich der jüdische Kabarettist aus Schlesien, das Improvisationstalent Paul Graetz, „die ungeheuerlichste Berliner Schnauze im schmächtigsten Körper" (F. Hollaender), eine nicht vorhandene Chauffeurkappe über den Kopf ziehen und einem imaginären Fahrgast über die neue Republik erzählen:

–, hab ick Republik jesagt? Entschuldjen Sie das harte Wort. Sollten Sie zufällig auf der Straße was knallen hör'n, beruhigen Se sich, mein Herr, das sind bloß Jewehre. Das ist bloß Noske. Der übt sich bisken mit lebenden Zielscheiben, sind aber bloß Arbeiter – –.

135

Auf all diesen Kabarettbühnen traten die großartigen Chanson-
nièren Gussy Holl, Kate Kühl und Trude Hesterberg auf, die die
schärfsten Lieder der Zeit sang, „alles mit prima Stacheln versehen, und alles aus der obersten Schublade von Walter Mehring,
(...) dessen Prosa allein schon aus gewetzten Rasiermessern bestand", wie Friedrich Hollaender kommentiert. Über Gussy Holl,
deren parodistische Kunst er preist, schwärmt Tucholsky schon
1919:

> Frankfurt hat zwei große Männer hervorgebracht: Goethe und
> Gussy Holl (...) – sie singt irgendeine kleine Dummheit, und
> die Leute bekommen weiche Augen –, sie lacht, und eine un-
> bändige Heiterkeit breitet sich aus.

Die Chansonsängerin Blandine Ebinger spielte viele Jahre lang ein
armes Mädchen aus dem Wedding, das das Publikum mit ihren
Liedern zum Lachen und zu Tränen rührte:

> Mit eenem Ooge kiekt der Mond mir an,
> Wenn aus't Jeschäfte ick nach Hause jeh.
> Een jrosset Ooge hat er immer offen,
> wie Vater, wenn er uffn Sofa pennt
> (...) Oh Mond, kieke man nich so doof,
> wenn ick abends nach Hause loof.

Die berühmten Textschreiber dieser drei neuen literarisch-sa-
tirischen Kabaretts, Walter Mehring, Klabund und Kurt Tucholsky, schufen den neuen Großstadtchanson, der sich an Jazz und
Expressionismus, an der Bänkelballade, am Couplet und an den
französischen Montmartre-Traditionen orientierte. So dichtete
Walter Mehring, einer der bedeutendsten Satiriker der Weimarer
Republik, wunderbar übertrieben über „Fräulein Irène, die täto-
wierte Wunderdame":

> Ihr seht die Großen Komponisten
> – Die Wagner- und die Mozartbüsten –
> Auf meinen Brüsten.
> Ihr find't die Dolomitenzacken
> Und alle europä'schen Flaggen
> Auf meinem Nacken

136

Der äußerst umtriebige Komponist, Musikdichter und Kabarettist
Friedrich Hollaender vertonte Tucholsky-Texte und dichtete selber in seinem Song „Oh wie praktisch ist die Berlinerin":

Sie macht aus Lampenschirmen Hüte,
Badetrikots aus einer Tüte
Aus einer Hängematte, nein, wie gescheit
Schneidert sie sich ihr Abendkleid.

Themen der Tucholsky-Chansons sind immer wieder verliebte
Berlinerinnen, jede einzelne eine „Venus der Spree", die zwar
pflichtbewusst und pünktlich sind, wenn sie sich „zieren bis zwölf
Uhr dreißig", die aber auch „küssen bis nachts um zwei", die
Barfrau als „Dame mit'n Avec" und das „Tauentzienmädel", das
schließlich doch die Contenance bewahrt: „Stopp! Fauler Kopp!
Blonder Zopp! Kühler Kopp!" Tucholsky spießt auch die Entfrem-
dung im großstädtischen Babel Berlin mit seinem nächtlich-glän-
zenden Asphalt und seinen Litfaßsäulen auf und dichtet Pazifisti-
sches und Absurdes.

Oft als Matrose gekleidet trat sehr erfolgreich auch Joachim
Ringelnatz in Kabaretts auf, über den Friedrich Hollaender an-

Fritzi Massary führt
im Tiergarten ihre
Hunde aus. Foto
von 1913

erkennend schreibt: „So alle paar Jahrhunderte wird ein Lyriker geboren, bei dem die Verse kichern, aber sie haben sich nicht die Tränen aus den Kommas gewischt. Jetzt können wir wieder zwei Jahrhunderte warten." Ringelnatz' Gedicht „An Berliner Kinder" gestaltet den Berliner Sündenpfuhl der Zwanzigerjahre sarkastisch-übertrieben aus:

Was meint ihr wohl, was eure Eltern treiben,
Wenn ihr schlafen gehen müßt?
Und sie angeblich noch Briefe schreiben.
Ich kann's euch sagen: Da wird geküßt,
Geraucht, getanzt, gesoffen, gefressen,
Da schleichen verdächtige Gäste herbei.
Da wird jede Stufe der Unzucht durchmessen
Bis zur Papageien-Sodomiterei.
Da wird hasadiert um unsagbare Summen.
Da dampft es von Opium und Kokain.
Da wird gepaart, daß die Schädel brummen.
Ach schweigen wir lieber. – Pfui Spinne, Berlin!

Als die drei ersten innovativen und gehaltvollen literarischen Kabaretts, die aufgrund ihrer Schärfe und ihres sprühenden Witzes ungemein erfolgreich waren, nachgemacht zu werden drohten, schreibt Friedrich Hollaender sarkastisch:

Da kommt sie schon angetrabt, die Herde der literarischen Cabarets. Jeder mal literarisch! Ça c'est Berlin! Wenn einer ‚Muh' macht, kommen gleich fünfzehn hinterher gemuht. Die Leit-Kuh darf den Weg zur grünen Weide zeigen, dann geht sie im Kuhglockengebimmel unter. Wer klug ist, sattelt sich schleunigst ein neues Säugetier.

Gleichzeitig triumphierte auf den Revue- und Operettenbühnen die, wie sie sich selbst nannte, „Sünde von Berlin" Fritzi Massary, die Königin des leichten Spiels mit äußerst geistreichen Chansons. Ebenso feierte im Kino der Zeit der Stummfilmstar Asta Nielsen große Erfolge, die zu Beginn der Zwanzigerjahre derart großäugig und mager war, dass es in einem Witz dieser Zeit heißen konnte: „Eine leere Droschke hält. Wer steigt aus? Asta Nielsen!"

138

Raffke und die Inflation

1922 verarbeitete Kurt Tucholsky in seinem Gedicht „Raffke" die
Figur des neureichen Kriegs- und Inflationsgewinnlers, die dann
in Witzen noch länger ein eigenständiges Leben führen wird. Tu-
cholskys Raffke, der sich selbst „die allerneuste Zeiterscheinung"
nennt und sich aus kleinen Verhältnissen emporgegaunert hat, ist
zwar ohne Bildung, bildet sich aber doch ein, er sei kultiviert:

> Ick weiß, der Strauß, der singt det hohe Fis.
> Nur weiß ick nich jenau von Boticellin,
> ob det nun 'n Cognak oder 'n Keese is,
> 'n Bild in Auftrag jeben dhu ick imma,
> weil ick nu mal 'n großer Meez'n[1] bin –
> Jefällt mirs nich, häng icks ins Badezimma.

Schließlich heißt es vom schlitzohrigen und in Gelddingen ab-
gefeimten Raffke, der die ökonomische Lage der bevorstehenden
Inflation skrupellos zu seinen Gunsten ausnutzt:

> Wat Sie hier sehn an meine dicken Händen,
> den janzen Perlen- und Brillant-Salat –
> Sie, det sin alles meine Dividenden,
> denn ick bin dreißigfacher Aufsichtsrat.
> Und in den alljemeinen Weltenkoller,
> da schieb ick still zur Bank von England hin:
> Und macht ihrs doll – ick mache immer Dollar!
> Ick knie mir rin, ick knie mir richtig rin!

Die witzige Figur des neureichen, prahlerischen Raffke war einmal
zur Zeit der Wohnungsnot nach Kriegsende bei einem großbür-
gerlichen Bekannten zu Besuch, der mit Blick auf seine Bilder-
sammlung sagt: „Ich habe das ganze Haus voll Niederländer." „Is
ja scheußlich, diese Wohnungsnot! Könn' Se die Leute denn nich
in Baracken untabring'n lass'n?" Raffke selbst wohnt in einer
repräsentativen, um nicht zu sagen protzigen Villa, über deren
Eingangsportal „A. D. 1922" eingemeißelt ist, was Raffke ohne mit
der Wimper zu zucken mit „Aus Devisen 1922" übersetzt. Da er

1 Mäzen

sich in seinem Haus auch mit Kulturgütern schmückt, kann Frau Raffke ihrer Bekannten Frau Neureich erzählen: „Unsere Wohnung ist voller Tizians." Darauf die Bemerkung: „Könn' Se denn nich mal 'n Kammerjäger komm'n lassen?"

In dieselbe Richtung zielt ein Couplet von Otto Reutter, „Das Geld regiert die Welt" (1921), in dem ein Herr Neureich spricht:

Hab' alle Maler mit berühmten Namen.
Kauf' ich Bilder, guck' ich immer nach dem Rahmen.
Denn so'n goldner Rahmen ziert die Wand am meisten.
Ich hab' die größten Bilder mit de dicksten Leisten
und een kleenes Bild von Menzel bloß –
Jott, der Menzel war ja ooch nich jroß.

Die Witzfigur Raffke vereinigt Pragmatismus, Unbildung bei gleichzeitigem Bildungsdünkel, Gönnerhaftigkeit und bodenlose Dummheit. So sagt Raffke angesichts des Colosseums in Rom abschätzig: „Solln se nich anfang'n zu bau'n, wenn se keen Jeld ham". Zurück von der Romreise fragt ein Geschäftsfreund, ob sie „ooch allet besichticht ham, det Kapitol un so?", woraufhin Raffke äußerst empört antwortet: „Wat denken Sie denn von uns?

Magnet Berlin: Wie viele dieser Revuegirls wohl aus Berlin stammten? Damenballett Ehed Karina, um 1920

In Rom jehn wa doch in keen Kino nich!" Und bei einem verbissenen Fußballspiel ruft der Zuschauer Raffke mit einem Mal den Spielern gönnerhaft zu: „Jungs, zankt euch nich um den dämlichen Ball, ick schenke jeden von euch so'n Ding!"

Während der Inflationszeit um 1923 war ein Witz im Umlauf, in dem ein durchtriebener Straßenjunge sich einem Herrn nähert. „Ha'm Sie vielleicht einen Billionenschein valoren?" „Augenblick, warte mal", erwidert der Herr und stöbert in seinen Taschen herum. „Ja, ich glaube, mir ist beinahe so – Donnerwetter, tatsächlich – hast du etwa einen gefunden?" „Nee", sagt der kleine Berliner, „det nich, aba Sie sind heute jrade der Hundertste, der eenen valoren hat."

1923 war nicht nur das Jahr, in dem die Hyperinflation zu ihrem Höhepunkt gelangte. Im Berliner Sportpalast wurde anlässlich des Sechstagerennens erstmalig der „Sportpalastwalzer" zu Gehör gebracht. Als dieser Walzer, eigentlich die Komposition „Wiener Praterleben" von Siegfried Translateur, einem jüdischen Komponisten aus Schlesien, der 1944 in Theresienstadt ermordet wurde, im Sportpalast erklang, begann ein Zuschauer derart laut und rhythmisch mitzupfeifen, dass er Begeisterungsstürme auslöste. Dieser Zuschauer, das Berliner Original „Krücke", eigentlich Reinhold Habisch, hatte als Folge eines Straßenbahnunfalls ein Bein verloren, wodurch seine erträumte Sportlerkarriere frühzeitig beendet war. Durch sein Pfeifen, seine Zwischenrufe und überhaupt seine Volksbelustigung stieg er zum festen Inventar des Sechstagerennens auf und half damit enorm, die Melodie in Berlin und international fast zu einer Hymne werden zu lassen. Krücke bekam übrigens von Max Schmeling, dem er eine großartige Boxerkarriere prophezeit hatte, zum Dank einen Zigarrenladen geschenkt.

Berlin, dieser riesige Magnet, der in den Zwanzigerjahren unendlich viele Künstler und Schriftsteller anzog, wurde immer wieder literarisch besungen, beschwärmt und bekrittelt. Bemerkenswert ist dabei, dass der kleinere Teil der Berlindichtung von gebürtigen Berlinern stammt, der wesentlich größere Teil aber von Zugezogenen aus Schlesien, Sachsen oder dem Rheinland, aus Hamburg, Mannheim oder Königsberg, aus Galizien, Wien, aus Norddeutschland, dem Elsass oder aus Bayern geschrieben wurde. Wie die Gedicht- und Textsammlung „Ruff uffn Rummel" zeigt, eigneten sich all diese Nicht-Berliner unmittelbar den Berliner Dialekt an und verwendeten ihn in ihren Dichtungen. Berlin war die einzige Stadt in Deutschland, die nicht den Begriff des „Zugereisten" oder „Reing'schmeckten" kannte. So konnte in dieser Zeit jemand, der aus Breslau stammte, von wo, wie er selbst sagt, „nur die Vorlauten" herkommen, überrascht ausrufen, wenn sein Gegenüber behauptete, er sei Urberliner: „Mensch, da jehör'n Se ja in'n Zoo!" Themen der Berlindichtung der 1920er-Jahre sind in oft erheiternder Weise kleinbürgerliche Familien und der Berliner Mob, Kriminelle und Prostituierte, Liebespaare und Selbstmörder, die Stadt Berlin selbst und das Baumblütenfest in Werder, illusionslose Kinder und schwangere Mädchen, Marktfrauen und Schusterjungen, alte Divas und ungeliebte, todessüchtige kleine Gören, Rummelplätze, Leierkastenmänner in Hinterhöfen und tratschende Frauen, wie sie im Gedicht von Mascha Kaléko aus Galizien „Tratsch im Treppenflur" meisterhaft festgehalten sind:

– Ob Sie 't nu jlooben oda nich:
Von Bumkens die Meta, die jeht uff'n Strich!
... Wat, Meyern, ick sachte doch often schon,
Die takelt sich uff wie 'ne richtje Persohn!

Nach Strich und Faden hecheln die beiden nun ihre Nachbarin Bumke durch, die ihr „jolddijes Kind" immer schon verwöhnt habe mit der Folge, dass die Tochter nun angeblich auf der schiefen Bahn gelandet sei. Obwohl sie gar nicht mehr zur Arbeit geht, trägt sie aufreizende, teure Kleidung, amüsiert sich abends beim Tanzen, „un sonntachs da riecht's nach jebratene Jans ...", weswegen das Fazit lautet:

Det soll eena jlooben?! – Na, det ick nich lache.
– Aba det is ja die Bumken ihre Sache.
Wat jeht *mir* det an? – Na, denn: jute Nacht!
... Sonst heeßt's: unsaeens hätte Tratsch jemacht!

Det kleene freche Aas vom Theater: Claire Waldoff

Als eine der gelungensten Ver-
körperungen der kessen Berliner Weiblichkeit galt zwischen
1910 und dem Ende der Weimarer Republik Claire Waldoff,
deren mit heiserer Stimme
intonierte Chansons das Publikum zu Begeisterungsstürmen
hinrissen. Die gebürtige Gel-
senkirchenerin, die sowohl von
Berliner Arbeitern als auch von
Künstlern und Intellektuellen
„unsere Claire" genannt wurde,
trat während des Höhepunkts
ihrer Karriere Mitte der Zwanzigerjahre in den renommier-
ten Berliner Varieté-Theatern
„Scala" und „Wintergarten" auf
und sang freche Couplets in
Berliner Mundart, die sie sich
schnell angeeignet hatte. Ein großer Erfolg wurde das Lied „Nach
meene Beene ist ja janz Berlin verrückt, / Mit meene Beene hab ick
manches Herz jeknickt", in dem das Mädchen mit den schönen
Beinen schließlich – sehr selbstironisch – ihre Schritte zum Zoo
hinlenkt, wo die Affen gleich „Menkenke" machen, wenn sie ihre
Beine sehen und der Wärter böse ruft:

Nach Ihre Beene is ja janz Berlin verrückt,
Die janzen Affenherzen sind total jeknickt.
Drauf sagt' ich immer wieder voller Seelenruh:
Sie oller Lulatsch, leg'n Se man Ihr Herz noch zu.

Ironisch nimmt Claire Waldoff auch die ruppige Grobheit und be-
rühmt-berüchtigte Schlagfertigkeit der Berliner aufs Korn, wenn
sie singt:

Den Schalk im Gesicht: Claire Waldoff auf einem kolorierten Porträt-foto von 1927

Die Berliner sind sehr höflich.
Ein Herr trat neulich mal
Einer Dame auf die Schleppe.
Im Foyer war ’n Mordsskandal:
‚Können Sie nicht sehn, Sie Ochse!‘
‚Ja‘, sagt der Herr, ich kann’s,
Aber warum haben Sie olle Kuh so einen langen Schwanz.‘

Im Lied „’ne dufte Stadt ist mein Berlin!“ fängt sie die Derbheiten von Berliner Kutschern, die sich beschimpfen, ein. Ruft einer dem anderen zu, „Mensch, laß dir mal mit Mostrich impfen, Du Appelfatzke, Rindvieh du!“, flucht der andere zurück: „Du Stiesel, sauf man Terpentin!“ Die schlecht endende Liebesgeschichte einer Berliner Großstadtpflanze zwischen Verführung und Abtreibung wird in einem Chanson durch den Refrain des rhythmischen Berliner Kinderabzählverses erzählt, wobei sich das letzte „weg“ auf den abgetriebenen Fötus bezieht: „eene meene ming mang ping pang kling klang ose pose packe dich – eia weia weg!“ Auch in einem anderen Chanson warnt sie die Berlinerinnen vor den Verführungen des „erotischen Milljöhs“, die oft ins Verderben, sogar bis in die „Plötze“ führen:

Alle Damen sind jebeten,
Nich zu tief drin reinzutreten
Mang detselbige erotische Milljöh
An de Panke – an de Wuhle – an de Spree!

Tucholsky, der von Claire Waldoff schwärmte, „sie war das Volk von Berlin“, verfasste, wie auch Alfred Polgar, Alfred Döblin und Max Herrmann-Neiße, anerkennende Rezensionen ihres Schaffens, ja, Tucholsky identifizierte sogar die Berolina mit Claire Waldoff als „das olle Wappen von die Stadt Berlin“. Sie selbst, die längst zur „dollen Bolle“ geworden war, sagte über sich: „Ich fing an, *die* Berlinerin zu werden, ein Prototyp der Berliner, ein Repräsentant des modernen Berlins“. Berlin, ihre große, ja fast verrückt aufgeflammte Liebe, wurde für sie die Stadt ihres Lebens, in der sie mit Heinrich Zille eine große, nahezu verwandtschaftliche Nähe verspürt:

Du Stadt der herrlichsten Schauspieler – bist einzig in Deinen herben, plastischen, kessen, treffenden Redensarten, die so kühn sind mit ihren verwegenen Sprachbildern – und hast dabei doch das zarteste, gütigste Herz. Dein Heiliger ist Heinrich Zille, der große Künstler und Menschenfreund. (...) Unsere Mütter müssen wohl vor unserer Geburt von der Panke geträumt haben: So sehr waren wir beide berlinerisch, im Wesen, im Dialekt, im Herzen.

Sie, die „Zille-Jöhre", wirkte 1925 auch beim Singspiel „Hofball bei Zille oder mein Milljöh" mit. Übrigens war während der Zwanzigerjahre der Karikaturist Paul Simmel in Berlin ähnlich populär wie Heinrich Zille. Mit seinen Karikaturen für die „Berliner Illustrirte (!) Zeitung", für die „Berliner Morgenpost", den „Ulk" und die „Lustigen Blätter" fing Simmel in witzigen, oft dialogischen Szenen die Atmosphäre Berlins zwischen Kiez und Weltstadt ein. Aufgrund seines krankheitsbedingten Suizids 1933 geriet Simmel unverdientermaßen in Vergessenheit. Claire Waldoff nun, „det

Das große Vorbild: Heinrich Zille zeichnet das Berliner Leben – mit Humor, aber ungeschönt. Selbstbildnis, 1919

145

kleene freche Aas vom Theater", wie der Berliner Volksmund anerkennend sagte, war mit ihren Gassenhauern, Schlagern, Couplets, Hollaender- und Tucholsky-Chansons äußerst populär. Dass sie mit ihrer Lebensgefährtin den Mittelpunkt des lesbischen Nachtlebens in Berlin darstellte und sogar einen geistigen Salon für frauenliebende Frauen unterhielt, schmälerte ihre Beliebtheit nicht im Geringsten – im Gegenteil konnte sie auch mit Liedern wie von der schillernd-verruchten "Hannelore" reüssieren:

> Schönstes Kind vom Hall'schen Tore!
> Süßes, reizendes Geschöpfchen
> Mit dem schönsten Bubiköpfchen!
> Keiner unterscheiden kann,
> Ob du 'n Weib bist, oder 'n Mann! (...)
> Hannelore trägt ein Smokingkleid
> Und einen Bindeschlips.
> Trägt ein Monokel jederzeit
> Am Band von Seidenrips.
> Sie boxt, sie foxt, sie golft, sie steppt,
> Und unter uns jesagt, sie neppt! (...)
> Es hat mir einer anvertraut:
> Sie hat 'n Bräutjam und 'ne Braut.

Ein Witz, ursprünglich Antek und Franzek aus Oberschlesien in den Mund gelegt, von wo er sich dann nach Berlin fortpflanzte, ist – gegen diesen Claire Waldoffschen Strich gelesen – doppelt gelungen. Da wundert sich ein Berliner: "Wozu die Frauen so ville Jeld brauch'n, vasteh' ick nich. Roochen tun sie kaum, saufen macht ihn'n keen Spaß und Frau'n sind se selba!"

Straßenhändler und andere Großsprecher

Der gebürtige Berliner Kurt Tucholsky verfasste neben vielen witzigen, absurden und pazifistischen Chansons auch etliche Satiren gegen Junker, Minister, Pfaffen und Generäle. So berichtet er in seinen "Berliner Ballberichten" über den Ball des "Reichsverbandes Deutscher Heeresgynäkologen" unter der Leitung des "rührigen Vorsitzenden, des Herrn Geheimrats Ovaritius". Darüber

hinaus gestaltete er in seinen Satiren und Gedichten immer
wieder sein widersprüchliches Verhältnis zu Berlin und seinen
Einwohnern. Einerseits lobt er den originellen Berliner Volksmund: „Man sollte heimlich mitstenographieren, was die Leute so
reden, kein Naturalismus reicht da heran." Andererseits äußert er
sich kritisch über die Unfähigkeit der Berliner, sich anregend, auf-
merksam, ja überhaupt dialogisch zu unterhalten, denn

> sie sprechen nur ihre Monologe gegeneinander. Die Berliner
> können auch nicht zuhören. Sie warten nur ganz gespannt,
> bis der andere aufgehört hat zu reden, und dann haken sie ein.
> (…) Die Berliner sind sich spinnefeind. (…) Berlin vereint die
> Nachteile einer amerikanischen Großstadt mit denen einer
> deutschen Provinzstadt.

Darüber hinaus empfindet Tucholsky das Schwanken zwischen
Großmannssucht und Borniertheit als geradezu lächerlich:
„Berlin ist so groß: es hat vier Millionen Einwohner. Berlin ist so
klein: auf Reisen sieht der Berliner nicht über den Spittelmarkt."
In seinem Gedicht „Berliner auf Reisen" zeichnet Tucholsky den
Berliner als notorisch nörgelndes und meckerndes Wesen, das
ausschließlich dann loben kann, wenn es der Mehrung seiner
Aufgeblasenheit dient: „Was ich mir ansehe, ist eben immer gut –
sonst seh ichs mir gar nicht erst an!"

Der österreichische Schriftsteller und Kabarettist Alexander
Roda Roda, der zwischen 1920 und 1933 in Berlin lebte, verfasste
einen satirischen Text über einen besserwisserischen, logorrho-
isch herumtönenden Berliner Sommerfrischler in den Alpen: „De
janzen Alpen", sagte er mir eines Tages,

> is der reene Mumpitz. Eene jrandiose Fremdenneppanstalt.
> Sehn Se, zum Bleistift, det Mädchen da mit det Edelweiß! – Na,
> überhaupt det Edelweiß! Haben Sie sowat schon mal wachsen
> sehn? Ick nich. Un ick kann Ihn bloß sagen – ick, Wernicke
> aus Berlin: eine Blume Edelweiß jibt es jar nich und hat es
> ooch nie jejeben. Een jeder intellijente Mensch muß et uff'n
> ersten Blick raushaben, det det Zeuch jar keene Möglichkeit
> vor 'ne Blume is. Edelweiß is de jesetzlich injetrajne Wortmar-

ke für eenen Industrieartikel – et wird in eene Fabrik in Plauen mit Maschinen aus dünnen Filz jestanzt un den Touristen in de Alpen als Blume anjedreht.

Chronist der Zwanzigerjahre in Berlin war der Publizist und Satiriker Hardy Worm, der 1918 zunächst dadaistische Blätter gründete, denen Alfred Kerr „Bierulk mit Weltanschauung" bescheinigte. Ab Mitte der Zwanzigerjahre verfasste er für die Berliner Volkszeitung die wöchentliche Seite „Ulk" und schrieb für andere linksgerichtete Organe. Hier erschienen satirische Gedichte wie „Frühlingssalat":

Die Natur versteht sich auf Reklame.
Schon det kleenste Veilchen flüstert bei Erwachen:
Achtung, blenden! Bitte Großaufnahme! (...)
Pleitegeier spreizen das Gefieder.
Hüpften gern auf alle grünen Zweige.
Wo man Teppich kloppt, da laß dich ruhig nieder,
Gute Menschen haben keine Geige.

Worm, der sich hymnisch zum Berliner Dialekt bekannte, fing in Glaßbrennerscher Tradition berlinische Straßenszenen für seine publizistischen Texte ein, gerne das verbale Feuerwerk von fliegenden Händlern. Zwar sei der Berliner Straßenverkäufer ein ausgekochter Bursche, der jeden Tag dasselbe redete, „aber immer an einer anderen Stelle. Und das macht ihn erträglicher als manchen berühmten Komiker." So zeigt sich der Witz der Straße in der schwallartigen Rede eines Schnürsenkelverkäufers:

Is Ihn der Schniersenkel jerissn, jawoll. Nen neun ham Se natierlich nich da, und wenn Se een ham wirdn, hättn Ihre Frau schon längst als Strumpfband jenommen, also wat misn Se machen? Se misn anfangen zu knippan und 'n Knoten machn. Dabei bickn Se sich und denn reißt Ihn der Hosentreja und denn kriejen Se de Wut, schmeißn den Spiegel kaputt, pfeffan den Stiebel aust Fensta und Ihre Frau hintaher und nachhea wern Se injelocht. Sehn Se, det ham Se aba allens nich neetich. Se könn sich weita Ihre joldne Freiheit afreun, wenn Se mein neun Patentjummischniersenkel benutzn.

148

Und der fliegende Parfümhändler, der sich mit „jeklauter Ware"
und seinen Kumpanen in Tegel brüstet, würzt seine Verkaufsrede
mit amüsanten Sprachspielen:

> Aba trotzdem bin ick een vornehma Mann. Ick jurjel frieh-
> morjens nur mit franzeesischen Konjak und habe for jeden
> einzelnen Zahn meine eijene Zahnbirste. (…) Außadem hatte
> ooch mein Vata schon in die Parfiembranche jearbeetet. Eh ick
> zur Welt kam, is a neemlich vaduftet. Ick bin sozusaren erblich
> belastet, und darum hab ick 'n Parfiemlad'n uffjemacht – ee-
> nes Nachts, als der Inhaba jrade schlief.

Aus dieser Zeit ist der dazu passende Spruch überliefert: „Bei mir
Kölnisch Wasser – vadufte!"

Klabund, über den Friedrich Hollaender schrieb, „das ist
doch kein Name. Hört sich an, als ob man Klabautermann und
Vagabund zu schnell hintereinander ausspricht", hatte nicht nur
in seinem Gedicht „Berliner in Italien" deren besserwisserische
Engstirnigkeit im aufkommenden italienischen Faschismus ge-
geißelt: „Den schiefen Turm von Pisa sollten sie mal jrade richten,
Mussolini hat dazu den nötigen Schmiß." Klabund bringt auch
mit Genuss die sprachlichen Ohrfeigen eines national gesinnten
Schnürsenkel-Straßenhändlers zu Papier:

> Tja, schreit eena daher: Dernier Schiet de Paris, Jujork oder
> wie der Mistkram imma heeßen mag, da reißen wa Maul und
> sämtliche Ohren uff. Aber im eij'nen Land – wat grinsen Se,
> junger Mann! –, da is'n Schnürband 'n Schnürband und die
> pfeine Nüance, vastehnse, die verkommt glatt im Dreck! Hier,
> Damen und Herrn, ham wir 'n Schnürsenkel, den wo ein een-
> armiger Säugling bedienen kann!

Eine kleine Replik auf die allgegenwärtigen fliegenden Händler ist
der von Erich Kästner in seinem Kinderbuchklassiker „Pünktchen
und Anton" (1931) gestaltete arme Schuljunge Anton, der auf der
Weidendammer Brücke allabendlich Schnürsenkel verkauft, um
in den Zeiten der Wirtschaftskrise Geld für Miete und Essen zu-
sammenzubekommen, während seine Mutter ohne jede finanziel-
le Absicherung krank zu Hause liegt.

Bekanntermaßen waren Arbeitslosigkeit, Gelegenheitsjobs, Trunksucht sowie elende Wohnverhältnisse die Schattenseite der „Goldenen Zwanziger". Die sozialen Missstände brachten auch Myriaden von Berliner „Jöhren" hervor, für die die Straßen und engen Hinterhöfe zur Schule des Lebens, der Pfiffigkeit und des schlagfertigen Witzes wurden. So wird ein kleiner Junge auf dem Schulweg von einem etwas älteren angesprochen:

Sag mal – wie alt bist'n du?

Na sechse.

Wat, sechse? Haste denn schon mal 'ne Molle jezischt?

Nee.

Roochste?

Nee.

Schon mal 'n Meechen jeknutscht?

Nee.

Denn biste ooche keene sechse.

In einem Berliner Hinterhof beugt sich eine Frau aus dem Fenster und ruft nach ihrem vierzehnjährigen Sohn: „Justav! Justav!" Endlich meldet sich Gustav: „Laß mir in Ruhe, Mutta – ick ha' et jrade mit'n Meechen." Darauf die Mutter, beruhigt: „Ach so. Ich dachte, du roochst schon wieder." Einmal stellte sich ein dicker Mann auf eine Automatenwaage, die überall in Berlin zur Gewichtskontrolle aufforderten. Als diese nur ganz wenig anzeigt, weil der Mechanismus gestört ist, sagt ein Berliner Junge erstaunt zum andern: „Kiek mal, Ede, der Dicke is hohl!" Ein anderer Junge verlegt sich aufs Betteln: „Du, Mutta, jib mir mal'n Jroschen. An der Ecke steht'n janz armer Mann." Die gutherzige Mutter gibt zehn Pfennig und fragt: „Was macht denn der Arme da?" „Er muß Eis verkoofen!" Der Widerspruchsgeist, dem es vor allem um den eigenen Vorteil zu tun ist, scheint schon den Berliner Kindern eingewurzelt zu sein. Denn als die Mutter vorwurfsvoll sagt, „Aba Eberhardchen, wie siehste denn wieda aus! Also pass uff: wennde jetzt schön dein Hals wäschst, denn darfste morjen, wenn jutes Wetter is, mit an'n Wannsee", antwortet Eberhard blitzschnell: „Und wenn's morjen rejnet, denn steh'ck da mit'n jewaschenen Hals."

Und eine kleine Replik auf den Kulturkampf stellen die zwei Kinder dar, die sich splitternackt im Planschbecken in einem Berliner Park vergnügen. Irgendwo läuten Glocken. „Biste ooch evangelisch?", fragt der kleine Junge. „Nee, ick bin katholisch", antwortet das kleine Mädchen verwundert, „aba ick hab' nich jewußt, det der Untaschied so jroß is."

Berliner Straßenhändler im Lustgarten. Foto um 1930

151

Auch die Situation von Bettlern, Tagedieben und kleinen Ganoven wird in Witzen auf die Schippe genommen. So unterhalten
sich zwei Bettler:

Jetzt möcht' ick ne Molle zischen.

Un ick möchte ma wieda bei Kempinski essen.

Nanu – du hast schon ma bei Kempinski jejessen?

Nee – aba jemocht.

Und ein müßiggängerischer Tagedieb sagt zum anderen: „Wat
machste denn?“ „Nischt.“ „Da mach ick mit.“ Als der Richter
einen Angeklagten fragt: „Wie kamen Sie dazu, vor dem Friedhof
ein Fahrrad zu stehlen?“, beruft sich der Ganove auf sein mitleidi-
ges weiches Berliner Herz: „Naja, wie et so jeht – als es so traurich
an der Friedhofsmauer stand, da dachte ick, vielleicht is sein Besitzer jestorm. Und da wollte ick mir seiner annehm.“

Gustav Hartmann
vor seiner Fahrt
nach Paris. Wie
seine Frau die
Schnapsidee von
„Justav“ wohl fand?

In den Zwanzigerjahren ist Berlin weiterhin von Zuzug und explodierenden Bevölkerungszahlen geprägt. Auch die öffentlichen Verkehrsmittel wurden immer voller. Die daraufhin entstandenen Straßenbahn- und S-Bahnwitze zeugen weniger von Ellenbogenmentalität als von witzigem indirekten Hintersinn. So fragt in der Straßenbahn jemand seinen Nebenmann: „Wie alt sind Se eijentlich?" „Zweiunddreißig", antwortet der Gefragte, „aba wat jeht det Sie an?" „Na, ick meene, denn sind Se woll alt jenuch, um uff eigne Füße zu stehn." Einmal, als eine Dame in eine überfüllte Straßenbahn einsteigt, in der alle Sitzplätze besetzt sind, erhebt sich niemand, kein Herr und auch nicht der junge Mann, der in seine Zeitung vertieft ist. Da tippt ihn die Dame lächelnd an und fragt höflich: „Sie, darf ick Ihnen vielleicht meinen Stehplatz anbieten?" In der S-Bahn hat ein Junge ein Fenster geöffnet. Ein älterer Herr steigt zu und schimpft: „Mach das Fenster zu, du Lümmel, draußen ist es kalt!" Nachdem der Junge das Fenster geschlossen hat, fragt er lauernd: „Meen' Se, det et jetzt draußen wärmer is?" Und als einmal ein kleiner Hanomag gemütlich vor einer Straßenbahn herfährt, muss der Straßenbahnführer lange klingeln und klingeln, bis das Auto endlich gemächlich zur Seite fährt. „Kannste nich aus'n Jleisen fahren, du Rindvieh?", schreit der Schaffner wütend. „Ick schon", lacht der Hanomag-Fahrer, „aba du nich!" Sogar Walter Benjamin erfreute sich am größenwahnsinnigen Berliner Mundwerk:

> Zahllose Wendungen gibt es, in denen der Berliner so auf Gulliversche Art sein Lilliput von Wirklichkeit aus den Angeln hebt. (...) Ich denke an einen Chauffeur, den eine Panne zwang, unter seinen Wagen zu kriechen. Ein Auflauf. Unter den Vordersten beginnen ein paar zu kichern. Da taucht hochrot der Mann unter seinem Gestell hervor: ‚Wat hier jelacht wird, det lache ick!'

Um gegen den aufkommenden Autoverkehr zu protestieren, der den Niedergang des Droschkenwesens zur Folge hatte, fuhr Gustav Hartmann, im Volksmund der „Eiserne Justav" genannt (und von Fallada im gleichnamigen Roman verarbeitet), 1928 mit seiner Droschke von Berlin über tausend Kilometer nach Paris. Daraufhin kommentieren auf einer Karikatur die Berliner Spatzen, als sie Gustavs Droschke ansichtig werden: „Jetzt heeßt et nich mehr Pferdeäppel, sondern ‚Pommes de Gaul'."

Als im selben Jahr ein Schülerwettbewerb zur Verhütung von Verkehrsunfällen ausgeschrieben wurde, gab es unter den Gewinnern sehr berlinische Reim-Perlen, die zur geschärften Aufmerksamkeit im Großstadtverkehr auffordern:

Icke dette kieke mal,
Ooren, Fleesch und Beene,
Wenn de döst, verlierste se,
Wieder krichste keene.

Oder:

‚Lichtreklame' is keen Wunder,
Darum stier nicht in de Luft,
‚BVG' macht dir zur Flunder,
Und dein Leben ist verpufft!

Überliefert ist auch der wortreiche Streit zwischen zwei Dienstmännern in einem Autobus. Schließlich muss der eine, der ins Hintertreffen zu geraten droht, die verbale Notbremse ziehen: „Mit dir kann ick nich mit! Du kannst vier Sprachen: Berlinisch, Dämlich, Dußlig und Quatsch."

In Zeiten der sozialen Unsicherheiten standen auch Alkohol- und Trinkerwitze hoch im Kurs. So schimpft der Wachtmeister mit einem Betrunkenen: „Stehen Sie auf, Mann, was kriechen Sie hier herum? Haben Sie etwas verloren?" „Dämliche Frage, hick, natürlich ha' ick wat valor'n, det Jleich- Jleichjewicht natürlich!" In dieser Zeit berief sich der Berliner gerne darauf, dass der Alkohol der größte Feind der Menschheit sei, sagte dann aber mit der List einer Schein-Tugend: „Und in der Bibel steht jeschrieben: Du sollst deine Feinde lieben!"

Die sieben fetten Jahre

Ab Mitte der Zwanzigerjahre kamen einige technisch-mediale Neuerungen auf. So wurde nicht nur das Verfahren zum Her-

154

stellen von Schallplatten erheblich verbessert, was zu einem Kaufboom führte, von Friedrich Hollaender mit einem wunderschönen Reim bedichtet:

Schallplatten,
die große Mode,
die schwarze Matze[2].
Ein jeder kauft se,
ein jeder hat se ...

Als der Rundfunk als neues Medium aufkam, brach auch das „Radiofieber" aus. Der Kabarettist Otto Reutter mit seiner durchgebildeten, radioaffinen Stimme gestaltete am Mikrofon bereits das Radioprogramm der ersten „Funkstunde" mit, ja, von August 1925 an gab es kein Rundfunk-Kabarett und auch kein „Heiteres Wochenende" im Radio ohne ihn. In dieser Zeit entstanden auch neue Wörter wie „Quasselstrippe" ursprünglich für das Telefon, dann für eine geschwätzige Person, oder die lautmalerische „Muckepicke" fürs Motorrad, die 1928 im gleichnamigen Lied von Claire Waldoff besungen wurde. Auch Redensarten, die zwischen Abhängigkeit und Fluchtimpuls, Treue und Stress changieren, begannen um 1925 zu kursieren: „Bei mir Hannova – Imma anne Leine. Bei mir Kaiser-Wilhelm-Jedächtniskirche – Türme, türme.

Humoristischer Goldstandard der 1920er-Jahre: Kurt Tucholsky, hier auf einem Foto von 1928

2   Ungesäuertes Brot der Juden

155

Bei mir Schiefatafel – Uff mir kannste rechnen. Bei mir Zeitung –
Imma im Druck."

Die Schriftstellerin Gabriele Tergit schrieb aus der Rückschau:
„Die Jahre zwischen 1925 und 1932 waren die sieben fetten Jahre
im Leben einer ganzen Generation". Viele Journalisten kamen
nach Berlin, unter ihnen 1926 der junge Billy Wilder, der Zei-
tungsreportagen verfasste, Feuilletons und Kritiken, die an Kurt
Tucholsky und Alfred Polgar erinnern. Mit scharfem Witz schrieb
er über Spazierfahrten durch das nächtliche Berlin und über die
Straßenreinigung, über die älteste Berlinerin und über den Clown
Grock, über Laubenkolonien, Filmstudios und seine Tätigkeit als
Eintänzer. Hier in Berlin, dem „Spree-Chicago", wie Mark Twain
es nannte, konnte er seinen genauen Blick schärfen für Alltags-
details, sein Gespür für menschliche Verhaltensweisen vervoll-
kommnen und pointierte Dialoge, Physiognomien und Charakte-
re sammeln. Später sagte Marlene Dietrich über ihn: „Billy Wilder
ist der witzigste Mensch, dem ich je begegnet bin." Auch Egon
Erwin Kisch, der rasende Reporter aus Prag, kam nach Berlin, wo
er sich schnell als sehr schlagfertig erwies. So wurde Kisch im
„Café Größenwahn" vom Reiseschriftsteller Colin Ross, der dem
aufkommenden Faschismus nahestand, mit den Worten begrüßt:
„Guten Abend, Herr Kitsch!" Kisch aber lächelte freundlich zu seinem Widersacher hinüber und erwiderte herzlich: „Guten Abend,
Herr Rotss! Anbei das ‚t' zurück!"

Immer wieder kamen in den Zwanzigerjahren ausländische
Staatsgäste nach Berlin, so 1929 Emir Amanullah, der afghani-
sche König. Als Afghanistan daraufhin vier Tage große Mode war,
musste ein Neugieriger, der fragte, „Mensch, was ham sien in der
komischen Kiste?", sich auf die Antwort gefasst machen: „Dett
jeht Sie Affghanischtan, det nehm ick mit nach Hause un belut-
schisdann!"

Ebenfalls 1929 begann für Marlene Dietrich mit der Rolle der
Lola im Film „Der blaue Engel" ihre Weltkarriere. Den dazugehö-
rigen Weltschlager „Ich bin von Kopf bis Fuß auf Liebe eingestellt"
hatte Friedrich Hollaender quasi zufällig gedichtet. Zur bereits

komponierten Melodie sollte er aus dem Stegreif einen beliebigen Text, der ihm gerade in den Sinn kam, singen, um zu testen, ob die Melodie funktioniert, und dieser sogenannte Schimmel, also die Worte, die ihm da zufällig in den Kopf kamen, waren bereits die endgültigen in ihrer ganzen Perfektion.

Auf verruchte, lasziv rauchende Frauen wie Marlene Dietrich bezieht sich Bolle, den es an einem Regentag ins Alte Museum verschlägt. Als er auf einen großen Tonkrug mit der Aufschrift „Asche der Kleopatra" stößt, knurrt er: „Doll! Ick wußte janich, det die Weibsbilder damals ooch schon roochen durften."

Das Lebensgefühl des Taumels und des Schwankens im Ge- folge der Weltwirtschaftskrise 1931 fängt Hardy Worm in seinem Gedicht „Die janze Welt ist nur ein Rummelplatz" mit schwarzem Humor ein:

Imma rin in meine Bude!
Jeda Christ und jeda Jude
Find hier, wat sein Herz bejehrt
Und wonach sein Innres sich vazehrt.

Dann folgen „Satte neben Wasserleichen, wie manche Tiere vor Ekel erbleichen" oder „Ne Riesenschaukel, anjetrieben durch Ben- zin, und daneben een piekfeinet Sarchmajazin", auch:

Wie der Schieber Austern und Trüffel schleckt,
Wien Kriechskrüppel hinterm Zaun varreckt. (...)
Das große Rad der bunten Welt.
Der eene steigt, der andre fällt!

Und das gnadenlose Fazit lautet:

Ruff uffn Rummel,
Rin in de Bude,
Ruff uff de Schaukel,
Trudeln Se feste,
Schwing'n Se den Hamma,
Knalln Se druff los,
Riskieren Se de Fresse.
Vielleicht ham Se Jlick:
Und brechens Jenick.

Anfang der „blutigen Dreißiger" gründete Friedrich Hollaender
das erfolgreiche Revue-Theater „Tingel-Tangel", das er nach seiner
Emigration in Amerika unter dem Namen „Tingel-Tangel-Thea-
tre" „in einer besseren Scheune" vor Charlie Chaplin, Marlene
Dietrich, Gary Cooper, Ernst Lubitsch, Buster Keaton, Ernest
Hemingway und vielen anderen Berühmtheiten der Zeit neu eröffnete. Bevor auch Claire Waldoff in der NS-Zeit an die Peripherie
gedrängt wurde, veranstaltete sie, zusammen mit Werner Finck,
Paul Graetz, Alexander Granach und anderen 1932 noch einmal
unterhaltsame Bühnenshows vor Arbeitslosen zugunsten unter-
ernährter Kinder.

Kurz vor der Machtergreifung tauchte in Berlin ein jüdischer
Witz auf, bei dem das Lachen im Hals stecken bleibt, wenn ein
jüdischer Händler, der zum Finanzamt muss,
sich mit dem Beamten herumstrei-
tet und schließlich drohend
schreit: „Warten Se nur, bis
das Dritte Reich kommt!"
„Hör' ich recht?", fragt
der Beamte. „Gerade

Werbung der
Plattenfirma
Electrola,
1920er-Jahre

Sie zitieren die Nazis?" „Nu, warum soll ich nich?", sagt der Kaufmann. „Da wird stehen über dem Finanzamt FÜR JUDEN VER-
BOTEN!"

Noch 1932 gründete Hardy Worm die politisch-satirische
Wochenzeitschrift „Die Ente", eine Art „Simplicissimus" für die
breiten Massen, ein linksstehendes politisch-satirisches Blatt, das
die besten Schriftsteller, Alexander Roda Roda, Erich Kästner, Carl
von Ossietzky, Erich Mühsam, Walter Mehring und Joseph Roth,
zusammenbringen wollte. Das Organ brachte parodistische Artikel mit Überschriften in übertrieben großen Lettern wie: „Massen-
eintritt von Juden in die NSDAP". Die Redaktion der Zeitschrift,
die sich vor allem gegen den aufkommenden Faschismus wandte,
wurde im Februar 1933 überfallen und die „Ente" verboten.

Friedrich Hollaender, der schrieb, dass er 1933 „aus Gesund-
heitsgründen verreisen mußte", war, wie viele andere, gezwungen, vor der Gestapo ins Exil zu fliehen. Ihren besonderen,
scharfen, menschlichen, espritvollen jüdischen Witz nahmen
Exilanten wie Hollaender aus Berlin mit, viele für immer, was eine
unglaubliche Verarmung des Berliner Humors zur Folge hatte.
In seiner Autobiografie gibt Friedrich Hollaender ein Beispiel für
sein Können: „Das fängt ja gut an", sagt der Sträfling, als er bei
strömendem Regen zum Galgen geführt wird. „Sie haben's gut",
erwidert der Priester, „ich muss den ganzen Weg wieder zurück."
Und derselbe Hollaender schreibt mit Anspielung auf die Bücherverbrennung: „Alles verbrannte im Flackerfeuerchen, in dem
Wertvolleres verbrannte. Die Würde des Menschen und Felix
Mendelssohn. In besserer Gesellschaft war ich nie."

Vorstarter

2. Lachrekord I
3.
4.
5.
6.
7.
8.
9.
10.
11. Sorglos
12. Humor
13. Lustigkeit
14. Spassvogel ✗
15. Zwerchfell
16. Erfolg I
17. Freudenschrei
18. Beifall

19. Scherz
20. Gute Laune
21. ...ikeit

25 Esprit

...men
Heiterkeit
31. Stimmung ✗
32. Lachkrampf
33. Sensation
34. Witz
35. Applaus

Ein totsicherer Tip!!!

Setzen Sie auf:

1933 BIS 1945

Himmlersche Heerscharen und Schuttpatrone

In seiner gewohnt derben Art kommentierte Max Liebermann den Beginn der NS-Zeit mit den Worten: „So viel kann ick jar nich fressen, wie ick kotzen möchte." Walter Mehring, der noch gerade rechtzeitig vor der Gestapo hatte fliehen können, schrieb 1934 aus dem Exil seine „Ode an Berlin", eine Liebeserklärung an eine Stadt, über deren Gesinnungswandel er nicht hinwegkommt:

> Manchmal berliner ick aus'n Traume
> Und soo'ne Träne kullert mir aufs Schemisett.
> Ich höre ümmassu:
> ‚Nu sind wa frei im deutschen Raume!' (...)
> Emil, angter nanu (entre nous):
> Jloobst'n det? Jloobst'n det?

Das Lyrische Ich, wohl ein Droschkenkutscher, der „du und du mit jedem Zossen" stand, wurde 1933 trotzdem „aus de Innung ausjeschlossen", weil er mit einem Mal zu den „fremden Wesen", zu den „fremden Elementen" gehören soll, obwohl er vorher genauso wie alle „nach de Müggelberje" „gepeest" war, sich im Freibad geaalt und Liebesaffären hatte. Von Berlin schwärmt er hemmungslos: „der helle Deez – die wunderkesse Schnauze – / Der vierte Hinterhof mit Feez und Schwoof – / Die jriene Minna – und die Mutta Jrien / (...) Ihr duften Pankejöhrn – ihr frechen Bollen", mit denen er Bier getrunken und sich geküsst hatte. Nun reagiert er fassungslos darauf, ausgeschlossen zu sein und von nun an zu einer anderen Kategorie Mensch zu gehören:

> Nu brillt ihr: Heil?
> Und looft im braunen Kittel? (...)
> Sach ma, Berlin.

Das Kabarett konnte nur dann überleben, wenn es sich völlig unpolitisch gab. Text und Musik der Sportrevue „Gib ihm!" stammten von Günter Neumann.

161

Schämste dir nicht?
Ich bleibe mang dir mang mit Schnauze, Herz und Breejen![1]
Wat is dein Dank – das ist dein Dank?
Von wejen!

In diesem Gedicht gestaltet Mehring nicht nur die Tragik der un-
erwiderten, gar zurückgewiesenen Liebe der deutschen Juden, sondern auch die beginnende reale Stigmatisierung und Ausgrenzung.

Jüdischer Witz: zu intelligent

Während der NS-Zeit entstanden relativ schnell sogenannte
Flüsterwitze gegen das Regime, deren Existenz aber nicht den
Eindruck erwecken soll, als wären alle Deutschen, alle Berliner
widerständig gewesen. Vielmehr mussten zahlreiche Hetzwitze
gegen Juden, später auch gegen Polen und Russen, nicht unter
den Hand erzählt, sondern konnten offen auf der Straße breitge-
treten werden. Derartige „Witze", die nicht nur bar jeden Hauchs
von Ironie und Geistreichtum waren, sondern aus der trüben
Quelle des menschenverachtenden Anti-Humors schöpften, werden hier ausgespart. Sie sind Ausdruck von Überheblichkeit, von
arroganter Großmannssucht, die bereits im ungezügelten, anti-
semitisch geprägten Hurra-Patriotismus der wilhelminischen Zeit
zum Ausdruck gekommen war. Sogar schon im frühen 19. Jahrhundert erschien den nichtjüdischen Deutschen der jüdische
Witz oft als zu scharf, zu intelligent, zu raffiniert. So wurden bei
der Bücherverbrennung beim Wartburgfest 1817 Bücher von
jüdischen Autoren ins Feuer geworfen, etwa die kritische Abhandlung „Germanomanie" von Saul Ascher mit den Worten „Wehe
über die Juden, so da festhalten an ihrem Judenthum und wollen
über unser Volksthum und Deutschthum spotten und schmä-
hen!" Im Jahr 1827 forderten nationalpatriotische Kreise, die den
jüdischen Geist und Witz als undeutsch, als frivol, als gottesläster-
lich – nichts ist heilig – und als französisch brandmarkten, immer
wieder die Verbrennung der Bücher Heinrich Heines. Historisch

1   Hirn

gesehen waren es in Deutschland immer gute Zeiten, wenn sich der jüdische Witz ausbreiten konnte, wenn er anerkannt war und sogar von politischen Größen wie Bismarck goutiert wurde. Bei der Bücherverbrennung am 10. Mai 1933 nun wurde der „jüdische Geist" als raffiniert und dialektisch abgewertet und der jüdische Witz als zersetzend, unsittlich, leichtfertig und künstlich denunziert. Diese „Witzelei", diese „jüdische Geistreichelei" sei nur ein blendendes, substanzloses Sprühfeuer, das lediglich die Kälte des Verstands verbräme. Noch nach 1945 sprach sich der NS-Dichter Will Vesper vehement gegen den Witz aus, den er für eine jüdische Erfindung hält. So, wie er die Katzen als „Juden unter den Tieren" bezeichnet, so begründet er auch seine Ablehnung von Witzen, indem er sich auf den deutschen Tiefsinn beruft:

> Die meisten Witze werden von Juden erfunden. Mit den Juden hat auch diese ewige Witzelei aufgehört. (...) Es ist geistlos, Witze zu erzählen. Man kann Geschichten erzählen, Anekdoten, sie haben immer einen tieferen Sinn. Witze nie.

Die Flüsterwitze im Dritten Reich, also Witze, die unter vorgehaltener Hand erzählt wurden, waren durchaus kein Beweis dafür, dass das deutsche Volk gegenüber den Nationalsozialisten grundsätzlich kritisch eingestellt gewesen wäre. Schließlich hatte sich die überwältigende Mehrheit der Deutschen bereitwillig von der nazistischen Propaganda verführen lassen, und die Einzelnen, die die Flüsterwitze gegen das Dritte Reich erfanden und weitergaben, konnten durchaus gleichzeitig doch Mitläufer bleiben. Allerdings wurden die Witze im Laufe der NS-Zeit, genauer im Laufe des immer verlustreicher werdenden Zweiten Weltkriegs, giftiger und stiegen „wie Abgase aus dem Untergrund auf". So konnte Schulz auf Müllers Frage: „Was gibt es für neue Witze?" lakonisch antworten: „Sechs Monate KZ!"

Überliefert ist ein Witz aus dem Herbst 1933, in dem ein Berliner eine Nummer wählt. „Ist dort Braun?" „Aber nee, hier is Schmidt." „Pardon, ick hab falsch jewählt." „Nicht nur Sie, mein Lieber, nicht nur Sie." Angeblich wurde recht schnell nach der Machtergreifung der Goebbels-Slogan „Führer befiehl, wir folgen"

heimlich umgeformt zu „Führer befiehl, wir tragen die Folgen."
Als das Konkordat zwischen Hitlerdeutschland und dem Vatikan
in Rom 1933 das Verhältnis zwischen römisch-katholischer Kirche in Deutschland und Staat juristisch geregelt hatte, wurden in
Witzen dieser Zeit Gemeinsamkeiten und Unterschiede zwischen
Katholiken und Nazis aufs Korn genommen. So verglich man die
Gepflogenheiten der Katholiken – morgens Gebet, mittags Gebet,
abends Gebet – mit den Spenden- und Sammelbüchsen-Forde-
rungen vonseiten der Nationalsozialisten: „Gebet morgens, gebet
mittags, gebet abends." Der unmittelbar nach der Machtergreifung aufkommende NS-Terror legte nahe, eine Reihe von Heili-
gendaten des katholischen Kalenders zeitgemäß zu pointieren:
So wurde aus „Mariä Empfängnis" „Mariä Gefängnis", aus „Maria
Annunziata" „Maria Denunciata", aus „Mariä Heimsuchung"

Das Kabarett
„Katakombe"
inszenierte einen
Umzug an den
Kurfürstendamm als
Ereignis. Mit Brille
und Koffer: Werner
Finck. 1935 wurde
das Kabarett von
Goebbels verboten.

„Mariä Heimdurchsuchung", auch sprach man von „Himmlerschen Heerscharen".

Auf das Konkordat bezieht sich auch dieser Flüsterwitz, der die Verehrung Hitlers für Friedrich den Großen, in dessen Traditionslinie jener sich gerne stellte, aufspießt. So begegnete Hitler nach seinem Ableben im Jenseits Friedrich dem Großen, den er als seinen Vorgänger kollegial anspricht: „Sie haben Preußen großgemacht, ich Deutschland!" Darauf Friedrich: „Unsere Methoden sind verschieden. Bei mir konnte jeder nach seiner Façon selig werden, während ..." Hitler: „Aber Majestät, ich habe doch den Konfessionen Freiheit und Sicherheit gegeben!" Friedrich: „Es gibt da feine Unterschiede. Meine Façon wird mit c geschrieben, ihre mit SS."

Verbale Drahtseilakte: Werner Finck

Der aus Schlesien stammende Kabarettist Werner Finck kommentierte die anfängliche Koalition der Zentrumspartei, also der Partei der Katholiken, mit den Nazis spöttisch: „Da wird man wahrscheinlich das Hakenkreuz aufteilen müssen: Die Katholiken werden das Kreuz haben, und der Haken wird bei den Nazis sein." Werner Finck geriet während der NS-Zeit einige Male in Haft, konnte sich aber durch seine Technik des andeutungshaften Sprechens immer wieder retten. Er hatte sich schon Ende der 1920er-Jahre in Berlin als Leiter und Conférencier des Kabaretts „Katakombe" einen Namen gemacht, ein Kabarett, über das er selber sagt: „Wir waren damals – ganz zufällig – als einziges Berliner Kabarett rein ‚arisch'." Friedrich Hollaender erinnert sich an eine Begegnung mit Finck am Ende der Weimarer Republik, als er eine Sängerin von Werner Fincks Show abwerben wollte:

‚Herr Finck, Sie müssen mir die Hedi Schoop abtreten!' ‚Abtreten??' echote Finck mit den erstaunten Finck-Augenbrauen, ‚abtreten??' – Mit militärisch kommen Sie bei mir nicht durch! – Abtreten!' Gab sie mir aber trotzdem. Sprengte seinen eigenen Tanzduo-Knüller für mich! Ein hochanständiger Mensch, dieser Finck! (Wie hochanständig, wird sich erst im Tausendjährigen Reich erweisen!)

Die Machtergreifung im Januar 1933 kommentiert Finck in der ihm eigenen Weise:

Schließlich war es so weit. Was vorher Manöver war, wurde Krieg. Wer nicht in Deckung ging, fiel. Und wenn er nur auffiel. Und auffallend viele sind damals nicht aufgefallen. Heil! Heil! Man sah überall Arme, Arme, Arme, arme Nation!

Und kurz darauf sagte er: „Die unruhigen Zeiten sind vorbei. Man kann wieder auf Jahrtausende disponieren!" Während eines Auftritts in der NS-Zeit „warf mir ein erwachter Deutscher ein provozierendes ‚Judenjunge!' zwischen zwei Pointen. Meine Antwort: ‚Da irren Sie aber sehr, ich sehe nur so intelligent aus!'" Werner Finck, der von der schlesischen Art, die Sprache wörtlich zu nehmen und mit der Doppelbedeutung etlicher Wörter zu spielen, durchdrungen war, konnte kaum einen eindimensionalen Satz ohne Sprachspielereien von sich geben. So benutzt er, der von sich selbst sagt, „ich sitze zwischen zwei Stilen", in seiner Autobiografie originelle Wendungen wie „guter Rat war nicht nur teuer, sondern wurde zum Wucherpreis", „mich dünkt: ein schöner Mist!" oder „man riet mir, (gegen die Wühlmäuse) Benzin in den Boden zu spritzen. Ich ging auf den Ratschlag ein. Die Hecke auch." Er, der ein Meister des feinen Gespürs für den Doppelsinn von Worten, überhaupt der Doppelbödigkeit der Sprache war und gerne von sich sagte, „meine Parole heißt: Kraft durch Freunde!", nutzte diese Fähigkeit, um sich bei etlichen Auftritten während der NS-Zeit an der Zensur vorbei zu lavieren. So fragte er einen möglichst unauffällig mitschreibenden Spitzel, der in einer Vorstellung saß: „Spreche ich zu schnell? Kommen Sie mit? Oder – muß ich mitkommen?" Gerne begann er seine Auftritte mit erhobenem Arm und sagte: „Heil – wie war doch gleich der Name?" Dann kündigte er an, immer wieder ins Manuskript schauen zu müssen, denn „ich bin es nicht mehr gewöhnt, frei zu sprechen."

Finck selbst beschreibt seine kabarettistischen Auftritte als „Balanceakte auf dem dünnen Drahtseil des Wortspiels, das von keinem Netz abgesichert war". Zum Verhängnis wurde ihm sein Sketch „Das Fragment vom Schneider". Ein Kunde möchte „einen

Rudolf Platte,
Hans Deppe,
Inge Bartsch und
Herbert Witt
(v. l. n. r.) in der
„Katakombe", 1934

Anzug" haben, „weil mir etwas im Anzug zu sein scheint." Als der
Schneider dienstbeflissen antwortet, „ich habe neuerdings eine
ganze Menge auf Lager", echot der Kunde düster: „Aufs Lager
wird ja alles hinauslaufen." Beim Maßnehmen der Ärmel fragt
der Schneider schließlich erstaunt: „Ja, warum nehmen Sie denn
den Arm nicht herunter? Was soll denn das heißen?" Die hoch-
politische Antwort des Kunden, „aufgehobene Rechte ...", brachte
Finck vor Gericht, wo er den Sketch, sozusagen als Beweis, noch
einmal vorspielen musste. Als er den Text in „erhobene Rechte"
zu entschärfen versuchte, erinnerte ihn der Staatsanwalt daran,
dass er auf der Bühne „aufgehobene Rechte" gesagt habe, woraufhin Finck, unter dem Gelächter des Prozesspublikums, antwortete: „Das können *Sie* sich erlauben zu sagen, Herr Staatsanwalt."
Finck, der nach dem Vorbild des Londoner „Redefreihydepark"

von einem Berliner „Diskutiergarten" träumte, wurde tatsächlich 1935 für einige Zeit ins KZ Esterwegen eingeliefert, wo er Carl von Ossietzky kennenlernte und weiter Kabarett machte. So erinnerte er sein Publikum, die KZ-Insassen, an ihre früheren dauernden Befürchtungen, ins KZ kommen zu können, und schlussfolgerte beruhigend: „Und seht ihr, jetzt brauchen wir keine Angst mehr zu haben: Wir sind ja drin!" Kaum war Finck in die Freiheit entlassen, trat er gleich wieder auf und verkündete: „Gestern war ich zu, heute bin ich offen. Wenn ich aber heute zu offen bin, bin ich morgen wieder zu." Bei seinen Kabarett-Auftritten als Conférencier 1938 schaute er demonstrativ auf seine Armbanduhr und fügte erklärend hinzu: „Sie müssen entschuldigen, ich habe schon ein bisschen über meine Zeit gesprochen. Ich höre also auf. Da ich über die Zeit nicht sprechen will." Als Goebbels, übrigens im Volksmund „Wotans Micky-Maus" genannt, 1939 im Völkischen Beobachter eine Abhandlung zum Thema „Humor" verfasste, mahnte der Propagandaminister eindringlich, dass gegen den politischen Witz, „der alles andere, nur nicht witzig" sei, vorgegangen werden müsse. Weiterhin schrieb Goebbels: „Natürlich gibt es in Deutschland noch Humor genug. Aber es gibt Reservate, die uns heilig sind, und an die soll sich niemand heranwagen ... Wir haben Humor, aber hier gibt es eine Grenze." Finck kommentierte die Goebbelschen Ergüsse voller Missfallen: „Diese Abers hätten nicht kommen dürfen. Nichts ist ja für den Humorlosen entlarvender als das *Aber* und die *Grenze*." Als Werner Finck als Soldat eingezogen wurde, nahm er übrigens „Die jüdische Kiste", eine Sammlung von jüdischen Witzen von Alexander Moszkowski, mit an die Front.

Nach Kriegsende 1947 widmete Bertolt Brecht das Gedicht „Eulenspiegel überlebt den Krieg" dem Kabarettisten Werner Finck, darin die Zeilen:

(...) Nun, da galt es mittlerweilen,
sich die Späße einzuteilen,
eng den Gurt zu schnallen und gelassen
grad nur so viel Witze zu verpassen,

als man unbedingt um Leben brauchte,
daß die Bestie höchstens einmal fauchte,
doch nicht biß.

Undeutlich: Volkes Stimme

In den 1930er-Jahren waren etliche spöttische Flüsterwitze im
Umlauf: „Was ist ein Arier? Das Hinterteil von einem Proletarier." Der eiskalt-brutale Klassizismus der NS-Architektur wurde,
in Anklang an Hitlers Lieblingsarchitekten Paul Ludwig Troost
und Albert Speer, mit der sprachspielerischen Wendung „Neuer
Deutscher Barackstil ... troostlos und speerlich" auf den Punkt
gebracht. Und einmal, so erzählte man sich unter der Hand, sei
in Wien zu Ehren des „Reichsjugendführers" Baldur von Schirach
eine „Pimphonie in Bal-Dur" gegeben worden. Der Theaterkritiker Alfred Kerr, der längst hatte ins Exil fliehen müssen, dichtete
fassungslos über den Niveauverlust des kulturellen Lebens in
Deutschland:

Was in der Kunst erlaubt ist,
und was ihr Sinn überhaupt ist,
bestimmt ein provinzialer
Ansichtskartenmaler.

Als in der Nacht vom 9. auf den 10. November 1938 der staatlich
organisierte Angriff auf jüdische Geschäfte, Friedhöfe und Ein-
richtungen durchgeführt wurde, als deutschlandweit die Synago-
gen brannten und Hunderte von Juden ermordet und Tausende
misshandelt und inhaftiert wurden, kam zur Entlastung der Täter,
ja zur allgemeinen Entlastung die Bezeichnung „Reichskristall-
nacht" auf. Anders als sonstige Witzworte, die meistens dazu
dienen, Missstände überscharf und kritisch zu zeichnen, diente
diese Bezeichnung der Verharmlosung und dem augenzwinkern-
den Einverständnis.

Ebenfalls 1938 erschien das erste von mehreren Büchern des
Autors Jonny Liesegang, „Det fiel mir uff!". Die Folgebände „Det
fiel mir ooch noch uff" und „Da liegt Musike drin!" konnten 1939
und 1941 veröffentlicht werden. Liesegang, eigentlich Johannes

Haasis, der als „Musensohn vom Wedding", als „würdiger und volkstümlicher Nachfolger von Kalisch und Glaßbrenner", ja, als „Glaßbrenner unserer Tage" apostrophiert wurde, hatte in der Weimarer Zeit als Lokalreporter bei verschiedenen Berliner Zeitungen der Verlage Ullstein und Mosse gearbeitet. Da er in der NS-Zeit Arbeitsverbot erhielt, verfasste er unpolitische, humoristische, stark durch Berliner Jargon geprägte Bücher meist über den Alltag im Wedding. Diese Bücher, die aufgrund ihrer harmlosen Volkstümlichkeit die NS-Zensur umgingen, enthalten meistens Streitdialoge von Nachbarsfrauen, Straßenbahnschaffnern, älteren Ehepaaren, Gästen in Cafés, Straßenhändlern, Wahrsagerinnen, Leierkastenmännern, Fahrgästen, Betrunkenen, Rummelplatzbesuchern, Blumenfrauen, Marktleuten und ihren wehrhaften Kunden. Tatsächlich glaßbrennerisch wirkt die Schimpftirade einer Kundin gegenüber einem Obsthändler, die ihren Tunichtgut von Sohn, der Obst geklaut hat, gegenüber dem Händler, der ihn erwischt hat, wortreich verteidigt:

> „Hör'n Se mal, Sie lächalicha Mohrrübenhengst, (…) ham Sie mühselig zusammjehäkelter Bund armselijer Knochen hier ebend jewagt, det kleene, zarte Wesen hier, wat mein Kind is, jejen de Backe zu haun? (…) Sie krummbeenija Ka'toffelschongleur, Sie? (…) Ihn'n werd' ick leuchten, een zartet Kind mit Ihre Dreckpfoten zu vastümmeln!"

Eine Hauptfigur dieser keifenden Dialoge ist Frau Nuschenpickel, die als Portiersfrau ihr Reich, die Weddinger Mietskaserne samt Hinterhof, nicht nur mit Argusaugen bewacht, sondern mit ihrem Mundwerk verteidigt und gerne in sich überkugelnde Schimpfkanonaden ausbricht, so wenn sich jemand erdreistet, im Hinterhof seinen staubigen Teppich zu klopfen:

> „Sind Se janz und ja' vom Schmetterling jebissen!? Warum jeh'n Se denn mit Ihr'n Bucharapersa nich nach de Müllabfuhr? Ja, wat jlooben Se denn eijentlich, sich hier rausnehm' zu dürfen, wat?! Schmeißen hier Ihr'n mühsam seit Ihre Insejnung mit alla Liebe uffjehob'nen Dreck mit eenmal uff'n Hof! (…) Se loofen woll mit ihr'n Mann uff Stelzen in

de Zimman rum! Sonst müßten Se ja schon einjesunken sint in Ihr'n Teppich! (...) Det in den Teppich keene Rejenwürma sind, wundat mir! Wenn ick Ameisenkönijin wär', wat mein' Se, wat ick in Ihr'n Teppich for Eier jeleecht ... 'n Maulwurf müssen Se aba doch wenichstens drin jefunden ham!"

Zwar können diese komplett unpolitischen Bücher Liesegangs als schriftstellerische Überlebensstrategien gelten. Aber der Slogan am Ende des Buches „Da liegt Musike drin!" aus dem Jahr 1941, „Bloß nich ... det Lachen valern'" befremdet den heutigen Leser mit Hinblick auf die Zeit aufgrund seiner harmlosen Biederkeit.

Ab 1937 reüssierte Grethe Weiser, die, obwohl sie keine gebürtige Berlinerin war, wegen ihrer legendären, immer wieder als authentisch gepriesenen Berliner Schnoddrigkeit als „Berliner Kodderschnauze" par excellence galt, als Schauspielerin in diversen Filmen. Nach ihrem Durchbruch in der Filmkomödie „Die göttliche Jette" gehörte es zu Grethe Weisers Pflichten, sich um den Nachwuchs zu kümmern und sich den Vortrag von Schauspielschülern anzuhören. Das Vorspiel eines jungen Mädchens war so jammervoll, dass Grethe Weiser ihrer Nachbarin zuflüsterte: „Der Kleinen fehlen nur ein Paar große Flügel." „Ach ja", erwiderte die Nachbarin erfreut, „dann wäre sie ein Engel!" „Nee, ne Jans!", sagte Grethe Weiser trocken zu der Dame, die die Mutter des Mädchens war. Und typisch berlinisch ist ihre Beschwerde

Grethe Weiser in der Filmkomödie „Die Geliebte" von 1939

171

gegenüber einem Sitzriesen, der vor ihr im Kino aufragt: „Mann, haben Sie aber Glück, dass Sie nicht hinter sich sitzen!" Später verewigte Udo Lindenberg die Schauspielerin in seinem Song „Nostalgie-Club" (1974) mit dem Reim „Grethe Weiser am Synthezíser".

Als nach der anfänglichen Begeisterung der Deutschen zu Beginn des Zweiten Weltkriegs die Siegesmeldungen schließlich immer spärlicher wurden, kursierten verschiedene Sprüche, die die wachsende Unzufriedenheit der Bevölkerung zeigen. So hieß es, als sich während des Krieges die ersten Einsparungsmaßnahmen bemerkbar machten: „Goebbels will jetzt alle Zeitungen eingehen lassen. Er hat eine eigene gegründet. Sie heißt ‚Die Schnauze'. 70 Millionen halten sie schon." Die sich mehrenden militärischen Niederlagen wurden allerdings propagandistisch zu verschleiern versucht, worauf folgender Witz Bezug nimmt: Was ist der Unterschied zwischen einem Volksempfänger und einem Großradio? Mit dem ersten hört man „Deutschland über alles", mit dem andern alles über Deutschland.

Der schwindende Glaube der deutschen Bevölkerung an die NS-Propaganda zeigt die scherzhafte Umbenennung des „Reichspropagandaministeriums" in „Reichsgeltungsbedürfnisanstalt", Goebbels wurde „Reichsspruchbeutel" oder „Reichslügenmaul" tituliert. Als einmal an einer Litfaßsäule ein Plakat mit Werbung für Heilkräuter und Heilerden hing, hatte jemand unter die Schlagzeilen „Heiltee zum Trinken" und „Heilerde zum Essen" geschrieben: „Heil Hitler zum Kotzen!" Nach einem Treffen von Hitler und Mussolini während des Krieges wurde Hitler gegenüber Mussolini in den Mund gelegt: „Italien ist zu beneiden. Über Italien lacht immer der blaue Himmel." Woraufhin Mussolini antwortete: „Was heißt das schon? Über Deutschland lacht doch die ganze Welt!"

Trotz der zunehmenden Verfolgung, Gettoisierung, Deportation und Vernichtung der Juden schimmert wie durch Ritzen in jüdischen Witzen dieser unerträglichen Zeit die Selbstironie durch. So gab es Juden, die, in Anlehnung an den Orden „Pour le Mérite", den gelben Stern, den ab 1941 alle Juden tragen mussten,

„Pour le Semite" nannten, um wenigstens einen Bruchteil ihrer Würde zu bewahren. Einige trugen diesen „Orden" mit besonderer Genugtuung, weil es der einzige Orden sei, den Göring nicht tragen könne. Von geradezu philosophischer Tiefe ist folgendes Gespräch, das vom Hörensagen aufgeschnappte Gerüchte aufs Korn nimmt:

Aaron: Gott der Gerechte, was gibt's Neies?

Moses: Was soll's gutes Neies geben? Schlechtes gibt's Neies!

Aaron: Nu, was gibt's denn schlechtes Neies?

Moses: Der Hitler soll sein tot!

Aaron: Gott der Gerechte, das ist doch nichts Schlechtes!

Moses: Nein, aber es soll nicht wahr sein!

Nach den Fliegerangriffen auf Berlin 1943 und 1944 wurde Goebbels gerne als „Schuttpatron" bezeichnet. 1944 hieß es angesichts der Zerstörungen, Berlin sei „die Stadt der Warenhäuser, hier war'n Haus und da war'n Haus". In dieser Zeit kursierte auch die hoffnungsfrohe Scherzmeldung, dass es sofort nach dem Krieg genug Butter geben werde. Wer nachfragte, bekam zur Antwort: „Nun, dann werden sämtliche Führerbilder entrahmt." Zum Jahreswechsel 1944/45 ist der sprachspielerische Leitsatz überliefert: „Glauben oder dran glauben!" Und kurz vor Kriegsende war die Parodie einer „Führerrede" im Umlauf:

In Anbetracht unserer hohen Verluste im Kampf gegen die bolschewistischen Untermenschen habe ich mich entschlossen, die Schwangerschaftsdauer im gesamten Großdeutschen Reich mit sofortiger Wirkung von neun auf sechs Monate herabzusetzen.

Nach der Kapitulation konnte gespottet werden: „Wie schnell doch die Zeit vergeht! Schon sind tausend Jahre um!" Doch wurden sogleich zwischen den Trümmern des „Tausendjährigen Reichs" die Stationen einer – fiktiven – neuen Berliner Autobuslinie eingerichtet, die vom „Reichstrümmerfeld" über „Klamottenburg" nach „Stehtnix" und „Trichterfelde-Rest" führte.

PALAST
VARIETE
VARIETE

AM BAHNHOF FRIEDRICHSTRASSE
ANFANG: 18:00 UHR SONNABENDS
UND SONNTAGS 14:30 UND 18:00 UHR

Hungerharke und Palazzo Prozzo

I m Mai 1945 war fast ganz Berlin eine Trümmerwüste. Die Berliner und vor allem die Berlinerinnen begannen nach Ende des Krieges, halbzerstörte Gebäude notdürftig bewohnbar zu machen und den Schutt und die Trümmer des „Tausendjährigen Reiches" kleinlaut, aber voller zähem Überlebensdrang zu beseitigen. In seiner Silvesterrede 1945/46 brachte Werner Finck die mentale Verfasstheit der Bevölkerung auf den Punkt: „Seid ihr gesammelt? So lasset uns deklinieren: Der Mut, des Mutes, Demut." Mit gewohntem Sprachwitz sprach er sich auch entschieden für die Demokratie aus: „Ich stehe hinter jeder Regierung, bei der ich nicht sitzen muß, wenn ich nicht hinter ihr stehe." In Ost- und Westberlin wuchsen verschiedene Trümmerberge in die Höhe. Den ehemaligen großen Bunkerberg im Volkspark Friedrichshain bezeichnete der Berliner Volksmund als „Mont Klamott", die Trümmerhalden in Wilmersdorf und Schmargendorf als „Monte Scherbelino", und auf den Ruinen der gesprengten Wehrtechnischen Fakultät erhob sich nach zweiundzwanzigjährigem Auffüllen mit Kriegsschutt schließlich der „Teufelsberg", der erst 1972 seine heutige Gestalt erhielt.

Schon 1946 wurden in Berlin wieder Varietévorstellungen gegeben.

Diva aller Hökerinnen: Marlene Dietrich

Als Billy Wilder als Mitglied amerikanischer Umerziehungs- und Entnazifizierungskomitees 1945 nach Deutschland kam, bestand seine Aufgabe unter anderem darin, einen Dokumentarfilm über die Öffnung der Konzentrationslager für die *reeducation* der deutschen Bevölkerung zusammenzustellen. Die Wiederbegegnung mit der Trümmerwüste Berlin inspirierte ihn zu seinem Film „Eine auswärtige Affäre" (1947/48). Er setzte das Filmmaterial von der zerstörten Stadt als Kulisse für diese Berlin-Komödie ein,

175

Friedrich Hollaender begleitet Marlene Dietrich in „Black Market".

in der es um Entnazifizierung und um die Kontrolle der Moral amerikanischer Truppen im unmittelbaren Nachkriegsberlin geht. Gleich zu Beginn packt Wilder das Publikum an der Kehle, wenn er im Flugzeug, das über das zerbombte Berlin fliegt, ein Kabinettstückcken zeigt: die zugeknöpfte, amerikanisch-puritanische Kontrolleurin der Truppenmoral wird als Zwangscharakter vorgeführt. Nachdem sie von ihren Kollegen aufgefordert wurde, sich aus dem Flugzeugfenster die zerstörte Stadt anzuschauen, beendet sie zuerst zwangsmäßig ihre Schreibarbeiten, schlägt die Mappe zu, stöpselt den Füller zu und steckt ihn in ein Futteral, klappt die Brille zusammen und schiebt sie ebenfalls in ein Futteral, verstaut die Mappe in einer Aktentasche, schließt diese ab, steckt den Schlüssel in ein Lederetui, dieses in eine Handtasche und diese noch in eine andere Tasche, bis sie schließlich fertig ist und sich endlich naserümpfend die zerbombten Häuser dieses „Pestlochs" anschaut, die aussehen, „als hätten Ratten einen Käse zernagt". Obwohl Billy Wilder etliche nahe Angehörige durch die Shoa verloren hatte, war er imstande, unmittelbar nach Kriegsende eine Entnazifizierungskomödie zu drehen, mit Marlene Diet-

176

rich in der schillernden Rolle einer ehemaligen Nazi-Geliebten und eines heutigen Ami-Liebchens. Sie tritt als angeberischer und verführerischer Star in der verbotenen Kaschemme „Loreley" auf und singt von Friedrich Hollaender gedichtete und komponierte Lieder wie „Black Market", „Illusions", „In the Ruins of Berlin". Es scheint fast so, als knüpften Wilder und Hollaender, der Marlene Dietrich auch leibhaftig am Klavier begleitet, noch einmal an den scharfen Witz der 1920er-Jahre in Berlin an. So fügt Hollaender in „Black Market" Waren und Gefühle, Ideale, Überzeugungen und Lebensmittel zusammen, die feilgeboten und verramscht werden. Und wenn die glamouröse Marlene Dietrich im aufregenden Glitzerkleid von Totalausverkauf, Schwarzmarkt und Schieberei singt, wird sie zu einer Diva aller Hökerinnen, die allerdings nicht keift und zetert, sondern verführt:

Black Market
Sneak around the corner
Budapester Strasse (...)
Come! I'll show you things you cannot get elsewhere (...)
Got some broken down ideals? Like wedding rings?
Sh! Tiptoe. Trade your things. (...)
You want my porcellain figure?
A watch? A submarine?
A Rembrandt? Salami? Black lingerie from Wien?
I'll sell my goods
Behind the screen.
No ceiling, no feeling. A very smooth routine
You buy my goods, and boy my goods are keen.
Black Market
Coocoo clocks and treasures (...) chewing gum for kisses.
(...) You like my first edition?
It's yours, that's how I am. (...)
I'm selling out - take all I've got!
Ambitions! Convictions! The works!
Why not? Enjoy my goods, for boy my goods
Are hot!

Vielleicht ist es bezeichnend, dass der Film nie deutsch synchronisiert wurde. So sehr wollte man in Deutschland nach dem Krieg dann doch nicht den Spiegel vorgehalten bekommen.

Humor West und Humor Ost: Insulaner und Distel

Da im sowjetischen Ostteil der Stadt die Überzeugung herrschte, das „bessere Deutschland" zu sein – schließlich befanden sich alle ehemaligen Nazis im Westen und der Wiederaufbau der Stadt ging mit „sauberen" sozialistischen Mitteln vonstatten –, konnte 1946 in Ost-Berlin eine harmlose Karikatur erscheinen, auf der drei Trümmerfrauen eine mit Ziegelsteinen gefüllte Lore schieben, darunter die Bildunterschrift: „Sehnse Frau Schulz, bei uns wird auch geschoben, aber man bleibt dabei ein anständiger Mensch!" Und einmal bringt ein russischer Soldat seine Armbanduhr zur Reparatur. Als der Uhrmacher den Deckel öffnet, findet er eine tote Wanze im Gehäuse. „Det isset", sagt er zu dem Russen. Verständnisvoll nickt der: „Verrstähe, Maschinist kapuut."

Neben dem kurzen Aufblitzen des welthaltigen Witzes durch Billy Wilder und Friedrich Hollaender erscheinen die Witze in Berlin nach dem Zweiten Weltkrieg biederer, enger und humoriger.

1949 veröffentlichte Jonny Liesegang den vierten Band seiner Berliner Geschichten, „Det fiel mir ‚trotzdem' uff!". Waren die ersten drei Bände, die während der NS-Zeit erschienen waren, komplett politikfern und zeitenthoben, so schimmern durch die witzig-geifernden Berliner Dialoge Nachkriegsthemen hindurch. Da gibt es Mädchen, die aus dem sowjetischen Sektor, genauer aus Schildow im Berliner Umland, in den englischen Sektor kommen, um am Kudamm Kaffee zu trinken, da heißt es von der Durchlässigkeit der Sektorengrenze: „Ick meine, Holz holt mein Olla sonntachs aus'n Wald! Und schmuggelt et durch de Volkspollezei in unsan Weddinger Sektor rin." Auch Schutt, beschädigte Häuser und Trümmerfrauen tauchen auf: „Seh' Se mal da drieben! Da, wo die Weiba de Trümma uffräum' – wo se Ziejelsteene kloppen und uffschichten ...". Die Luftbrücke und der Blockadewinter 1948 mit Stromsperre finden Erwähnung, wobei der extravagante Hut, den

eine Berlinerin sich gekauft hat, von ungleich größerer Bedeutung
zu sein scheint:

> Mir is bloß völlich schleierös, wie sich 'ne Mutta von drei Kin-
> da so 'n Hut übahaupt koofen kann. Janz abjeseh'n davon, det
> so 'n Hut nur een jeisteskranka Müllkutscha uffsetzen würde,
> weil'a sich inbild', er sehe drin wie de Marlene Dietrich aus!

Auch Warenmangel, Geiz und Schnorrerei dieser Zeit finden ihren
kritischen Niederschlag, wenn man bei einer Verlobungsfeier Gäste befürchtet, die anstatt Schnaps einen „asthmat'schen Priemel-
pott" mitbringen, die „sich bei't Jrattuliern'n aus'm jeiz'jen Halse
(...) ‚Wat Vanift'jet jibt's ja leida nich ze koofen!'" herausquet-
schen und „sich 'ne Bindehautvazerrung an de jierijen Pupill'n
bei't Ausbaldowern nach de Kuchenplatten und de Schnaps-
pull'nbatterien!" schielen. Auch nach dem Krieg beschwört
Liesegang das Weddinger Standesbewusstsein, wenn eine Kundin,
die von einem Anzugsverkäufer auf ihren „Herrn Gemahl" angesprochen wird, in eine wütende Tirade ausbricht:

> Uff Ihr „Gemahlere" fall'n wir nich rin. (...) Wir woll'n ja
> keene Herrschjaftens sint! Lejen iebahaupt keen' Wert uff
> derart'jen Brotuffstrich! Wir sin' nischt weita ... Iebrigens is
> mein Name Knillke! Ick bin Hebamme! Hier jleich in de Rei-
> ckendorfa. Wenn Se vom Wedding wär'n, hätt' ooch ick Ihn'
> valleichte det richt'je Lufthol'n mit meine Hand da uff Ihr'n
> lang zericklierjenden Marzipanpopo beijebracht!

Das Buch endet mit einem ineinander verhakten Streitgespräch
zweier Frauen, von denen eine „Ami-Drops" lutscht, im Weddinger „Lausepark". Ausgehend von der wunderbaren Unterstellung
„Sie ham ma schles'sch anjekiekt!" entspinnt sich eine Doppel-
tirade von Beleidigungen, die eigentlich inhaltsleer sind, die aber
aus Lust am Bezichtigen endlos weitergetrieben wird, bis der Streit
und das ganze Buch mit den Worten abbricht: „Wegen Papier-
mangels kann die Geschichte nicht zu Ende gebracht werden."
Der Berliner und die Berlinerin, ihre Sprache und ihr Berlinertum
sind trotz aller Unbilden unverwüstlich, so lautet Liesegangs Bot-
schaft kurz nach dem Krieg.

Während der Blockade von West-Berlin, die vom Juni 1948 bis
zum Mai 1949 andauerte, gründete der Kabarettist und Komponist Günter Neumann die satirische Zeitschrift „Der Insulaner"
mit humoristischen Artikeln und Zeichnungen, eine Zeitschrift,
aus der sich dann das Kabarett gleichen Namens entwickelte.
Dieses Kabarett, das zwischen 1948 und 1964 bestand und einen
festen und wichtigen Platz im Programm des RIAS innehatte, wurde während des Kalten Krieges von Antikommunismus – „Es liegt
eine Insel im roten Meer und die Insel heißt West-Berlin" – und
von Lokalpatriotismus genährt. So heißt es im Insulanerlied, das
zum Rang einer inoffiziellen West-Berliner Hymne aufstieg:

Der Insulaner verliert die Ruhe nich,
der Insulaner liebt keen Jetue nich (…)
Der Insulaner hofft unbeirrt,
dass seine Insel wieder 'n schönes Festland wird.

Wie populär das Kabarett war, lässt sich daran ablesen, dass der
Trümmerberg „Mont Klamott" in Schöneberg an der Grenze
zu Steglitz, der seit 1946 aufgeschüttet wurde, 1951 nach dem
Kabarett in „Insulaner" umbenannt wurde. Fester Bestandteil
des Kabaretts waren nicht nur deftige Berliner Lokalfiguren und
klatschsüchtige Kudamm-Damen, sondern auch der pseudorus-
sisch sprechende, überemotionalisierte „Professor Quatschnie"
als Sendbote der Sowjetunion sowie der „Jenosse Funzionär" aus
Ost-Berlin mit seiner begriffsstutzigen Schulungstruppe. Auf seine
Frage, was für einen Lebenstraum Lenin 1917 verwirklicht hatte, antwortet eine Schülerin: „Er konnte in die Schweiz fahren",
und die Antwort auf die Frage nach der Weltorganisation, die
Lenin gegründet hatte, lautet: „Komm intim". Als der „Jenosse
Funzionär" wissen will, wie der Feind von Stalin hieß, und den
überfragten Schülern mit „Trotz – Trotz – Trotz" auf die Sprünge
helfen will, schallt ihm als erlösende Antwort „Trotzkopf" entgegen. Schließlich fragt der Schulungsfunktionär, wodurch die
Sowjetunion ihr Ansehen verbessert habe, nämlich „durch die
künstlichen Sat – Sat – Sat –" „Satelliten!" „Sehr gut! Und wie
hießen die Satelliten?" Da leiert eine Schülerin beflissen herunter:

„Bulgarien, Rumänien, Bessarabien, Polen, Litauen ...", woraufhin „Jenosse Funzionär" und Professor Quatschnie unter dem Gelächter des Publikums vor Wut fast zerplatzen. Zu dieser unbelehrbaren Schulungstruppe passt auch ein selbstironischer Witz aus dem Ostteil der Stadt, wenn es am Schluss eines zweistündigen Schulungs-Vortrags in Ost-Berlin heißt: „Hat noch jemand 'ne Frage zu Marx?" Verschlafene Stimme: „Isser bewohnt?"

In einem Auftritt der „Insulaner" von 1960 wird in einem Berlin-Reklamelied die neue Gedächtniskirche besungen, „daneben steht die alte halb zerstört, so mancher wünscht, es wäre umgekehrt". Immer wieder beschwor Günter Neumann in seinen Durchhalteliedern die unzerstörbare Kraft Berlins, so auch im Song:

Berliner Luft is jünstig,
man altert nich so bald,

Die Insulaner:
Olaf Bienert,
Joe Furtner,
Ewald Wenck,
Ilse Trautschold,
Edith Schollwer,
Günter Neumann,
Bruno Fritz,
Agnes Windeck
und Tatjana Sais
(v. l. n. r.), aufgenommen 1959 in
Berlin.

181

wir ham hier eene Oma,
die is hundert Jahre alt.
Die hilft noch im Jeschäft mit,
auf Oma is Verlaß,
und neulich fragte eener:
Warum machen Sie denn das?
Da sprach der über hundertjähr'ge Falter:
Ich muß mir doch wat sparen für mein Alter!
Seh'n Se, das ist Berlin,
eine Stadt, die sich gewaschen hat.

1949 gründete sich in West-Berlin das Kabarett „Stachelschweine". Gründungsmitglied war der gebürtige Berliner Schauspieler
Günter Pfitzmann, ab 1951 stieß der Kabarettist Wolfgang Gruner
dazu und ein Jahr später einer der schärfsten deutschen Kabarettisten, Wolfgang Neuss aus Breslau. Die „Stachelschweine", die
vom Wunsch durchdrungen waren, dass jenseits der Sektorengrenze „die Sichel bald unter den Hammer kommt", führten
mit ihren erfolgreichen Programmen wie „Festland Berlin" und
„Zwischen Nylon und Chemnitz" das Berlinertum zu einer neuen

Probe für das erste
Kabarettprogramm
der „Distel",
September 1953

Blüte. Wolfgang Neuss' großes Vorbild war Werner Finck. Bei beiden ist das oft bilderreiche barocke Spiel mit Wörtern und Begriffen stark ausgeprägt. So sagte der gebürtige Görlitzer Finck in der Zeit des beginnenden Kalten Krieges: „Damals war die Neiße noch ein idyllisches Flüßchen. Heute ist sie zusammen mit der Oder ein gefährlicher Strom, ein Starkstrom in den Leitungen der Weltpolitik, dessen Berührung ängstlich vermieden wird." In West-Berlin war in den 1950er-Jahren ein Witz im Umlauf: „Stell dir vor: In de Ostzone ham se det Skatspielen vabot'n!" „Den' trau ick allet zu, aba warum denn?" „Is doch klar, Mensch – damit Pieck nich mehr jereizt werden darf."

Als Reaktion auf die antikommunistischen West-Berliner Kabaretts, vor allem auf die „Insulaner", die auch in Ost-Berlin durch die RIAS-Übertragung enorm populär waren, wurde nach dem Arbeiteraufstand vom 17. Juni 1953 im Oktober desselben Jahres in Ost-Berlin das Kabarett „Distel" gegründet. Damit sollten Unzufriedenheiten in der Bevölkerung aufgefangen und umfunktioniert werden, gemäß der offiziellen Weisung, dass der „Humor als Waffe im Klassenkampf" genutzt werden möge. Ab dem ersten Distel-Programm „Hurra, Humor ist eingeplant!" bezogen sich die Kabarettisten immer wieder auf verschiedene Fehler beim Aufbau des Sozialismus, sodass die Zensur oft einschreiten musste. Die SED-Führung stellte sich sogar immer wieder die Frage, ob Satire im Sozialismus überhaupt berechtigt sei: „Braucht die kleine DDR Kabarett, wenn die große Sowjetunion doch auch keines hat?"

1954 wurde in Ost-Berlin die Satirezeitschrift „Eulenspiegel" gegründet und drei Jahre später der Abteilung Presselenkung des ZK der SED unterstellt. Fielen die Beiträge politisch zu brisant aus oder übten verschiedene Beiträge oder Karikaturen zu satirisch Kritik an der DDR-Wirtschaft, musste manche Ausgabe vor dem Vertrieb vernichtet werden. 1957 wurde sogar der Chefredakteur entlassen, nachdem er eine Ulbricht-Karikatur veröffentlicht hatte. All diese restriktiven Maßnahmen hatten in späteren Jahren zur Folge, dass nichts, was irgendwie hätte brisant sein können, noch gedruckt wurde.

In den 1950er-Jahren sagte man dem Berlinischen immer noch nach, dass es ansteckend sei. So hatte sich ein reich gewordener Berliner Fabrikant, um noch reicher zu werden, nach Westdeutschland abgesetzt. Da sein Junge sehr berlinert, nimmt er einen Privatlehrer, der dem Jungen im Nachhilfeunterricht „gutes Schriftdeutsch" beibringen soll. Der Hauslehrer dienert: „Es wird mir eine Ehre sein, Ihrem Sohn die hochdeutsche Sprache beizubringen und ihn in das Deutsch Goethes und Schillers einzuführen." Nach einigen Wochen erkundigt sich der Vater nach seinem Sohn und dessen Fortschritten im Unterricht. Der Lehrer antwortet darauf: „Janz jroß, det kann ick Ihnen flüstern. Uff den können Se stolz sinn, der Junge is duffte."

Dieses Phänomen der Ansteckung zeigt sich auch bei dem Berliner Hans Prüfer, genannt Prüfi, der in den 1930er-Jahren an das Schauspielhaus Zürich ging, dort über drei Jahrzehnte lang als Chefgarderobier, also als Chef des gesamten Kostümwesens, arbeitete und sich so großer allgemeiner Beliebtheit erfreute, dass sogar ein Buch über ihn unter dem Titel „Prüfi" erschien, in dem es heißt: „Jeder, der mit Prüfi in nähere Verbindung kam, nahm alsbald sein Berliner Idiom an." Darin festgehalten ist auch eine Anekdote in typischem Berliner Ton, wenn Prüfi einem Schauspieler im Smoking, der sich den letzten Schliff verpassen möchte, eine altersschwache Bürste mit den Worten überreicht: „Aber, passense uff, det Sie mir die Bürste mit Ihrem Smoking nich dreckig machen!"

Die Insellage West-Berlins führte dazu, dass viele einflussreiche Köpfe und wichtige Wirtschaftsunternehmen die Stadt verließen. Um zumindest der geistigen Verarmung entgegenzuwirken, wurde versucht, durch Stipendienprogramme eine künstlerische Elite anzulocken. So spießt der Schriftsteller Arno Reinfrank Mitte der 1950er-Jahre in seinem Gedicht „Café Einstein" seine schriftstellernden Stipendiatenkollegen auf:

Autor in Balin –
een Preußen-Genie?
Oder isser aus Sachsen?

Det weeste nie.
Nordische Friesen
lassen dir jrüssen.
Fränkische Franken
uff der Jagd nach Jedanken.
Wo sind se nich
ieberall herbeijesaust.
Senat jibt Stipendium.
Männe, mia jraust.
Schlesier, Kaschuben,
Ami und Polen,
alle jekommen,
Stipendien abholen.
Icke, kleen, unfromm,
von Vata her Jude,
sitze denen
ooch uff de Bude.
Mit den Wienern zusamm
een herrlicher Haufen.
Und der profiliert sich
janz besonders beim Saufen.

Als die gebürtige Berlinerin Marlene Dietrich 1960 kurz vor dem Mauerbau ihre Heimatstadt im Rahmen einer Gesangstournee besuchte, wurde sie wegen ihres Engagements in der US-Army während des Zweiten Weltkriegs als Verräterin verunglimpft – ein ganz und gar nicht witziges Kapitel. Nach diesem Debakel kam sie nie mehr nach Berlin. Aber eine Platte mit wunderbaren alten Berlin-Liedern nahm sie auf, die zeigen, wie verbunden sie ihrer Geburtsstadt war. Trotzig und gerührt zugleich singt sie diese Lieder der 1920er-Jahre zu einer Zeit, in der die Stadt bereits von der Mauer geteilt ist. Trotzdem „fließt durch Berlin immer noch die Spree", und trotzdem hast „du ja keine Ahnung, wie schön du bist, Berlin". Es ist ein Trotz, der wie eine Altberliner Fassade abbröckelt, die natürlich, wie sollte es anders sein, an der nächsten Strophenecke vom schnoddrigen Berliner Humor wieder gekittet

Billy Wilder, Pamela Tiffin, James Cagney und der junge Horst Buchholz bei den Dreharbeiten zu „Eins, zwei, drei", 1961

wird: „Lieber Leierkastenmann, fang noch mal von vorne an, deine alten Melodien von der schönen Stadt Berlin, stehst du unten auf'm Hof, wird mir' s gleich ums Herz so doof ...". In diesen Liedern, in denen die Dietrich ganz bei sich ist, wird unter Weinen gelacht und unter Lachen geweint. „Ich bin, Gott sei Dank, Berlinerin", schreibt sie zu dieser Platte, „ich sage ‚Gott sei Dank', weil der Berliner Humor mir mein ganzes Leben erleichtert hat und mir geholfen hat, nicht in dem Gram der Welt zu ertrinken."

Ebenfalls kurz vorm Mauerbau unterhalten sich an der Sektorengrenze ein West-Berliner und ein Ost-Berliner. „Bei uns wächst die richtige Demokratie", sagt der erste, „wir sehen täglich, wie es vorwärtsgeht. Wir können Zeitungen lesen, soviel wir wollen. Wir können sogar auf Adenauer schimpfen, und niemand tut uns etwas." „Is bei uns jenauso", sagt der Ost-Berliner, „et jeht tüchtig vorwärts, wir haben eene jroße Auswahl von kommunistischen Zeitungen, und uff Adenauer könn' wa ooch schimpfen, soviel wir wollen." Interessant ist an diesem Witz, dass der West-Berliner

Hochdeutsch spricht und der Ost-Berliner berlinert – eine Tendenz, die sich in Zukunft noch stärker ausprägen wird.

Kein Scherz: die Mauer

Überliefert ist ein Witz aus den Augusttagen 1961, unmittelbar vor dem Mauerbau. Ein Mann kommt am Flughafen Tempelhof an, steigt in ein Taxi und fragt: „Na, da zittert ihr jetzt ganz schön in Berlin, was?" Der Taxifahrer antwortet scheinbar bereitwillig: „Das können Sie wohl glauben, wo es noch gar nicht sicher ist, ob Tasmania[1] am Sonntag gewinnt."

Als Billy Wilder im Juni 1961 nach Berlin kam, um eine Komödie über den Kalten Krieg mit dem Titel „Eins zwei drei" zu drehen, wurde er mit seinem Team mitten in den Dreharbeiten, die bis September 1961 andauerten, vom Bau der Mauer überrascht, die den Film mit seinen Fahrten durchs Brandenburger Tor mit einem Schlage inaktuell machten. So verwandelte sich der Film von einer Farce in eine echte Tragödie. Der Film wirkt geradezu wie ein Schnellfeuergewehr von komischen Einfällen. Nicht nur, dass ein sowjetisches Auto bei einer Verfolgungsjagd im russischen Sektor immer mehr zerfällt und schließlich ans Brandenburger Tor donnert. Auch die zentrale Verwandlung eines überzeugten Kommunisten aus Ost-Berlin in einen Grafen von Droste-Schattenburg ist überreich an Komik. Dieser junge falsche Graf (Horst Buchholz) wird von der älteren Hauptfigur (James Cagney), dem amerikanischen Chef der Berliner Coca-Cola-Abteilung, zu einem angeblichen Abteilungsleiter seiner Firma aufgebaut, einer Firma, in der der eingefleischte Drill und der Untertanengeist der deutschen Belegschaft nicht auszurotten sind. Der falsche Graf muss, um seine Verkleidung perfekt zu machen, auf einer wilden Autofahrt zum Flughafen Tempelhof noch zehn Hüte durchprobieren, deren Schachteln dann eine nach der anderen aus dem Fenster geworfen werden, während aus dem Vorderfenster des Beifahrersitzes ein Kunstmaler kopfüber das Wappen derer von Droste-Schattenburg

1   Berliner Fußballmannschaft

an die Wagentür malt. Wegen der zunehmenden Spannungen zwischen Ost- und West-Berlin, die im Mauerbau gipfelten, wurde der Film nicht nur in West-Berlin, sondern auch in München gedreht.

Als am 13. August 1961 die Mauer, die bald den Beinamen „Sachsenring", oder, etwas gehobener, „Endmoräne des Zweiten Weltkriegs" erhielt, gebaut wurde, erschienen sogleich Karikaturen im Ost- und im Westteil der Stadt. So steht auf einer Ost-Karikatur ein NVA-Soldat siegreich lächelnd am Brandenburger Tor unter dem neuen Straßenschild „Straße des 13. August" statt „Unter den Linden", während sich West-Politiker, darunter der Regierende Bürgermeister von Berlin, Willy Brandt, ängstlich unter dem Straßenschild „Straße des 17. Juni" zusammendrücken und -kauern. Dagegen erschien auf West-Seite eine Karikatur, auf der die Architektengrößen Schlüter, Langhans und Schinkel, die das Stadtbild Berlins prägten, von ihren Sockeln entsetzt bis zornig zu einem niedrigen Sockel hinschauen, auf dem Ulbricht damit beschäftigt ist, sich mit Maurerkelle und Ziegelsteinen selbst einzumauern. Ebenfalls in West-Berlin war der Witz im Umlauf, dass an der Mauer unbedingt ein Baum stehen müsse, auf den Fritzchen schnell klettern könne für den Fall, dass, wenn die Mauer einmal geöffnet würde, er nicht totgetrampelt würde.

Trotz des Mauerbaus lebte der Berliner Witz in West-Berlin, wenn auch unter erschwerten Bedingungen, weiter. So machte der Kabarettist Wolfgang Gruner 1963 bei einem Auftritt der „Stachelschweine" unter parodierten Prominenten wie Konrad Adenauer, Franz Josef Strauss, Erich Mende, Chruschtschow, Kennedy und Willy Brandt sogar eine Umfrage zum Berliner Humor. Nachdem der Chruschtschow-Darsteller gesagt hatte, dass Ulbricht, der einzige Berliner, den er kenne, äußerst humorlos sei, trat der Brandt-Darsteller auf, über dessen schleppend-gewichtige Redeweise der echte Willy Brandt, der im Publikum saß, derart lachen musste, dass er fast erstickte. 1965 etablierten sich die „Stachelschweine" im neu erbauten Europa-Center am Breitscheidplatz, wo das Ensemble Robert Lembkes heiteres Beruferaten nachspielte und Wolfgang Gruner als prominenter Ehrengast Ulbricht auftrat. In den 1970er-Jahren bestätigte Gruner allerdings, dass die „Ostklamotte" ausgespielt habe, dass der Berliner mit seiner Mundart zu Tode geritten sei und nur noch Witzelei, abgestandene Kalauer und veraltete Verballhornungen übrig geblieben seien. In dieser Zeit war in Berlin ein dazu passender Witz im Umlauf. Als während einer langweiligen Vorstellung ein Herr im Parkett eingeschlafen war und fürchterlich schnarchte, rüttelte ihn nach einer Weile der Zuschauer, der neben ihm saß, wach und sagte: „Menschenskind, schnarchen Sie doch nicht so, Sie wecken ja das ganze Publikum auf!"

„Pauken-Neuss" mit versehrter linker Hand bei einem Auftritt in Berlin, 1955

Die „Insulaner" waren nach dem Mauerbau sogar der Überzeugung, dass die weltpolitische Lage für Spaßmacher zu ernst sei, weswegen sie ihr Programm 1964 beendeten.

Mitte der 1960er-Jahre galt Wolfgang Neuss, der in West-Berlin auftrat, als einer der besten Kabarettisten bundesweit, vielleicht sogar als Deutschlands Kabarettist Nummer eins. Schon in den 1950er-Jahren war „Pauken-Neuss", der sich an der Ostfront den Zeigefinger abgeschossen hatte, um ins Lazarett zu kommen, der Liebling der Frontstadt. Im legendären „Domizil" am Lützowplatz beginnt er seine Einmann-Show „Das jüngste Gerücht", die fast zwei Jahre lang läuft, mit den Worten: „Eine Kellerassel begrüßt sie hier mit gregorianischem Gequassel". Er, der sich selbst „das Ungeheuer von Loch Neuss" nennt, erzählt von seinem Onkel in

189

Treptow, der „das Gesamtdeutsche in der Pupille hat", und antwortet sich selbst auf die Frage: „Was machen Sie im Falle eines
Atomkriegs? Ich hülle mich in mein Bettlaken und gehe gemächlich zum Friedhof. Warum gemächlich? Damit keine Panik ausbricht." Dann wieder jongliert er mit der Aussprache von „Water-
gate", einmal ganz amerikanisch, einmal deutsch: „Nixon – Wat,
er geht?" Neuss, über den ein Freund sagte, „keiner konnte so mit
dem Kopf fühlen und mit dem Bauch denken", versammelte ein
intelligentes, kritisches Publikum, darunter Günter Grass und
Hans Magnus Enzensberger. Da ihm das Kabarett „Stachelschweine" zu unpolitisch war und die aufkommende 68er-Bewegung
komplett ignorierte, verließ er das Ensemble. Er schloss sich eng
an Rudi Dutschke an, von dem es hieß, dass er gerne so ein Flair
gehabt hätte wie Neuss, wohingegen Neuss Dutschke um seine
Art zu sprechen beneidete. Das Attentat auf Dutschke ging Neuss
sehr tief unter die Haut, was er aber durch die Flapsigkeit einer ka-

Über Jahrzehnte
zählte das Musical
„Linie 1" zum
festen Bestand des
Berliner Bühnen-
programms. Hier
eine Aufführung am
Grips-Theater 1988

barettistischen Nummer als Dutschkes Krankenpfleger Qualle im
Westendkrankenhaus zu überspielen versuchte. In den ausgehenden 1970er-, beginnenden 1980er-Jahren gab sich Neuss bewusst
den Nimbus eines ebenso weisen wie verrückten Indianers, der
immer wieder auf seine Zahnlosigkeit Bezug nimmt: „Ich habe
im Mund ein Schattenkabinett" und: „Meine Zeit ist gekommen,
wenn die Welt wieder so zum Lachen ist, dass es sich lohnt, dritte
Zähne anzuschaffen." Mit Anspielung auf seinen exzessiven Ha-
schischkonsum sagte er: „Ich rauche den Strick, an dem ich sonst
hängen würde" und: „Alle Tage sind zwar gleich lang, aber unter-
schiedlich breit." Wolfgang Neuss, der in den späten 1980ern
noch Richard von Weizsäcker in einer Talkshow durch seine un-
erschütterliche Eloquenz in Verlegenheit gebracht hatte und der
wenige Monate vor der Wende starb, resümierte sein Leben mit
den Worten: „Ich habe nie Kabarett gemacht, ich war Kabarett."

Berliner Volksmund und Volksschauspieler

1965 erschien in West-Berlin das Büchlein „Im Spitznamen des
Volkes", das die vom Berliner Volksmund ersonnenen originellen
Beinamen für „Berliner Bauten, mit Spreewasser getauft", auf-
zählt. Neben den bekannten wie „Schwangere Auster", „Hungerharke" oder „Zirkus Karajani" wurde eine moderne Plastik im
Hansaviertel als „Atomexplosion" oder „Denkmal der unbekannten Pulloverstrickerin" bezeichnet, die Springbrunnenfontänen
auf dem Ernst-Reuter-Platz hießen „Ernst-Reuter-Sprudel", die
moderne Paul-Gerhardt-Kirche „Unseres Herrgotts Sprungschan-
ze" und der Turm dazu „Nagelfeile". Die moderne Bronzeplastik
vor der Akademie der Künste wurde zur „Seegurke", Kaufhaus
Bilka am Zoo zur „Einkaufs-Moschee" oder „Groschen-Moschee"
und die Sankt-Canisius-Kirche wegen der Form einer Nissenhüt-
te zu „Sankt Nissen". Der Konzertsaal der Hochschule für Musik
an der Hardenbergstraße wurde in „Bahnhof Hindemith" oder
„Musikaquarium" umbenannt, die Urania in „Kulturbunker" und
das moderne Gebäude an der Budapester Straße in „Bikinihaus":
„Oben was, unten was, in der Mitte nichts". Bekam der moder-

ne Turm der Kaiser-Friedrich-Gedächtniskirche den Beinamen
„Seelenbohrer" oder „Sankt Aluminium", so wurde der Turm
der Sankt-Ansgar-Kirche zum „Röntgenturm". Als in den späten
1970er-Jahren der Palast der Republik eröffnet wurde, erhielt er
vom Ost-Berliner Volksmund die Beinamen „Palazzo Prozzo" oder
„Erichs Lampenladen".

1966 wurde in West-Berlin ein kritisches Kindertheater gegründet, das später als „Grips-Theater" für Jugendliche berühmt
werden sollte. Erklärtes Ziel war es, das Kindertheater zu einem
„Ort zum Lachen" zu machen, „weil Kinder woanders zu viel
Grund zum Weinen haben", hier sollte sozial, also ansteckend
gelacht werden, ja, das Lachen hatte die Aufgabe, zu einem kritischen Erkenntnisgewinn und zur Stärkung des kindlichen Selbst-
wertgefühls beizutragen. Das Grips-Theater feierte 1986 mit dem
Musical „Linie 1" Triumphe, ein Stück, das in der U-Bahn zwischen dem bürgerlichen Stadtteil Ruhleben und dem Schlesischen
Tor in Kreuzberg spielt und dessen Witz sich an der verrückten
West-Berliner Mischung aus Wilmersdorfer Witwen und Punkern
entzündet. Über das Musical, das heute in modernisierter Weise
gespielt wird, heißt es in einer aktuellen Kritik: „Die ‚Linie 1' ist
inzwischen so etwas wie das Brandenburger Tor unter den Musi-
cals in Berlin."

Um 1970 wird das Abhandenkommen des Berliner Witzes
beklagt, wozu auch die West-Berliner Boulevardpresse erheblich
beitrug, die durch plumpe, humorfreie Karikaturen, in denen die
protestierenden Studenten mit der NS-Zeit verglichen wurden,
zwischen Laubenpieperniveau und Volksverhetzung changierten.
Doch auch die antiautoritären Spaßmacher der Kommune 1, die
Politclowns Fritz Teufel und Rainer Langhans, konnten in den politisch aufgeheizten Zeiten um 1975 durch ideologische Starrheit
und Strenge den Witz nicht gerade zu einer neuen Blüte führen.

Wesentlich witziger, da gleichzeitig anarchisch und kind-
lich-verspielt, waren die Berliner Malerpoeten, die sich 1972 in
West-Berlin gründeten und zu denen auch Günter Grass gehörte.
Besonders hervorzuheben sind Günter Bruno Fuchs, der gesagt

hatte, alle Kreuzberger seien „Milieunäre", Robert Wolfgang Schnell, Aldona Gustas, die auf einer „gemieteten Wolke" über Berlin schweben will, und Hans-Joachim Zeidler, der ein Museum in Berlin-Reinickendorf, „Europas reichste Nichts-Sammlung", entwirft, in dem neben „Schaffenspausen alter und neuer Meister" und „geplatzten Seifenblasen von Beuys", neben „einer gut erhaltenen Lübkeschen Gedächtnislücke", Schweigeminuten, innerer Leere und „Bildungslücken von Kommunalpolitikern" auch „mehrere gut sichtbare Luftlöcher (...) als Geschenke britischer Luftbrückenpiloten" ausgestellt sind. Und die Dialoge des Berlin-Enthusiasten Wolfdietrich Schnurre zeigen immer wieder existenzielle seelische Tiefendimensionen unter der rauen, schnoddrigen Berliner Schale. Die Vernetzung der Dichter und der Künstler ging in West-Berlin recht einfach vonstatten, denn, wie Walter Höllerer konstatiert, „Berlin ist vielfältig, es ist aus Dörfern zusammengesetzt, aber es hat in seinen Kneipen ein zusammenhängendes Lymph-System."

Auch der aus Schlesien stammende Bildhauer Günter Anlauf war den Malerpoeten verbunden. Am bekanntesten sind seine vier originellen Bärenskulpturen auf der Moabiter Brücke. Das Komische in seinem Werk kommt nie auftrumpfend oder besserwisserisch daher, nie mit dem scharfen Schwert des Sarkasmus, sondern entwaffnend, von einer früheren Entwicklungsstufe des Menschen her denkend und gestaltend. Kopffüßler, Mondgesichter, phantastisch-geklitterte Tierfiguren, Ornamente, die zu Eulen werden, Stiere, die zu Möbelblöcken werden, all das entspricht den kindlich-spielerischen Aneignungen der Wirklichkeit. Auch Anlaufs Tod hat noch ein Lächeln. Sein Grab auf dem Friedhof Heerstraße ist mit seiner eigenen Arbeit geschmückt, die bereits 1968 unter dem sprachspielerischen Titel „Popocapitel" enstand. Das Kapitell auf seinem eigenen Grab als Popo, als dicke Sehnsuchtskugel, der es gelingt, bevor die Assoziationen platt zu werden beginnen, sich durch Krallen und ionische Kapitell-Augen in eine Eule zu verwandeln – so viel Weisheit kann im Witz, im Spiel verborgen liegen. Auch die Maler Johannes Grützke, Matthias

Koeppel und andere, die sich 1973 in Berlin zur Schule der „Neuen Prächtigkeit" zusammenfanden, versuchten, die Absurdität der West-Berliner Stagnationszeit durch ironisch-sarkastische Gemälde einzufangen und zu kommentieren.

Obwohl der Berliner Witz immer wieder totgesagt wurde, lebte er doch in Volksschauspielern wie Inge Meysel, Brigitte Mira, Harald Juhnke oder Manfred Krug weiter. Inge Meysel, eine Berliner Starkomikerin alter Schule, galt zwar aufgrund ihrer Rollen als „Mutter der Nation", war aber keineswegs gütig und mütterlich, sondern schlagfertig, unsentimental, besserwisserisch, gegen Gefühle gepanzert und politisch sehr engagiert, wenn sie sich für die Sozialdemokratie, gegen das Patriarchat und für gleichgeschlecht-

Inbegriff der Berliner Schnoddrigkeit: Manfred Krug (r.) als „Liebling Kreuzberg"

liche Liebe aussprach und 1987 AIDS-Opfer unterstützte. Über ihre Schnoddrigkeit heißt es im „Tagesspiegel" kurz nach ihrem Tod 2004: „Sie machte die Stimme rau und stellte ihre Stacheln auf."

Der in Schlesien geborene Kabarettist Dieter Hildebrandt, der seine Komik durch assoziative Abschweifungen und Improvisationen, durch Stottern und Auslassungen, durch Versprecher und Wortverdrehungen erzeugte, kam 1980 aus München nach Berlin, um die sehr beliebte kabarettistische Sendung „Scheibenwischer" zu produzieren, die der SFB ausstrahlte. 1989, kurz vor der Wende, übersetzt er die Abkürzung „ZK" für das Zentralkomitee in Ost-Berlin mit „Zitterkombinat". In seinen Lebenserinnerungen beschreibt Hildebrandt die Schwierigkeiten, Weihnachten 1945 als Vertriebener in Bayern schlesische Mohnklöße herzustellen. Der Titel seiner Erzählung lautet: „Der Mohn ist ausgegangen".

Der Volksschauspieler und gebürtige Berliner Harald Juhnke trat zwischen 1953 und 1993 in der Komödie am Kurfürstendamm auf. Zwischen 1987 und 1990 spielte er auch in der TV-Sketch-Serie „Harald und Eddie" mit, die immer wieder zwischen Klamauk und geistreichem Witz changiert. Ab 1985 übernahm er eine Rolle in der beliebten Berliner TV-Vorabendserie „Drei Damen vom Grill", in der auch Brigitte Mira und Günter Pfitzmann brillierten. In der Folge „Das kann ja heiter werden" versucht Juhnke mit seinem schroffen Berliner Charme einer türkischen Familie auf dem Flohmarkt eine Kopie von Böcklins Gemälde „Toteninsel" anzudrehen mit den Worten, das sei „Schule von Izmir, 18. Jahrhundert", worauf das schlaue türkische Mädchen sagt: „Du willst uns wohl veräppeln, im 18. Jahrhundert hieß Izmir Smyrna, du Nase!" Juhnke daraufhin: „Dat mit Izmir is mir neu!"

Brigitte Mira, obwohl keine gebürtige Berlinerin, galt, spätestens seit der Serie „Drei Damen vom Grill", als Berliner Original schlechthin. Ihr komisches Talent war übrigens schon früh entdeckt worden. Brigitte Mira, die, wie Inge Meysel, in der NS-Zeit als „Halbjüdin" galt, gelang es, dank gefälschter Papiere in der propagandistischen Kurzfilmreihe „Liese und Miese" mitzuspielen. Während Volksgenossin „Liese" sich gemäß der NS-Propa-

ganda richtig verhält, schimpft „Miese" über Lebensmittelratio-
nierung, hört verbotene Sender und treibt Spionage. Brigitte Mira
als „Miese" fand durch ihre schauspielerische Überzeugungskraft
derartigen Anklang, dass die Serie nach kurzer Zeit vom Propagan-
daministerium wieder abgesetzt werden musste. Mira, die nicht
nur flott berlinern konnte, war auch eine ergreifende Charakter-
darstellerin, der es gelang, die raue Schale des Berliners kurzzeitig
aufzubrechen.

Übrigens parodierte die Kinotrilogie „Drei Drachen vom Grill"
mit dem Travestiekünstler Ades Zabel, der in Berlin-Haselhorst geboren wurde, zwischen 1987 und 1992 die Serie „Drei Damen vom
Grill", wobei sich der Witz vor allem aus der Travestie entwickelt.

Ein bemerkenswertes Unikum in der Mauerstadt war der
Schriftsteller und Drehbuchautor Jurek Becker. Zwar lebte er seit
1977 vornehmlich in West-Berlin, besaß aber ein in der DDR ein-
maliges Dauervisum zur Einreise in die Ost-Hälfte, sodass er einer
der wenigen war, dem die ganze Stadt offenstand. Ab 1986 schrieb
er etliche Drehbücher für die witzige, temporeiche West-Berliner
Anwaltsserie „Liebling Kreuzberg" mit Manfred Krug in der Rolle
des originell-schlagfertigen Anwalts Robert Liebling.

Es ist bemerkenswert, dass sich einige Witze in West- und
Ost-Berlin in den 1970er-, 1980er-Jahren sehr ähneln, so die Klage
über zu dünne Wände in Neubauwohnungen.

> Als der gerade eingezogene Mieter in West-Berlin einen Freund
> durch die neue Wohnung führt, fragt ihn dieser:
> „Stimmt et wirklich, det die Wände in diesen neuen Wohnun-
> gen so dünne sind?" Da antwortet der Mieter: „Na, dünn is
> jar keen Ausdruck. Wenn ick Herzkloppen krieje, muß mein
> Nachbar Baldrian nehm'."

In Ost-Berlin dagegen führt der Architekt seine Besucher durch
das neue Haus in der Karl-Marx-Allee.

> „Wartet mal hier", sagt er und geht aus der einen Wohnung
> hinüber in die andere. Von dort aus ruft er: „Jenossen, hört ihr
> mir?" „Ja." „Seht ihr mir?" „Nee." Er kehrt in die erste Woh-
> nung zurück und erklärt äußerst zufrieden: „Det sind Wände,

wat?" Und als der neue Mieter schließlich eingezogen ist, beklagt er sich: „Na, die Wände sind aba mächtig dünne!" „Wat ihr imma so voreilich den sozialistischen Fortschritt in unsere demokratische Republik bemeckern müßt", knurrt der Hausverwalter, „wart doch ab, bis de Wände jestrichen sind."

Genehmigter Humor und Wanderwitze

Auch im Ost-Berliner Kabarett „Distel" stand 1972 mit „Die Beule" eine bieder-humorige Satire über mangelhafte Plattenbauwohnungen, hinter vorgehaltener Hand „Arbeiterschließfach" genannt, auf dem Programm. Diese Art von Kritik an den realsozialistischen Verhältnissen hatte vor allem eine Ventilfunktion. In dem Sketch entdecken die neuen Mieter unter dem Fußbodenbelag Blasen, die sich, wenn sich jemand daraufstellt, in die Küche fortpflanzen, sodass sich die Küchentür nicht mehr öffnen lässt. Im Badezimmer fallen mit einem Mal die Fliesen von der Wanne ab, an der Badezimmerwand klafft ein Riss, und die Beule an der Zimmerwand entpuppt sich als eingemauerte Mischmaschine. Damit nun verdienstvollerweise dieses Volkseigentum sichergestellt werden kann, müssen die neuen Mieter wieder ausziehen, damit die Wohnung gesprengt werden kann. Da immer wieder kleinere und größere Teile der Distel-Programme der Zensur zum Opfer fielen, konnte es nicht ausbleiben, dass die Satire an Schärfe verlor. Noch 1988 wurde das gesamte Programm „Keine Mündigkeit vorschützen" von der Zensur verboten. In oppositionellen Kreisen mied man die „Distel" eher. Derartige Kabaretts und der dort zelebrierte Humor galten als Alibiveranstaltungen für die guten Genossen. Diese waren zwar davon begeistert, dass sich dort „etwas getraut" wurde, aber genau das wurde von der Opposition als Problem angesehen: dass man sich Humor – und dazu noch ziemlich faden Humor – „trauen" musste. Regimekritik konnte eher auf den Theaterbühnen durch Anspielungen, mittels eines nicht zu Ende gesprochenen Satzes, eines mitgemeinten Subtextes eingeschmuggelt werden. So ist überliefert, dass bei Aufführungen von Schillers „Räubern" beim

Satz „Geben Sie Gedankenfreiheit!" das Publikum tobte und in minutenlangen Applaus ausbrach.

Die Ost-Berliner Satirezeitschrift „Eulenspiegel" wurde ab dem Ende der 1950er-Jahre etwa vierzig Jahre lang vom Hauptautor Johannes Conrad, dem „Woody Allan des DDR-Humors", geprägt. Nach dem Machtantritt Honeckers ist eine erzwungene Flucht in die Humoreske zu verzeichnen, die jeden scharfen Sarkasmus vermeiden musste und lediglich zum Schmunzeln einlud. Gemeinsam mit dem Satiriker Jochen Petersdorf verfasste Conrad die Beilage des „Eulenspiegels", „Funzel. Abendblatt für trübe Stunden", die, wie auch die von Petersdorf verfassten „Funzelbücher", durch entschärften Nonsens die Zensur zu umgehen versuchten. Erfreuten sich Conrads satirische Kolumnen, Geschichten und Gedichte beim breiten Publikum großer Beliebtheit, so reüssierte Petersdorf mit seinen unterhaltsamen Märchenparodien „Zwischen Frühstück und Gänsebraten" im DDR-Fernsehen, die die Tücken des Alltags in der DDR aufspießten. Ein bekannter Karikaturist, der für den „Eulenspiegel" und für das „Neue Deutschland" zeichnete, war der in Ost-Berlin lebende Leo Haas, der aufgrund seiner jüdischen Abstammung während der NS-Zeit in Theresienstadt und Auschwitz inhaftiert war. Während des Kalten Krieges karikierte er in zeittypisch tendenziöser Weise vor allem die Bundesrepublik als Vasallen Amerikas und als Sammelbecken von Nazis, feisten, moralisch verluderten Kapitalisten und NATO-Kriegstreibern. Eine Sammlung seiner Karikaturen trägt den Titel „Links überholt" in Anklang an die Losung Ulbrichts: „Überholen ohne einzuholen". Darauf wiederum bezieht sich ein DDR-Witz: „Der Kapitalismus geht unaufhaltsam auf den Abgrund zu. Wir werden ihn überholen."

Hatte die gedruckte oder aufgeführte, eher brave Satire in Ost-Berlin oft Ventil- und Alibifunktion, so fand sich die treffende sarkastische Schärfe in hinter vorgehaltener Hand erzählten Witzen, den sogenannten Wanderwitzen, die nicht in falsche Ohren gelangen durften – sonst konnte der Witzeerzähler in ernsthafte Schwierigkeiten kommen. So wurde heimlich erzählt, dass Honecker, Mielke und Stoph einen Jagdausflug in der Schorfheide machten. Nach der Jagd zeigt Honecker stolz den Hirsch, den er geschossen hatte, Stoph ist stolz auf sein erlegtes Reh. Nur Mielke fehlt. Als sie ihn suchen gehen, hören sie nach vielen Stunden ein Stöhnen. Da sehen sie Mielke auf einen Hasen eintreten und hören ihn pausenlos wiederholen: „Gib endlich zu, dass du ein Wildschwein bist!"

Ebenfalls heimlich erzählte man sich den Witz von der Eisenbahn, die durch Sibirien fährt und plötzlich stehen bleibt, da die Schienen zu Ende sind. Was wäre unter Lenin passiert? Er hätte die Anordnung erteilt, die Schienen hinten abzubauen und vorne hinzulegen, damit der Zug stückchenweise weiterkommt. Was wäre unter Stalin passiert? Er hätte den Befehl gegeben, dass alle

Honecker scheint mit der Wildschweinjagd mehr Glück zu haben. Jagdgesellschaft in der Schorfheide, Anfang der 1970er-Jahre

aussteigen und in die Taiga gehen müssen, und wer ohne Schienen zurückkommt, wird erschossen. Und was passiert unter Breschnew? Die Genossen müssen aussteigen und am Zug ruckeln, damit die Fahrgäste denken, es geht weiter.

Auch über die geteilte Stadt waren entsprechende Witze im Umlauf. Da unterhalten sich zwei Ost-Berliner:

„Na, nu is ja die Autobahn nach Hamburg ooch endlich fertig. Kannste zwar nich hinfahren, aber se steht.“

„Steht is jut, eigentlich is et ja schon die zweete.“

„Wieso dieses?“

„Die erste ham se doch hochkant quer in Berlin ufjestellt.“

Und weiter geht diese Unterhaltung:

„Wat meinste wohl, wat passiert, wenn der Fernsehturm umfällt?“

„Vielleicht, det dieses ein' großen Knall gibt?“

„Irrtum! Denn kannste mit'n Fahrstuhl nach Westberlin fahren.“

Witzig-subversiv war auch die Frage: „Kennst du Russisch Beton: ein Drittel Zement, ein Drittel Sand, ein Drittel Mikrofon.“

Der Name des für Planwirtschaftsfragen zuständigen Politbüromitglieds Günter Mittag forderte geradezu zu einer Serie von Witzen auf: Eine Politbürositzung zieht sich lange hin, der Vormittag ist bereits rum. Schließlich geht die Tür auf und ein Kannibale betritt den Raum. „Sie können jetzt hier nicht stören“, sagt der Türhüter, „was wollen Sie überhaupt?“ „Mittag essen.“

Sehr beliebt war es in der DDR, sich über die Dummheit der Volkspolizisten lustig zu machen: „Wat meinst'n, wat die vier schwersten Jahre im Leben eines Volkspolizisten sind?“ „Weeß ick doch nich.“ „Na, die in de erste Klasse.“ Oder: Ein Polizist sagt zu seinem Streifenführer:

Also, immer wenn ick ins Bette gehe, drücke ick uff den Schalter an de Lampe, duster is et. Weg is det Licht. An'n nächsten Tag detselbe. Spurlos verschwunden det Licht. Jestern nu denk ick mir, der Sache jehste nach. Wo kann det Licht bloß jeblieben sein. Ick suche, kieke in alle Ecken, Kisten, Kasten und Schränke. Und wat meinste wohl, wo et war? In'n Kühlschrank.

Seit den 1960er-Jahren bis 1987 anlässlich des 750. Stadtjubiläums gab es in Ost-Berlin überraschend viele Publikationen, die Alt-Berlin in Witzen, humorigen Texten, harmlos-lustigen Zeichnungen und Karikaturen beschworen. Nach der Beseitigung von Alt-Berlin im realen Stadtbild nach dem Zweiten Weltkrieg durch Sprengung des Schlosses und der alten Bebauung der Fischerinsel sollten in den 1980er-Jahren auch viele Altbauten am Prenzlauer Berg abgerissen werden, was durch den Fall der Mauer zum Glück verhindert wurde. Nur das Nikolaiviertel, die Sophienstraße und die Husemannstraße am Prenzlauer Berg wurden zu einem künstlich-bemühten Alt-Berlin umgestaltet, das inmitten der „Arbeiterschließfächer" wie ein Reservat wirkte.

Interessanterweise hielt sich in Ost-Berlin das Berliner Idiom länger als im Westteil der Stadt, ein Phänomen, das sogar von Linguisten Mitte der 80er-Jahre in unfreiwillig komischer Sprache wissenschaftlich untersucht wurde. So war in West-Berlin das Berlinern an die soziale Schicht geknüpft, denn im bürgerlichen Zehlendorf wurde deutlich weniger Dialekt gesprochen als im Arbeiterbezirk Wedding. Da sich durch demografische Fluktuation die städtischen Milieus auflösten, zerkrümelte der Nährboden, auf dem der Berliner Dialekt aufwachsen konnte, immer mehr bis zur Auflösung. Im Ostteil dagegen hatte man nicht nur „die Ruhe des idiomatischen Hinterlandes", sondern die Gesellschaft war insgesamt geschlossener, weswegen sich der Dialekt in Ost-Berlin viel besser halten konnte. Dazu war er als Hauptstadtsprache prestigebesetzt, und ein großer Teil der Einheimischen, und zwar *aller* sozialen Gruppen, auch die Bürgerlichen und die Intelligenz, hatten ein positives Verhältnis zum Berlinischen. Erstens verstärkte der Dialekt, den die Berliner mit der Muttermilch aufgesogen hatten, das Wir-Gefühl. Zweitens diente das Berlinische als Mittel, um sich gegenüber Fremden, besonders gegenüber den Sachsen, abzugrenzen. Und drittens drückte diese Sprache des Alltags und der Privatsphäre auch eine gewisse Oppositionshaltung zum Staat und zu dessen Werten und Normen aus.

Vexierbilder

Trotz dieser unterschiedlichen Sprachentwicklung in den beiden
Stadthälften sei hier ein Gespräch aus dem Jahr 1973 im Inter-
zonenzug, der von Berlin-Friedrichstraße nach Hamburg fuhr,
wiedergegeben, ein komisches Vexierspiel, das zeigt, dass die
mentalen Unterschiede zwischen Ost- und West-Berlinern kleiner
waren als angenommen. Ein älteres Ehepaar kommt mit einem
anderen älteren Ehepaar bei der Abfahrt des Zuges vom Bahnhof
Zoo ins Gespräch. Und wie es sich schließlich herausstellt, ist es
das Ost-Berliner Paar, das zu sprechen beginnt:

Also, das wär mal wieder geschafft.

Daß man sich die Aufregung gar nicht abgewöhnen kann.

Ja, aber auch der Ärger mit der Platzkarte.

Denken Sie, wir haben gar keine mehr gekriegt.

Dabei isset nich mal voll.

Die haben sich aber auch mit ihre Orjanisation.

Det können wir in Berlin, ja?

Na, ham wa schließlich von den Preußen jelernt.

Aber jründlich.

Die können det fast noch besser. Lassen einen da aufm Perron
rumstehen, und denn auf einmal muß es hullerdibuller gehen.

Lassen Sie mal jut sein, dafür sind wa jetzt auch ne Stunde
schneller.

Aber denken Se mal, früher: drei Stunden bis Hamburg.

Ach, wissen Se, früher, ick finde immer, det kann man ja nich
vajleichen.

Und denn hätten wa beinah keen Taxi jekriegt. Det is immer
so 'ne Malesse.

Keener will mehr wat tun. Det es et doch.

Aber dafür wird immer allet teurer.

Genau. Da reden se groß, die Preise solln stabil bleim, aber
Pustekuchen.

Bei uns auch. Überall dasselbe.

Moment mal. Sie sind doch Friedrichstraße einjestiegen. Ick
meine im Osten.

Ja doch. – Na und Sie sind doch erst Zoo reinjekommen, wie er in West-Berlin jehalten hat.

Na ja, aber wir warn im falschen Waggon und saßen auf die falschen Plätze. Da sind wir noch mal rausjeklettert.

Nu sagen Se bloß, Sie sind ausm Osten?

Ei jewiß doch, seit ur und ewig Friedrichshainer.

Und ick dachte, Sie sind ausm Westen.

Wieso auch? Sie ham doch schon hier drinjesessen.

Na, wir ham doch jesagt, wegen de Platzkarten, weil wir näm-lich keene mehr jekriegt haben, sind wir nach Friedrichstraße jefahren, wo er einjesetzt wird.

Un ick hab jedacht, Sie sind von uns.

Un ick ooch.

Aber stimmen tut et mit de Preise.

Da sind wir uns wieder mal einig.

Die West-Berliner Autorin Tanja Dückers schrieb über das Zu-sammengehörigkeitsgefühl der Berliner in der geteilten Stadt: „Zwischen ‚dem Osten‘ und uns nur eine schmale Mauer, die auf geheimnisvolle Weise nicht nur trennte, sondern auch verband." Obwohl West-Berlin auf Ost-Berliner Stadtplänen immer nur als sandgelbe Fläche erschien, war die mentale Fixierung auf den Westteil sehr präsent, wie sie auch dieser heimlich erzählte Witz von den zwei Grenzsoldaten überliefert, die an der Mauer Dienst haben und nach West-Berlin blicken:

Was denkst denn du gerade so?

Das Gleiche wie du …

Dann muss ich dich leider festnehmen.

203

Latte Macke im Gebärmutterbezirk

K urz vor dem Fall der Berliner Mauer erzählte man sich in
Ost-Berlin folgenden Witz: Ein altes Mütterchen fragt einen
Volkspolizisten nach dem Kaufhaus „Prinzip". Der Polizist
wundert sich und sagt, dass es so ein Kaufhaus hier gar
nicht geben würde. Darauf das Mütterchen: „Das muss es aber geben. Unser Staatsratsvorsitzender Erich Honecker hat doch gesagt,
dass es im Prinzip alles zu kaufen gibt."

Zur Zeit der Wende und kurz danach explodierte die Witzproduktion, vor allem im Ostteil der Stadt. So sagt der Vater melan-
cholisch, als die Familie beim Essen sitzt: „Armer Honecker."
„Wieso?", fragt Mutter nach. „Na, so janz ohne Tisch und ohne
Mittag." In dieser Übergangszeit wurden auch Miss-Wahlen ausgeschrieben. Da berichtet jemand seinen Freunden:

„Habt ihr schon gehört, in Wandlitz haben sich auch die ehe-
maligen Politbüro-Gattinnen beworben."
„Is' dis die possebilliti?"
„Ja! Margot Honecker als Miss Bildung. Frau Mielke als Miss
Griff. Frau Mittag als Miss Wirtschaft. Frau Herrmann als Miss
Stimmung. Und Frau Hager als Miss Vergnügen. Und jetzt
suchen wir noch Kandidatinnen für Miss Ton, Miss Ernte und
Miss Kredit!"

Auch Karikaturen boomten in dieser Zeit, oft mit Sprachspielen.
So sitzt ein junger Mann auf dem Alexanderplatz und grübelt:
„Neues Forum oder Forum Steglitz?" Auf einer anderen Karikatur
geht ein junges Ost-Paar an Marktständen vorbei, an denen „1 a
Westsachen, jetzt zugreifen!" zu lesen ist, woraufhin der junge
Mann sagt: „Das Dialektische ist weg, aber wenigstens haben sie
uns den Materialismus gelassen." – In Ost-Berlin machte man sich
Gedanken über das Scheitern der DDR:

Haben die das ernst
gemeint? Der Kuss
von Honecker und
Breschnew, hier auf
einem bekannten
Graffiti an der Berli-
ner Mauer in Kreuz-
berg, wurde nach
1990 zu einem
Pop-Art-Symbol.

Kennste den Unterschied zwischen Kommunismus und Sozialismus? – Kommunismus, hat mal eener gesagt, ist das Einfache, das schwer zu machen ist. Und ick meine nu, Sozialismus ist das Schwere, das einfach nicht zu machen is.

Im Machtvakuum der Wendezeit mit ihrer Regellosigkeit wurde vor allem in Ost-Berlin an vielen Ecken und Plätzen gehandelt, meistens weniger legal. So meinte einer dieser windigen Händler abends am Tresen: „Wat ick heute kann besorjen, det verschiebe ick jleich morjen." Der Fall der Berliner Mauer und der damit verbundene Zusammenbruch des DDR-Systems zwang die Ost-Berliner Bevölkerung zu einer schnellen Umorientierung. So fragt ein Mann seinen Freund, einen neuen Geschäftsmann: „Sag mal, du musst det nu wissen, wat is'n een Defizit?" Dieser antwortet berlintypisch übertrieben: „Na, janz einfach. Det is, wat de hast, wenn de weniger hast, wie de hättest, wenn de nischt hast." Auch die traditionelle Berliner Eigenheit, sich möglichst unbeeindruckt zu zeigen und Begeisterung als Belästigung abzutun, hat sich in Witzen kurz nach der Wende erhalten, wenn etwa ein enthusiastischer Mann zu seinem Freund sagt:

Mensch, det is ne Sache. Jetzt kannste einfach so quer durch Westberlin fahren. Stell' dir vor, du steigst um sechse uff de Friedrichstraße in 'ne S-Bahn nach Wannsee und von da weiter nach Potsdam. Biste schon kurz nach sieben da." „Na ja jut, aber wat soll ick so früh in Potsdam?

Auf die für den Westen manchmal undurchsichtig wirkenden Debatten über Stasiverstricktheit, Mitläufertum, Opposition und Spitzelei reagiert folgender Witz: „Wie viele Einwohner hatte die DDR?" „17 Millionen." „Nein, 34 Millionen." „Wieso?" „17 Millionen Täter und 17 Millionen Opfer." Auf die größtenteils flachen Witze von „Wessis" über „Ossis" und umgekehrt, die nach immer demselben Muster funktionieren – spricht der „Ossi", ist der „Wessi" ein arroganter Mantelmensch, spricht der „Wessi", ist der „Ossi" ein unfähiger Sozialschmarotzer –, soll hier verzichtet werden. Nur einer dieser Witze sei hier erwähnt: Was kommt dabei heraus, wenn man einen Wessi mit einem Ossi kreuzt? Ein arroganter Arbeitsloser.

206

Gesamtberlin literarisch

Nach der Wende zogen nicht nur viele Rheinländer, und mit ihnen der rheinische Humor, nach Berlin, sondern auch etliche mittel- und osteuropäischen Intellektuelle, über die der Erforscher des Berliner Witzes, Lothar Binger, schreibt, dass sie „ihre zivile Skepsis, ihre von Schrecken gehärtete Ironie und den ganzen schwarzen Humor des Ostens mit sich" brachten. Weniger schwarz als leichtfüßig und gelassen ist allerdings der Humor des russischen Schriftstellers Wladimir Kaminer, der in seinen Kurzerzählungen „Russendisko" (2000) oder „Schönhauser Allee" (2001) Berliner Skurrilitäten aus der Sicht eines Außenstehenden aufspießt. Im Künstlerlokal „Kaffee Burger" in der Torstraße, das schon in der DDR-Zeit legendär war und das sich ab 1999 zu einem Club mit Szene-Lesungen wandelte, organisierte Kaminer regelmäßige Tanzveranstaltungen mit im Westen unbekannten Bands aus der ehemaligen Sowjetunion unter dem Namen „Russendisko". In seinen Büchern versammelt er kuriose Beobachtungen, die meistens mit Zugezogenen zu tun haben: Da gibt es Afrikaner, die abends russische Volkslieder singen, Bulgaren, die so tun, als

Die Mauer fällt, und auf den Osten wartet ein Plüschbär. Szenenbild aus der Verfilmung von „Helden wie wir", 1999

207

wären sie Türken, und Griechen, als wären sie Italiener, da sie eine Pizzeria betreiben, einen Tunesier, der sich in seinem Restaurant für einen Inder ausgibt, jüdische Betreiber von Sushi-Bars, einen Belgier als Chef einer afroamerikanischen Kneipe und vietnamesische Ladenbesitzer, die ihre Waren sehr eigenwillig ordnen:

> So kommt alles, was Büchse ist, in das eine Regal, alles, was Flasche ist, in das andere, und alles, was in Folie oder Papier eingewickelt wird, in ein drittes Regal. Wenn sie die richtigen Preise nicht wissen, schätzen sie den Wert der Ware nach ihrer Größe.

Nach der Wende erschien eine ganze Reihe von Romanen, die das Leben in Ost- oder West-Berlin einschließlich der Wende aufs Korn nehmen. Eine Satire auf den Untergang der DDR, auf die kleinbürgerliche Enge und den Sinnverlust im Sozialismus ist Thomas Brussigs Roman „Helden wie wir" (1995). Der Protagonist, ein von Tabus umstellter, gehemmter Junge, der in einem ostberliner Hochhaus gegenüber dem Ministerium für Staatssicherheit während des Kalten Krieges aufwächst, entwickelt sich in einem System, das „menschenfeindlich" und verunstaltend war, von einem verklemmten Teenager zu einem erotomanen Jüngling. Dieser genießt im „Altberliner Ballhaus" voller Frauen aus Ost-Berlin den Gedanken, dass „vier Meter unter mir U-Bahnen voller Westfrauen hindurchfahren", und folgert: „Ich war am heißesten und verruchtesten Punkt, im *Lustzentrum* der Warschauer Paktstaaten." Das Buch endet mit einer Parodie auf die große Demonstration auf dem Alexanderplatz am 4. November 1989 sowie auf die Grenzöffnung an der Bornholmer Straße. Der exhibistionistische Protagonist ist nämlich davon überzeugt, dass die Mauer sich durch den Schreck der Grenzer öffnet, als sie seines „geheilten Pimmels" ansichtig werden, satirische Anspielung auf Christa Wolfs Roman „Der geteilte Himmel".

Dem gebürtigen Ost-Berliner Thomas Brussig ist die östliche Stadthälfte als Ort seiner Kindheit und Jugend sozusagen von innen her vertraut. Dagegen kam der Schriftsteller und Musiker Sven Regener erst in den 1980er-Jahren aus Bremen nach West-

Berlin, genauer gesagt nach Kreuzberg. In seinen Romanen „Herr Lehmann" (2001) und „Der kleine Bruder" (2007) gelingt es ihm mit unterkühltem norddeutschen Humor, die Atmosphäre des Sumpfblüten-Biotops von Kreuzberger Kneipen und Galerien („ArschArt-Galerie"), die im Schatten der Mauer gedeihen konnten, einzufangen. Jeder Ausflug zum Kudamm oder ins benachbarte Neukölln wirkt wie eine unerwünschte Begegnung mit einem fremden Erdteil, wo es von schlechten Vibes und Naziwitwen nur so wimmelt. Am Ende versucht der Roman „Herr Lehmann" die unerhörte Neuigkeit des Mauerfalls abzuwehren: „,Die Mauer ist offen.' ,Ach du Scheiße.'"

Katja Lange-Müllers Roman „Böse Schafe" (2007) spielt im West-Berlin des Jahres 1987. Die Protagonistin ist eine gerade nach West-Berlin ausgereiste Ostberlinerin, ein „welkes Blumenkind aus dem nahen Osten", die sich inmitten des rauen Trinker- und Drogenlebens der Vorwendezeit auf der eher trostlosen westberliner „Insel der Unseligen" versucht zurechtzufinden. Der überraschende Fall der Mauer löst in der Protagonistin Fluchtimpulse aus, denn die

> meisten von uns „Aborigines", egal ob Ost-, West oder Doppelberliner, (...) fühlten sich während jener schwierigen Monate wie Asseln, die (...) unter Steinen in einem verwilderten Garten gelebt hatten.

Nun irrten die Asseln „kopfscheu" herum und sehnten sich ihre Steine herbei, „die Dunkelheit, die Ruhe".

Gerhard Falkner lässt in seinem Roman „Apollokalypse" (2016) das Kreuzberg „der auf dem Boden liegenden Matrazen, der gardinenlosen Fenster, selbstgebastelten Bücherregale und Chai Tees" vor der Wende ebenso auferstehen wie das „deutsche Pompeji" von Ost-Berlin, darüber der bleiche Himmel, der aussieht, „als hätte man ihn im Neuen Deutschland" gedruckt.

In Annett Gröschners Episodenroman „Walpurgistag" (2011) wird das Leben Gesamtberlins an einem einzigen Tag, dem 30. April, kurz vor den 1.-Mai-Krawallen eingefangen. Über dreißig Stränge verschiedener Lebensgeschichten von Stadtstreichern und Taxifahrern, Alkoholikerinnen und Gasablesern verknüpfen sich zu einem engen Netz und legen sich über die Großstadt. Von besonderem Charme sind die sensationslüsternen älteren Ost-Damen mit Hündchen Stalin an der Leine, die hemmungslos berlinern. Nicht nur, dass sie die Gentrifizierung am Prenzlauer Berg, wo alle plötzlich „Latte macchiato" trinken, konterkarieren, indem sie abfällig von „Latte macke" sprechen. Sie hören auch mit wachsender Begeisterung der Blechband „Bolschewistische Kurkapelle Schwarz-Rot" am Kollwitzplatz zu und erinnern sich an Berliner Sprüche ihrer Kindheit, „wenn eene krank oder verletzt war: Wird schon wieder wer'n ... mit der Mutter Bern, ... mit der Mutter Born, ... iss auch wieder wor'n. ... Nur die Schmitten, ... die hat jelitten." Dieser groß angelegte „Verliererblues" steckt voller skurriler Einfälle und bringt das Kunststück fertig, die alltäglichen Bürgersteigsbeobachtungen zu einem grotesken Großstadtpanorama zusammenzufügen. Und Anke Stelling siedelt ihren Roman „Bodentiefe Fenster" (2015) im „Gebärmutterbezirk" Prenzlauer Berg an, wo die neuen Bewohner, die „Bibis" in ihrem Bionade-Biedermeier, zwischen Sandkasten und „Öko-Getue" vorgeführt werden.

Der Slampoet Malte Rosskopf liest im April 2015 bei „Schnaps und Würde – Die Lesebühne voll Slam Poetry" auf dem READ! BERLIN Literaturfestival in Moabit.

Lesebühne frei!

Gegen Mitte der 1990er-Jahre kamen in Berlin die Poetry Slam-
und die Lesebühnen-Bewegung auf. Im Gegensatz zu den Poetry
Slam-Darbietungen, die eher ernster Natur waren und oft politische Pamphlete und Manifeste auf die Bühne brachten, waren
die maximal zehnminütigen literarischen Beiträge der Lesebühnen vorwiegend witzig, geistreich und voller Esprit. Zunächst
traten fast ausschließlich Männer auf, mittlerweile aber besteht
ein Drittel der Vortragenden aus Frauen. Obwohl sich die Lesebühnen immer wieder vom Kabarett abgrenzen wollten, bestehen zwischen beiden humoristischen Bühnenformen starke
Berührungspunkte. Allerdings war und ist es erklärtes Ziel der
Lesebühnen, ein vornehmlich junges Publikum anzuziehen. Ein
wichtiger Protagonist der Lesebühnen ist der gebürtige Berliner
Falko Hennig, der nicht nur als Bühnenkünstler auftritt, sondern
auch Berlin-Titel veröffentlicht wie „100% Berlin. Was drin ist,
was dran ist, was in ist". In dieser humoristischen, impressionis-
tisch-hingetuschten Berlin-Kurz-Enzyklopädie gibt Hennig im
Eintrag über den „Berliner Witz" mehrere Kostproben zum Besten,
die dessen Unverwüstlichkeit bis heute zeigen. So erinnert er sich
an den Ausspruch eines übergewichtigen Gerüstbauers, mit dem
zusammen er bei Regen und Orkan ein Gerüst aufbauen musste.
Nachdem sein Chef und er in kürzester Zeit bis auf die Knochen
durchnässt waren und sich auf dem schwankenden Gerüst auch
noch Wassereimer über sie entleerten, die eine besonders starke
Böe auf sie geweht hatte, sagte der Gerüstbauer nur: „Jetzt beginnt
mein Dreiwetter-Taft zu versagen."

Auch der Autor der sehr erfolgreichen „Känguru-Chroniken",
die Episoden rund um ein „kommunistisches Känguru" in Berlin
erzählen, Marc-Uwe Kling, trat zunächst bei Poetry Slam-Wett-
bewerben und bei diversen Lesebühnen auf. Ein weiterer wichtiger Vertreter der Lesebühnen-Bewegung ist der Kabarettist und
Schriftsteller Horst Evers. Seine Texte setzen sich aus skurrilen
Alltagsbeobachtungen, schlagfertigen Dialogen und blitzschnel-
ler Bezugnahme auf aktuelle Missstände zusammen. In seiner

211

Kurzerzählung „Das Wunder der Schale" bringt der Hauptheld von seiner Lesereise in Bayern eine bleischwere Steingutschale, die ihm dort geschenkt worden war, nach Berlin mit. Als seine Freundin ihm dringend nahelegt, dass er die hässliche Schale sofort in den Keller bringen soll, weigert er sich mit der Begründung, er habe „diese Schale eine komplette Woche kreuz und quer durch das erstaunlich weitläufige und hügelige bayerische Land geschleppt", woraufhin die Freundin kontert: „die Berliner Mauer zu bauen hätte auch sehr viele Opfer gekostet, jede Menge Arbeit und Mühe gemacht und deutlich länger als sieben Tage gedauert. Hätte man die jetzt deshalb etwa stehenlassen sollen?" An anderer Stelle taucht bei Evers ein „Küchenpsychologe" auf, eine Art „Seelsorger für Küchengeräte", der mit diesen „so eine Familienaufstellung nach B. Hellinger" macht und feststellt, dass der hypermoderne Kaffeevollautomat deshalb nicht funktionieren kann, weil er neben der ausgedienten Kaffeefiltermaschine steht. Dann wieder lässt Evers einen angetrunkenen Gast an einer nächtlichen Imbissbude sich lautstark darüber verbreiten, warum die Berliner Fußballvereine bei den Bundesligaspielen derart schlecht abschneiden:

> Wahrscheinlich war es nur diese Bescheidenheit. Das kann sein. Diese verdammte, typische Berliner Bescheidenheit. Dieses: Wir hamm hier doch schon alles! Hier ist doch schon alles so toll! So schööööönnn! Jetzt sollen auch mal die annaaarreeen!!! Das kann sein, also München zum Beispiel, die hamm ja sonst nichts. Dann lass denen doch wenigstens den Fußball. (...) Diese verdammte, typische Berliner Höflichkeit! Aber nach außen sieht es dann natürlich aus, als wären wir zu doof zum Fußballspielen!

Im Umfeld der Berliner Lesebühnen entstand 1996 das preisgekrönte Kabarett „Mittwochsfazit", das jeden Monat mit einem neuen Programm auftrat und ein meist absurdes Thema wie „Sex auf Baustellen" in komischen Texten und Songs präsentierte. Das kabarettistische Trio bestand bis 2008 aus Horst Evers, Bov Bjerg und Manfred Maurenbrecher, deren Witz sich oft an der Dämonisierung banaler Alltagsbeobachtungen entzündete. So verwandelt sich das lange Anstehen an der Käsetheke im Supermarkt langsam in den Adrenalinkick eines Masochisten, der, wenn er endlich an der Reihe ist und fünfundzwanzig Kunden bereits ungeduldig hinter ihm warten, voller vermeintlicher Gemütsruhe, in Wirklichkeit den Hass hinter sich genießend, zehn Gramm von jeder einzelnen Käsesorte verlangt. Und das unspektakuläre Warten an einer Berliner Bushaltestelle entpuppt sich schließlich als die Bus-Sucht eines Besessenen, der vom Erlösungsgefühl, das sich bei der Ankunft eines jeden neuen Busses in ihm einstellt, schwer abhängig ist und mit einer Monats- oder gar Jahreskarte der BVG endgültig verloren wäre.

Das erfolgreiche Kabarett-Trio gestaltet auch seit 1996 das „Jahresendzeitprogramm" im Mehringhoftheater, einen kabarettistischen Jahresrückblick, der zunächst mit lediglich drei Vorstellungen vor Weihnachten begann, sich aber von Jahr zu Jahr zunehmender Beliebtheit erfreute und mittlerweile von Anfang Dezember bis Mitte Januar etwa 55-mal zu sehen ist. Mit von der Partie sind auch Hannes Heesch, ein Meister der Politikerparodie, und Christoph Jungmann, der seit 1996 Angela Merkel, die damals noch eine unscheinbare Umweltministerin im Kabinett Kohl war, mit wachsender Begeisterung parodiert. Die Schwerfälligkeit der Berliner Verwaltung und die langen Wartezeiten bei Ausweisverlängerungen werden im Song „Bürgeramt" auf die Schippe genommen. Der aus West-Berlin stammende Liedermacher Manfred Maurenbrecher versetzt sich mit seiner Kunstfigur, dem „Rentner aus Lichtenberg", in die mentale Verfasstheit eines sozialistischen Ost-Rentners, der über die kapitalistischen West-Errungenschaften in sarkastischer Schärfe nörgelt. Maurenbrecher, dessen Texte oft von geistreichem Wortwitz geprägt sind, verfasste mit seinem Song „Kleine Dose" einen Nachruf auf die abgeschafften Aluminium-Dosen aus der Perspektive eines clochardhaften Penners:

(...) Doch was fehlt, ist die Dose
für ihr Glück, die Pfandlose,
Glas und Plastik sind wie Rosen aus Papier.

Bist aus Blech, kleine Dose,
hattest Pech, Politik wirft dich weg,
oh, ich träume von dir. (...)
Jetzt sag ich tschüss, kleine Dose,
und aus Hemd oder Hose
zerr ich Plastik, und ich trinke den Schnaps pur.
Träume süß, kleine Dose,
auf dein Grab eine Rose,
oh mir ist, als stürb mit dir ein Stück Natur.

Zusammen mit Horst Evers und Bov Bjerg verfasste Manfred Maurenbrecher 1997 einen Nachruf-Song auf Harald Juhnke „Ein Glas für Harry", in dem es von dem verehrten Schauspieler heißt:

(...) Gibt wohl nur einen Trick,
ein Leben lang als Kind zu fühlen:
Man wird ein Bühnenmensch
und muß Erwachs'ne dann nur spielen! (...)

Maurenbrecher, der Harald Juhnke einmal bei Proben zu Filmaufnahmen erlebte, schildert ihn nicht nur als äußerst freundlich

Aus „Didi und Stulle" wurde sogar eine Oper! Hier eine Aufführung 2014 in der Neuköllner Oper

und zuvorkomend, sondern als höchst diszipliniert, professionell und präzise bei seiner komödiantischen Arbeit.

Der Comiczeichner und Entertainer Fil, mit bürgerlichem Namen Philip Tägert, bezieht sich in einem seiner Bühnenwitze scherzhaft auf Horst Evers. Fil, der in eine Philippika ausbricht, dass er mit diesen ganzen „Gabi Apostroph s" aus den Hochhausgettos nichts zu tun haben möchte, wendet sich plötzlich direkt ans Publikum und sagt, gespielt aggressiv: „Wenn Ihnen das aber besser gefallen sollte, dann gehen Sie doch zu Horst Ever Apostroph s". Fil, der im Märkischen Viertel aufwuchs, war bis 2015 Zeichner beim Berliner Stadtmagazin „Zitty" und wurde mit seinen beiden stark berlinernden Comic-Figuren aus dem Subproletariat, „Didi & Stulle", sehr bekannt. Auf der Bühne erzählt er mit schwarzem Sprachhumor: „Mein Großvater hat früher bei der Süddeutschen Zeitung gearbeitet, also mein Opa war bei der SZ, aber nach der neuen Rechtschreibreform heißt es nun, mein Opa war bei der SS". Bei einer Show 2017 führt er seinen Song „Triumph des Stillens" – eine Anspielung an Leni Riefenstahls Film „Triumph des Willens" über die Olympiade in Berlin 1936 –, diesen „Gangster-Hiphop für junge, in der Öffentlichkeit stillende Mütter" mit den Worten ein: „Ich komme ursprünglich nicht vom Hiphop her, aber wie schwer kann das sein, was die ganzen Hauptschüler machen!" Der Text seines Sprechsongs, den er selbst mit der Gitarre begleitet, zeigt Fils Reimlust:

> ich still, wo ich will, wie ich will, wann ich will, wen ich will, (...)
> du kannst mein Stillen nicht killen, gibt keine Pillen, ich still, und mein Name ist Fil, (...)
> Hipster haben Brillen, Schallplatten haben Rillen, Preisverleiher haben Bob Dylan und ich hab das Recht zu stillen (...)
> Ich still in Bushidos Vorgarten, ich weiß wo der wohnt, (...)
> ich still dir nach auf deinem Jakobsweg (...)
> ich still am Grab von Theo Lingen,
> beim Weihnachtsgottesdienst, wo doch alle Stille Nacht singen (...).

215

Auch der Autor und Lesebühnenprotagonist Thilo Bock ist gebürtiger Berliner. Bock, Mitglied der Lesebühne „Weddinger Brauseboys", verfasste witzige Romane, Artikel für die Zeitschrift „Salbader", dem „Zentralorgan der Berliner Lesebühnen", Texte für das Kabarett „Die Stachelschweine", eine Anthologie Berliner Gedichte unter dem Titel „Ick kieke, staune, wundre mir" und die Erzählungsbände „Der Berliner ist dem Pfannkuchen sein Tod" und „Dichter als Goethe" (2013). Dabei stellt er sich gekonnt in die Tradition von Jonny Liesegang, wenn er immer wieder den „quabbelnden" Berliner Volksmund aufspießt, so den gemütlichen Redeschwall eines „Chauffeurs", der einen „Exkremator", also einen Hundekotbeseitigungswagen, fährt. Oder wenn er das Handygequassel eines Fahrgastes in der U-Bahn, die gerade an der Station Hausvogteiplatz hält, wiedergibt:

> Hausvoorelplatz, (…) da bin ick jetzte. Kennste nich, Hausvoorelplatz? Kennt doch jeda, also vom Lesen. Nee, ohm bin ick nie jewesen. Wieso ooch? Wat soll ick 'n da? (…) Hausvoorelplatz, haste ma jehört, dit am Hausvoorelplatz wat wäre, wo man hinjeht, so im alljemeinen? (…) Keene Ahnung, wat' Hausvoorel so jenau is. Muß man dit wissen, nur weil et so 'n Platz hier jibt? (…) Schätze mal, 'n Hausvoorel is so'n Piepmatz. Meene Omma hatte ooch mal eenen.

In seinem Text „Sei laut. Sei im Weg. Sei nicht von hier" bringt Thilo Bock die Lebensgewohnheiten von verwöhnten „Gastberlinern" auf den Punkt, „Altbauwohnung, abgeschliffene Dielen, Gemüsetürke, Biometzger, Hosenhäkler, Haschafghane und jede Menge Freunde im gleichen Kiez. Das halbe Heimatdorf ist in die Nachbarschaft gezogen." Misstrauisch beäugt er all die windigen jungen Leute, die wichtigtuerisch „irgendwas mit Medien" machen, meistens aber nur schaumschlägerische Projekte verfolgen. Bock resümiert mit hämischem Trotz: „Lediglich einen echten Berliner haben sie nie so richtig kennengelernt." Zusammen mit anderen „gebürtigen Berlinern" bildet er „eine eingeschworene Gemeinschaft von Menschen, durch deren Adern Spreewasser kriecht. Dicke, trübe Brühe", eine Gemeinschaft, die sich gegenüber den „Gastberlinern" in lauernder Distanz hält. Dieser Text ist ein wunderbares Beispiel dafür, dass das Berlinertum, ja geradezu das Urberlinertum mit seinen Drohgebärden, seiner „ethnischen Eigenheit" des Brüllens und Meckerns, seines gereizten Trotzes und seiner – wenn auch negativen – Großmannssucht keineswegs tot ist, sondern sich auch heute größter Lebendigkeit erfreut, wenn es nonchalant heißt:

> Wir haben die größten Bausünden der dreißiger, fünfziger, siebziger und neunziger Jahre. Wir haben Plattenbauten, den Steglitzer Kreisel, den Bierpinsel, diverse Hoch- und Tiefbunker, das ICC, das Bundeskanzleramt, den Alexanderplatz, das Europacenter." Um dann genüsslich zu schlussfolgern: „Berlin ist häßlich. Herrlich häßlich.

Auch die Radiolegende Jürgen Kuttner wurde in Berlin geboren, und zwar im Ostteil der Stadt, weswegen ihm der schnoddrige Berliner Ton sehr geläufig ist. In den 1990er-Jahren war er im „Sprechfunk" bei Radio Fritz zu hören. Nachdem er Stasivorwürfe gegen sich zerstreuen konnte, brillierte er wieder als witzig-skurriler Radiomoderator und an der Volksbühne, wo er wortgewandt über alles und nichts redet und über den jammernden „armen West-Berliner", den „Jammer-Westler" spottet, „der hat jetzt zu leiden am Osten". Kuttner, der auch Mitglied der „Bolschewistischen Kurkapelle Schwarz-Rot" ist, die in Annett Gröschners Roman „Walpurgistag" Erwähnung fand, amüsiert das Volksbühnenpublikum unter dem Titel „Von Mainz bis an die Memel" mit eloquenten Videoschnipselvorträgen, die aus filmischem Archivmaterial bestehen. Die Titel seiner Publikationen „Zwei Schmetterlinge suchen im Führerhauptquartier das Klo" (2005) und „Die Geburt des radikalen Islamismus aus dem Hüftspeck des deutschen Schlagers" (2009) verraten seinen skurril verdrehten, scharfen Witz.

Bar jeder Vernunft und Quatsch Comedy

Im Westteil Berlins, in Wilmersdorf, wurde 1992 in einem historischen Spiegelzelt von 1912 das Varietétheater „Bar jeder Vernunft" gegründet, dessen Programm Kabarett, Musical-Comedy

Die 92-jährige Brigitte Mira 2002 in der „Bar jeder Vernunft". Links neben ihr Gayle Tufts, rechts Alfred Biolek

und Chanson in den Mittelpunkt stellt. Ein Reigen renommierter Bühnenkünstler und -künstlerinnen macht die „Bar jeder Vernunft" zu einer der ersten Comedy-Adressen Berlins. So traten Brigitte Mira und Evelyn Künneke, die „letzten Überlebenden der Lili-Marleen-Generation", selbstironisch als „alte Schachteln" mit Chansons auf. Auch das Berliner Kabarett- und Chanson-Duo Pigor & Eichhorn, das übrigens viele seiner Lieder beim „Mittwochsfazit" erstmalig zu Gehör brachte, erntete in der „Bar jeder Vernunft" Lachstürme. Da kann es um das Heimatgefühl von Deutschen im Ausland angesichts „Maulender Rentner" gehen oder um den durchaus ambitionierten „Lieblingssport" der beiden Sänger, die „zwischen Hackeschem Markt und Kastanienallee" in einem „veganen Café" sitzen und „bei Sojalatte und Rhabarbersaft" ihrer Leidenschaft „frönen", nämlich: „Bärte zählen in Mitte, im Mekka der Hipster am Nabel der Welt (...), zwischen

Laptops und Jute und Retro-Ästhetik betreiben wir fein unsere Bart-Arithmetik."

Auch die Musikkabarettisten „Geschwister Pfister" feierten in der „Bar jeder Vernunft" Triumphe. Obwohl die Sänger aus der Schweiz stammen, gelten die „Geschwister Pfister", die sich in Berlin gegründet haben, als die „Könige von Berlin", wie Schauspielerin Katja Riemann sie begeistert tituliert, während Katharina Thalbach vor ihnen niederknien möchte. Immer wieder machen sie mit ihren Schlagerparodien Furore, in denen es heißen kann: „und es zieht mich, weil ich ledig bin, immer wieder nach Venedig hin". Der Kabarettist Dieter Hildebrandt sagte über die „Geschwister Pfister":

> Sie sind das Haar in der Suppe der deutschen Fernsehunterhaltung, bei denen ist alles falsch, sie sind nicht mal Geschwister, (...), aber, sie sind die Rache Berlins an der deutschen Schlagerindustrie!

Auch die Unterhaltungskünstlerin Desirée Nick, die sich selbst in ihrer urberliner Schnoddrigkeit als „Beleidigungskünstlerin" und als letzte lebende Diseuse bezeichnet und gerne Berliner Gassenhauer von Edith Hancke zum Besten gibt, gastiert in der „Bar jeder Vernunft". Über ihre Geburtsstadt sagt sie mit charmantem *understatement* und doch voller Stolz,

> Berlin hatte nie eine sogenannte gute Gesellschaft (...). Hier gibt's nur die Tradition des Bulettenfressens – ich hoffe, das bleibt so. Nur dann sind wir einzigartig. Das ist ein plebejischer, warmherziger Charme.

Ihre witzigen verbalen Ohrfeigen verteilt sie gerecht auf Frauen und Männer. So erzählt sie von ihrer Begegnung mit der Schauspielerin Uschi Glas, die sie im Sommer auf Sylt kennenlernte: „Spontan habe ich ihr ein Kompliment für ihre schicken, braunen Krokodillederschuhe gemacht: Dabei war sie barfuß!" Aber Desirée Nick, die sich als Erfinderin des „Damenwitzes", also eines Witzes auf Kosten von Männern, vorstellt, sagt ebenso unverfroren: „Ich würde mir nie die Brüste vergrößern lassen, ich sag immer, sollen die Kerle sich doch die Hände verkleinern lassen!"

Bei einem Quiz mit Haushaltsgeräten hält sie ein undefinierbares Gerät, das sich später als Eidottertrenner entpuppt, geistesgegenwärtig für ein „Taschenkotzeauffanggerät". 2019 trug sie während einer MDR-Show extra ein „Dederonkleid", „weil ich hier im Osten bin", und erzählt, dass sie, die eigentlich katholische Theologie studierte, nach mehreren Jahren des Unterrichtens als katholische Religionslehrerin wegen ihrer undogmatischen Auffassungen schließlich entlassen wurde, und schlussfolgert: „Wenn ich heute auf dem Heiligen Stuhl sitzen würde, dann würden nicht so viele austreten!"

Als der Bochumer Thomas Hermann 2002 den „Quatsch Comedy Club" im Friedrichstadtpalast gründete, gelang es ihm, bekannte Unterhaltungskünstler und junge Stand-up-Comedians in wechselnden Shows gemeinsam auf die Bühne zu bringen. Hermann mit seiner Außenperspektive stellt fest, dass „die ganzen berühmten Mutterwitz-Taxifahrer und -Verkäuferinnen" tatsächlich die Stadt prägen, und kommt zum Schluss, dass der Berliner einer ist, der „gerne Autoritäten angreift, der etwas rotziger, etwas heftiger ist (...), weniger harmonisierend, konfliktbereit. Der Berliner mag es, wenn Prätentionen angegriffen werden, der mag es ehrlich." Neben etlichen Gästen aus dem gesamten deutschsprachigen Raum sind es immer wieder Berliner Komiker, die eingeladen werden. So tritt auch der in Neukölln geborene Kurt Krömer im „Quatsch Comedy Club" und in vielen anderen Shows auf. Obwohl Krömer in seiner Kindheit ermahnt wurde, diesen „Gossenjargon" abzulegen, hält er den Berliner Dialekt hoch und sagt von sich selbst: „Ick erzähl keine Witze, ick bin der Witz!" Gerne spielt Krömer mit Neuköllner Versatzstücken, wenn er auf einer Bühne, die den U-Bahnhof Hermannplatz zeigt, zusammen mit dem Gangsta-Rapper Sido auftritt, ein Arrangement, das vor Selbstironie nur so trieft, hat doch Krömer im Gegensatz zum coolen Rapper die Ausstrahlung eines immerzu wütenden und beleidigten Biedermanns im schlechtsitzenden Anzug. Immer wieder spielt er mit seinem Künstlernamen „Krömer" – eigentlich heißt er Bojcan – und verwandelt ihn in einen französisch klin-

Sogar die Imbiss-
bude an der
Potsdamer Straße
gegenüber der
Staatsbibliothek
spielt mit dem Fran-
zösischen: Sie heißt
„Chez Ahmed".

genden Begriff. So nennt er seine eigene Kabarett-Show „Kröm
de la Kröm", sein wöchentlicher TV-Talk beim RBB heißt „Chez
Krömer", zu dem er, laut eigener Aussage, „Freunde und Arschlö-
cher" einlade, ohne dass vorher klar sei, welcher Gast zu welcher
Kategorie gehöre. Und als Gast in der „Late Night Show" wirbt
Krömer für seine von ihm selbst entwickelte, extrem teure Ge-
sichtscreme „La crôme". Als diese vom Gastgeber kritisiert wird,
verliert Krömer die Contenance, schleudert Gegenstände auf den
Boden, zerschlägt eine Gitarre und verwüstet das Studio – eine
tatsächlich authentische tätliche Entgleisung. Ansonsten spielt
Krömer nur mit dem Aggressionspotenzial und verlegt sich auf
Schlagfertigkeit und verbale Angriffe. So kommentiert er einmal
die Frisur seines Gastes, eines Transvestiten, mit den Worten: „Wie
heißt der Schnitt? Grethe Weiser auf der Flucht?" Und als er in
seiner Kabarett-Show „Na, du alte Kackbratze" aus dem Publikum
aufgefordert wird, sich bei den Spandauern, die er beleidigt hat,
zu entschuldigen, ruft er, obwohl er sich im Schwitzkasten eines

zuhälterartigen Mitkomödianten befindet, mit letzter Kraft: „Nee, da trink ick lieber 'n Glas Eiter!" In derselben Show erzählt Krömer bewusst ungekonnt Schillers „Wilhelm Tell" nach, in dem es unter anderem um den Rütliberg geht, und „der ist in Neukölln, wurde dann aber abgerissen wegen Baufälligkeit und so, da ist jetzt die Rütlischule." Krömer vereinigt viele Charakteristika eines typischen Berliners: Er zieht alles Fremde wie den Rütliberg auf das Berliner Niveau herunter, er ist aggressiv, wenngleich zumeist nur verbal, schlagfertig, witzig, selbstironisch, reizbar, vors Schienbein tretend – und das alles in gepflegten Berliner Dialekt eingebettet. Im Kabarett „Die Wühlmäuse" wird er mit den ironischen Worten angekündigt, er sei „der Berliner schlechthin, denn er steht für Stil, Anmut, Güte und Geist der hiesigen Eingeborenen".

Auch Mario Barth, Komiker aus Berlin-Mariendorf, der mit seinen Auftritten 2008 und 2014 das Olympiastadion füllte, war im „Quatsch Comedy Club" zu Gast. In seinen Shows baut er seine etwas deftigen, oft vorhersehbaren Scherze gerne auf den Unterschieden zwischen Männern und Frauen auf. Aber er kann auch packende Komik erzeugen, wenn er sich über die freche Unfähigkeit von Berliner Handwerkern lustig macht:

> Ick komme nach Hause, komme ins Badezimmer, so 'ne Decke haste noch nich jesehen. Der muss früher Tropfsteinhöhlen jebaut ham, Alter, der hat die jespachtelt mit'n Schlüpper, anders jeht das nich, jestrichen hat er det mit de Klobürste, das sah so scheiße aus!

Wir sind, was volkt

Auch Ilka Bessin zählte als „Cindy aus Marzahn" zu den Gaststars im „Quatsch Comedy Club". Diese 2016 wieder untergegangene Kunstfigur einer stark übergewichtigen Langzeitarbeitslosen im rosafarbenen Prinzessinnendress mit Glitzerdiadem amüsierte viele Jahre lang das Publikum mit ihren verbalen Ausbrüchen von sarkastischer Schärfe und durch ihre ungemein selbstbewusst-nonchalante Bad-taste-Prolligkeit. Immer wieder fanden ihre Auftritte vor dem Bühnenbild einer Plattenbausiedlung statt, wo sie niedergeschlagen verkündet, dass sie an „Alzheimer-Bulimie" leide. Als das Publikum verwundert lacht, regt sie sich auf und sagt mit Verve, dass die Leute sofort aufhören sollen zu lachen, „Alzheimer-Bulimie ist total scheiße, ick fress den janzen Tag und abends verjesse ick zu kotzen." An anderer Stelle erzählt Cindy, dass, nachdem sie im Restaurant Wurst bestellt hat, die Kellnerin gekommen sei und nachgefragt habe: „Wollnse fettarme?" Woraufhin Cindy, ihre schwabbeligen Arme herzeigend, antwortet: „Nee, ick hab schon welche." In den Dunstkreis von „Cindy aus Marzahn" gehört auch ein Kevin-Witz. Eine Frau, die in Marzahn auf dem Spielplatz sitzt, wird von einer anderen Mutter gefragt:

„Sind das da Ihre vier Jungs?"

„Ja."

„Wie heißt denn der Kleine?"

„Kevin."

„Und der daneben?"

„Kevin."

„Und der größere?"

„Kevin."

„Und der allergrößte?"

„Auch Kevin."

„Aber dann können Sie Ihre Jungs von den Namen her doch gar nicht unterscheiden!"

„Na hören Sie mal, natürlich, die haben doch alle verschiedene Nachnamen!"

Übrigens: Wie macht Kevin Marmelade? Er schält einen Berliner.

Eine ähnlich überzeichnete Kunstfigur wie „Cindy aus Marzahn" ist „Jilet Ayşe", eine 18-jährige Kreuzberger Türkin, die von der in Berlin lebenden Kabarettistin Idil Baydar mit unglaublicher Energie in Szene gesetzt wird. Hier wird nicht nur das gleichzeitig steife und weichliche deutsche Umfeld aufs Korn genommen, sondern auch die traditionelle türkische Gesellschaft in Kreuzberg karikiert. Dadurch, dass „Jilet Ayşe" sich den strengen, gewalttätigen, patriarchalen Gepflogenheiten einer türkischen Ehe bereitwillig unterwirft, ja, sogar akzeptiert, geschlagen zu werden,

Frank Lüdecke (l.)
und Didi Hallervor-
den in dem Sketch
„ComTelFax", 2001

übertreibt sie die Missstände derart, dass jeder ihrer Auftritte zur
sarkastischen Kritik an den traditionellen Verhältnissen wird.

Der türkisch-deutsche Komiker Murat Topal, der in Neukölln
geboren wurde, wandte sich 2005 ganz dem Kabarett zu, nachdem er zehn Jahre lang als Polizist in Kreuzberg-Neukölln gearbeitet hatte. Sehr originell erzählt er von seiner schweren Arbeit
in diesem „sozialen Brennpunkt", „wo es viele soziale Minder-
heiten gibt, zum Beispiel Leute mit Schulabschluss". Er berichtet
von Vorurteilen und Stereotypen verschiedener Milieus, denen
gegenüber er sich als Polizist in Neukölln und Kreuzberg kaum
erwehren konnte. Übrigens begann Murat Topal seine kabarettistische Karriere in der wohnzimmerkleinen Schöneberger „Scheinbar", die schon 1984 gegründet wurde und in der auch Berliner
Comedy-Größen wie Mario Barth oder Kurt Krömer ihre ersten,
zunächst wenig erfolgreichen Auftritte hatten. Später, als Krömer
sich als Comedian etabliert hatte, war er regelmäßig mit seinem

Programm „Kitsch und Kacke Club" im „Comedy Club Kookaburra" am Prenzlauer Berg zu Gast, der 2002 vom Inder Sanjay Shihora gegründet wurde. Hier gastierte, neben vielen anderen deutschlandweit bekannten Comedians, auch „Cindy aus Marzahn".

Neben dem „Quatsch Comedy Club", der mit „All you need is laugh" wirbt, der „Bar jeder Vernunft", dem „Comedy Club Kookaburra" und etlichen Kleinkunstbühnen in Berlin stehen nach wie vor auch die Berliner Traditionshäuser für Kabarett dem amüsierfreudigen Publikum offen. So zeigen „Die Stachelschweine" im Europacenter und „Die Distel" im Admiralspalast, die sich übrigens beim Fall der Mauer voller Euphorie zu gemeinsamen Auftritten zusammengeschlossen hatten, seit Langem vor allem aktuelles politisches Hauptstadtkabarett, gerne besucht von Berlin-Touristen.

Ein traditionsreicher Ort für komödiantisches Theater in Berlin ist die „Komödie am Kurfürstendamm", die mit einer langen Liste berühmter Schauspieler und Komiker aufwartet und auch immer wieder Aktuelles satirisch aufspießt. So wird die bemühte Willkommenskultur der deutschen Familie Hartmann auf die Schippe genommen, wenn ein Flüchtling aus Afrika am Ende einer entgleisten Party, die zu seiner Begrüßung veranstaltet wird, erstaunt bis befremdet feststellen muss: „In Deutschland alle sehr verwirrt!"

Auch die Liste der Kabarettisten, die in den „Wühlmäusen" unter der Leitung von Dieter Hallervorden auftraten und auftreten, ist lang, darunter die Berliner Martin Buchholz und Frank Lüdecke. Der reines Hochdeutsch sprechende Lüdecke aus Charlottenburg war zwischen 2006 und 2008 verantwortlich für das Programm der „Distel", schrieb ab 2017 Stücke für das Programm der „Wühlmäuse" und wurde 2019 künstlerischer Leiter der „Stachelschweine". Martin Buchholz, der aus dem Wedding stammt – überhaupt scheinen die meisten Berliner Kabarettisten aus den proletarischen Stadtvierteln Wedding bzw. Märkisches Viertel oder Neukölln zu kommen –, berlinert dezent und war 1993 mit seinem sprachmächtigen Ost-West-Kabarett „Wir sind, was volkt" enorm erfolgreich. Ob er nach der Wiedervereinigung vom „Ur-Sprung in der deutschen Schüssel" spricht, von einer „Gen-Os-sin", also einer „Ossin", die „durch den Kommunismus erblich vorbelastet" ist, von „Alt-Ächzigern, Politbaujahr 68" oder von jemandem, der seine „MetamorpHose herunterläßt" – Buchholz zeigt immer neue Beispiele seiner Wortakrobatik. Oft thematisiert er die Fremdenfeindlichkeit nach der Wende, die dazu führte, dass wieder „Ausländerhatz auf dem Pogrom steht". Diese Feind-seligkeit gegenüber Fremden erklärt er ironisch aus der deutschen Angst: „Das Fremde, das Es. (…) Deutschland, Deutschland, über-all Es!" In einer anderen Show fingiert er ein Gespräch mit einem TV-Redakteur, der unablässig französische Wörter verwendet, woraufhin Buchholz sich ans Publikum wendet: „Wenn mir der Fernsehredakteur da so entgegenparisert, dann denke ich, es geht um Empfängnisverhütung, also, dass er sich hüten wird, mit mir auf Empfang zu gehen." Dann wiederum lässt er sein fingiertes Gegenüber, das Buchholz' Fernsehauftritt verhindern will, sagen: „Aber das, was Sie da machen, ist doch ein bisschen anstrengend, das Publikum will doch am Abend ein bisschen abschalten", worauf Buchholz antwortet: „Ach, geht es jetzt um Abschalt-quoten bei Ihnen?" In seinem Programm „Nie wieder Kassandra" zitierte der Künstler 1995 Wolfgang Neuss: „Warum kann sich ein deutsches Publikum statt Abendbrot nicht mal Gedanken machen?" Er konstatiert, dass er „dieselbe Amtszeit wie Helmut Kohl" habe, „zwölf Jahre, das verbindet schon, er als Kanzler, ich als Abkanzler", und fährt fort mit Kohls Regierungserklärung, „ja, die Regierungserklärung habe ich mir auch angetan, denn ich kann mir ja diese Regierung nicht erklären." Da wird bei ihm aus Cholera „Kohl-Ära", und „in Berlin sagt man ja Komm Franz jeh!" statt Conferencier. Dann wiederum beschreibt er seine Schwierigkeiten, das Publikum anzusprechen: „Ich könnte jetzt ja meinen Auftritt mit ‚Meine Damen und Herren' anfangen, aber jeht bei mir nicht, ich habe dann immer das Gefühl, als würde ich mit Klotüren reden." Sich selbst bezeichnet er als Wortspieler auf „Wortwurzel-Suche", der sich mit dem Ursprung der Wörter beschäftigt, beispielsweise mit dem Wort Frau von „Frouwe", das von „Frou", Herr, kommt. Daher stamme auch die „Fronarbeit, sagte man früher, heute sagt man Hausfrauenarbeit", und „wenn die Frau sich dann totgeschuftet hat, dann ist sie eben Fronleichnam." Und eine Spitze gegen Frauenmagazine gipfelt im expressiv vorgetragenen Titel „Brrr - Igitt - e".

Humor musikalisch

Der zeitgenössische Berliner Witz zeigt sich aber nicht nur im Kabarett und in Comedy-Shows, sondern auch in den Texten von Musikern und Sängern, die aus Berlin stammen. So ist der Song von Reinhard Mey, der in Wilmersdorf geboren wurde, „Männer im Baumarkt" aus dem Jahr 2008, von sprachmächtiger Komik. Auf den wunderbaren Reim „Männer im Baumarkt - / während

Der drittnervigste Deutsche: Sido 2019 bei einem Konzert in der Max-Schmeling-Halle

227

draußen die Frau parkt" folgt ein ganzes Feuerwerk witziger Reime, das mit den charmanten Mitbringseln der Männer für ihre Frauen endet:

> (...) Stehn vor kleinen Monitoren
> Mit offnem Mund und roten Ohren,
> Lernen Fräsen, Schleifen, Bohren.
> Folgen wachsam der Belehrung,
> Wie man Winkelholz auf Gehrung
> Sägt und wie man Zargen genau zargt -
> Männer im Baumarkt.
> (...) Jürgen kauft sich für Ina
> Den bill'gen Werkzeugsatz aus China.
> Marco kauft für Maria
> Diesen schicken Schraubenzieher.
> Helge kauft für Nicole
> Die große Isolierbandrolle.
> Bodo kauft für Belinda
> Ein Sortiment Kabelbinder.
> Reinhard kauft für Hella
> Einen Winkelschleifervorsatzteller
> (Den wünscht sie sich so sehr!).

Gleichzeitig persifliert Reinhard Mey in seinem Song „Männer im Baumarkt" seinen eigenen Erfolgshit „Über den Wolken" von 1974, denn im Baumarkt

> muß die Freiheit wohl grenzenlos sein -
> Alle Nägel, alle Schrauben, sagt man,
> Man muß nur ganz fest dran glauben und dann
> Würde, was uns klein und wacklig erscheint,
> Riesengroß und bricht ein!

Ein weniger gemütliches Kaliber ist der Rapper Sido aus Ost-Berlin, der als Kind 1987 nach West-Berlin ins Märkische Viertel umsiedelte und dort zum „Straßenjungen" wurde, wie auch einer seiner Rap-Songs betitelt ist. Inmitten des gerappten Redeschwalls – „Comet" ist übrigens ein Musikpreis – tauchen durchaus witzige Binnenreime auf:

Ich bin ein Ghetto-Kind mit Bierfahne und Adiletten
Ich bin ein asozialer Proll und Prolet
Einer, den sie nicht mehr wollen beim Comet
Weil ich zu gerne das ausspreche, was keiner sagt
Weil keiner Eier hat, ich hab die alte Leier satt.

Und in seinem Song „Mama ist stolz" heißt es:

Ich weiß, dass wenn ich alt bin und Mama noch älter,
hält sie immer noch zu mir, als wär sie mein Zuhälter.

Und eine ironische Haltung sich selbst gegenüber verrät der Song „Goldjunge":

Ich war überall, die Leute kennen mich bis heute,
ich war 2005 der drittnervigste Deutsche,
Weißt du noch, dass ich dauernd in der Presse war?
Dass man auf jeder zweiten Seite meine Fresse sah?

Das Plattenlabel, bei dem Sido und andere Gangsta-Rapper und -Rapperinnen wie die Berlinerin „Kitty Kat" viele Jahre lang ihre Musik herausgaben, hieß passenderweise „Aggro Berlin". Übrigens ist auch der Hip-Hop-Musiker Peter Fox gebürtiger Berliner, der in seinem Stück „Schwarz zu blau" die bleierne Atmosphäre des frühen Morgens nach einer durchzechten Berliner Clubnacht festhält:

(...) Stapf' durch die Kotze am Kotti, Junks sind benebelt
Atzen rotzen in die Gegend, benehmen sich daneben
Szeneschnösel auf verzweifelter Suche nach der Szene
Gepiercte Mädels, die wollen, dass ich Straßenfeger lese (...)

Horst Evers schreibt in seinem Text „Kinderträume" über die „mächtige Komik", wenn Neunjährige in einen Berliner Kinderhort ausschließlich Lieder von Peter Fox trällern: „Komm aussem Club, war schön gewesen. Stinke nach Suff, bin kaputt, is 'n schönes Leben."

Auch die Berliner Punkrock-Band „Die Ärzte" versteht sich auf witzige Sprachpartikel. Nicht nur, dass einer der Bandmitglieder sich sprachspielerisch „Farin Urlaub" nennt. Auch im Song „Schrei nach Liebe" heißt es grammatikalisch schräg:

Deine Gewalt ist nur ein stummer Schrei nach Liebe,
Deine Springerstiefel sehnen sich nach Zärtlichkeit.
Du hast nie gelernt dich arti-zu-kulieren.

Und der Song „Ist das noch Punkrock?" spielt mit originellen
Reimen:

Das hat so den Coolnessfaktor

Von einem Gartentraktor

Ist das noch Punkrock? ich glaube nicht.

Es mag sein, dass der Berliner Witz heute mehr auf der Bühne,
im Film, bei Comedy-Shows zu hören ist als auf der Straße. Aber
immer noch gibt es Kneipen in Berlin, in denen hemmungslos
berlinert wird. Immer wieder sind treffende Bemerkungen auch
in Geschäften zu hören. So kann eine Kassiererin unbeeindruckt
zu einem schreienden Kleinkind an der Schlange vor der Super-
marktkasse sagen: „Heul mal ruhig weiter – brauchste einmal
weniger pullern!" Und auf dem Flohmarkt muss ein Kunde, der
sich lange den Trödel an einem Stand anschaut, ihn in die Hand
nimmt und der sich schließlich, ohne etwas gekauft zu haben,
mit „Danke" verabschiedet, mit der entnervten Reaktion des Berliner Händlers rechnen: „Danke – hab ick den janzen Keller voll.

Alles klar!?

Krieg ick die Türe schon nicht mehr zu. Muss ick schon anbaun!"
Und der Bühnenkünstler Falko Hennig gibt mit Genuss die Antwort eines Lebensmittelhändlers auf seine Frage wieder, ob der Wein, den er zu kaufen beabsichtigt, auch wirklich trocken sei: „Der ist so trocken, da kannste deine Haare mit föhnen."

Berlin war immer eine Stadt des Zuzugs, der Stadtviertel, der Kieze. Obwohl es die klassischen Milieus nicht mehr gibt, die für die Herausbildung des Berliner Dialekts und des Witzes sehr förderlich waren, werden, auch mit Blick auf die kabarettistischen und komödiantischen Shows, die Schlagfertigkeit, die Lust an Widerworten und der Sinn für Sprachspiele und Übertreibungen in Berlin nicht aussterben. Wie sehr dieser Sinn die Bevölkerung durchdringt, zeigt ein Blick in die Gelben Seiten Berlins, vor allem auf die Namen von Friseurläden, die hier zum Abschluss zu einem Stückchen Volkspoesie arrangiert sind:

James Blond: Haircondition
Mit Haut und Haar / HairRein / Schnittstelle / Wellkamm
Medusa /Abschnitt / Cre Haar tiv / Schnipp-schnapp
Über Kurz oder Lang / Hin & Hair / Haarlekin / Haarmonie
Schnittschwestern / Ponyclub / Fairschnitt / Haarspree
Die Hairmsdorfer / Haareszeiten / Hairlich / Haargenau
Die HairRichter / Die Schnittigen / Kämmerei / Headline
Haarscharf / Pony & Clyde / Pro Kopf Style / Hair Affair
Hairlich Natürlich / Schnittkante / Kämmbar / Hairplanes
Glückssträhne / Schnittweise / Haarwai / HairTie
Kamm in / Kaiserschnitt / Notaufnahme / ChicSaal
Komm heim Haare schneiden

**Der Berliner Witz
wird ewig leben!**

Literaturverzeichnis

Alexis, Willibald: Cabanis; Leipzig 1904

Anlauf, Günter: Skulpturen 1953-1984; Berlin 1984

Arnold, Dietmar und Ingmar: Schlossfreiheit. Vor den Toren des Stadtschlosses; Berlin Brandenburg 1998

Baehr, Albrecht: Schlesien … wie es lachte; Würzburg 2004

Baer, Max: Der Witz der Berliner; München 1969

Bemmann, Helga (Hg.): Die Lieder der Claire Waldoff; Berlin 1983

Dies.: Otto Reutter; Frankfurt a. M. Berlin 1996

Best, Otto F.: Volk ohne Witz. Über ein deutsches Defizit; Frankfurt a. M. 1993

Beta, Heinrich: Physiologie Berlins; Berlin 1846

Binger, Lothar: Berliner Witz. Zwischen Größenwahn und Resignation; Berlin Brandenburg 2006

Bleisch, Ernst Günther: Heitere Leute von Oder und Neiße; München 1958

Bock, Thilo: Der Berliner ist dem Pfannkuchen sein Tod; Berlin 2019

Ders: Dichter als Goethe. Heiligenlegenden und Geschichten aus Spaß; Berlin 2013

Ders: Ick kieke, staune, wundre mir. Berlinerische Gedichte von 1830 bis heute; Berlin 2017

Börsch-Supan, Helmut: Künstlerwanderungen nach Berlin. Vor Schinkel und danach; Berlin 2001

Bolte, Johannes: Hans Clauert und Johann Schönbrunn. Ein Beitrag zur Geschichte des Berliner Witzes im 16. und 17. Jahrhundert; Berlin 1888

Borgelt, Hans: Grethe Weiser. Herz mit Schnauze; München 1983

Brandler, Gotthard (Hg.): Eckensteher, Blumenmädchen, Stiefelputzer. Berliner Ausrufer und Volkstypen; Leipzig 1988

Brussig, Thomas: Helden wie wir; Berlin 1995

Buchholz, Martin: Wir sind, was volkt. Ein satirisches Schizogramm; Berlin 1993

Büsing, Ute und Baltzer, David: Bar jeder Vernunft. Die Kunst der Unterhaltung; Frankfurt a. M. 2002

Cürlis, Peter und Opprower, Rolf: Im Spitznamen des Volkes. Berliner Bauten – mit Spreewasser getauft; München 1965

Dachs, Gisela: Humor, in: Jüdischer Almanach des Leo Baeck Instituts; Frankfurt a. M. 2004

Dietrich, Marlene: Ich bin, Gott sei Dank, Berlinerin. Memoiren; Frankfurt a. M. Berlin 1987

Dittmar, Norbert und Schlobinski, Peter (Hg.): Wandlungen einer Stadtsprache. Berlinisch in Vergangenheit und Gegenwart; Berlin 1988

Drude, Otto: Alt-Berliner Humor. Anekdoten und Karikaturen; Frankfurt a. M. 1986

Dückers, Tanja: Hausers Zimmer; Frankfurt a. M. 2011

Evers, Horst: Der König von Berlin; Berlin 2012

Ders.: Für Eile fehlt mir die Zeit; Reinbek bei Hamburg 2013

Falkner, Gerhard: Apollokalypse; Berlin 2016

Finck, Werner: Alter Narr – was nun? Die Geschichte meiner Zeit; München Berlin 1977

Fischer, Michael (Hg.): Ruff uffn Rummel. Berliner Humor in Geschichten und Anekdoten; Frankfurt a. M. Berlin 1986

Fontane, Theodor: Frau Jenny Treibel; Frankfurt a. M. Berlin 1988

Ders.: Gedichte in einem Band; Frankfurt a. M. Leipzig 1998

Freud, Sigmund: Der Witz und seine Beziehung zum Unbewussten; Frankfurt a. M. 1972

Freund, Julius: Mit flacher Klinge. Moderne Humoresken und Satiren; Berlin 1894

Ders.: O, diese Berliner; Berlin 1894

Fuchs-Hartmann, Werner: Die Berliner Anekdote im 19. Jahrhundert; Berlin 1931

Gamm, Hans-Jochen: Der Flüsterwitz im Dritten Reich; München 1966

Glaßbrenner, Adolf: Altes gemütliches Berlin; Berlin 1955

Ders.: Aus den Papieren eines Hingerichteten; Leipzig 1834

Ders.: Berlin, wie es ist und – trinkt, 2 Bde.; Berlin 1987

Ders.: „...ick kann det!" – sagt Herr Buffey. Berliner Humoresken; Berlin 1987

Ders.: Unsterblicher Volkswitz, 2 Bde.; Berlin 1954

Görz, Heinz (Hg.): Berliner Luft. Von Berlinern für alle Freunde Berlins; Gütersloh 1968

Goethe, Johann Wolfgang von: Goethes Briefwechsel mit Zelter; Leipzig 1924

Gröschner, Annett: Walpurgistag; München 2011

Gustas, Aldona (Hg.): Berliner Malerpoeten. Bilder und Texte; München 1977

Haas, Leo: Links überholt!; Berlin 1961

Harndt, Ewald: Französisch im Berliner Jargon; Berlin 2017

Hartung, Hugo: Der Witz der Schlesier; München 1972

Hauptmann, Gerhart: Dramen; Frankfurt a. M. Berlin Wien 1980

Hayduk, Alfons: Das Hausbuch des schlesischen Humors; Reinbek bei Hamburg 1979

Hennig, Falko und Schnitger, Harry: 100% Berlin. Was drin ist, was dran ist, was in ist; München 2008

Heinrich-Jost, Ingrid (Hg.): Kladderadatsch. Die Geschichte eines Berliner Witzblattes von 1848 bis ins Dritte Reich; Köln 1982

Henseleit, Felix: Dem Vergnügen der Einwohner. Berlin und der Berliner auf der Bühne, Berlin o. J.

Hermann, Georg: Das Berliner Lokalstück, darin: Louis Angely: Das Fest der Handwerker; Berlin 1920

Hildebrandt, Dieter: Deutschland deine Berliner. Ein verwegener Menschenschlag; Reinbek bei Hamburg 1977

Hollaender, Friedrich: Von Kopf bis Fuß. Mein Leben mit Text und Musik; Bonn 1996

Holtei: Ein Trauerspiel in Berlin; o. O. 1845

Ders.: Wiener in Berlin; Berlin 1823

Ingwersen, Erhard: Berlinische Anekdoten, 2 Bde.; Berlin 1965/69

Janowitz, Wolfgang und Huk, Eduard: Berlin jewendet. Das „Letzte" aus der DDR; Berlin 1990

Keisch, Claude und Riemann-Reyher, Marie Ursula (Hg.): Adolph Menzel. Das Labyrinth der Wirklichkeit; Berlin 1996

Kästner, Erich: Pünktchen und Anton; Zürich 1935

Kalisch, David: Hunderttausend Taler; Berlin 1988

Kaminer, Wladimir: Russendisko; München 2000

Ders.: Schönhauser Allee; München 2001

Kerr, Alfred: Wo liegt Berlin? Briefe aus der Reichshauptstadt; Berlin 1998

Kling, Marc-Uwe: Die Känguru-Tetralogie; Berlin 2020

Koch, Ursula E.: Der Teufel in Berlin. Von der Märzrevolution bis zu Bismarcks Entlassung: illustrierte politische Witzblätter einer Metropole 1848-1890; Köln 1991

König, Rolf: Det is knorke. Berliner Witz, Typen und Orginale; Berlin 1975

Koepp, Johannes: Lieber Leierkastenmann. Berliner Lieder; Bad Godesberg 1959

Kohut, Adolph: Die Großmeister des Berliner Humors in alter und neuer Zeit. Eine Sammlung des Heitersten, Witzigsten und Originellsten aus dem Reiche des Humors von Spree-Athen; Berlin 1915

Kolneder, Wolfgang, Ludwig, Volker und Wagenbach, Klaus: Das Grips-Theater. Geschichte und Geschichten, Erfahrungen und Gespräche aus einem Kinder- und Jugendtheater; Berlin 1979

Kossak, Ernst: Aus dem Papierkorbe eines Journalisten; Berlin 1852

Kretzschmar, Harald: Bärenspiegel. Berliner Karikaturen aus 3 Jahrhunderten; Berlin 1984

Krüger, Bartholomäus: Hans Clauert, der Märkische Eulenspiegel; Leipzig 1900

Ders.: Hans Clawerts Werckliche Historien; Halle a. d. Saale 1882

Kugler, Franz: Geschichte Friedrichs des Großen. Gezeichnet von Adolph Menzel; Leipzig 1842

Kuhls, Hans-Hermann: Rechts und links vom Kurfürstendammm; Berlin 1961

Kuttner, Jürgen: Die Geburt des radikalen Islamismus aus dem Hüftspeck des deutschen Schlagers; Reinbek bei Hamburg 2009

Ders.: Zwei Schmetterlinge suchen im Führerhauptquartier das Klo; Berlin 2005

Lammel, Gisold: Eine giftige kleine Kröte. Anekdoten von Adolph Menzel; Berlin 2008

Landmann, Salcia: Der jüdische Witz. Soziologie und Sammlung; Ostfildern 2011

Dies.: Neues von Salcia Landmann. Jüdischer Witz; München Berlin 1972

Lange-Müller, Katja: Böse Schafe; Frankfurt a. M. 2009

L'Arronge, Adolph: Mein Leopold. Volksstück in 3 Akten; Berlin 1922

Lederer, Franz: Ick lach ma 'n Ast. Sprache, Wesen und Humor des Berliners; Berlin 1987

Ders.: Hier lacht Berlin! Spreehumor in Anekdoten; Essen 1943

Ders.: Uns kann keener. Berliner Humor; Berlin 1927

Lemke, Luise: Berlinericks. Lauter lustige Limericks aus, um und über Berlin; Berlin 1988

Dies.: Besser gut jelebt und det noch recht lange. Noch mehr Berliner Sprüche, Berlin 1984

Dies.: Laß dir nich verblüffen. Berliner Witze, Berlin 1982

Lemmer, Konrad (Hg.): Berliner Anekdoten und Geschichten; Berlin 1974

Ders.: Und det jloobste? Berliner Humor seit 150 Jahren; Berlin 1968

Leppmann, Franz (Hg.): Alt-Berliner Humor; Berlin Wien 1916

Liesegang, Jonny: Det fiel mir uff!; Berlin 1976

Ders.: Det fiel mir ooch noch uff!; Berlin 1977

Ders.: Da liegt Musike drin!; Berlin 1977

Ders: Det fiel mir „trotzdem" uff!; Berlin 1978

Lindau, Paul: Der Andere. Schauspiel; Leipzig 1906

Ludwig, Hans: Eulen nach Spree-Athen. Zwei Jahrhunderte Berliner Humor in Wort und Bild; Berlin 1981

Manz, Gustav: Hundert Jahre Berliner Humor; Berlin 1918

Martens, Ulrike und Siggelkow, Ingeborg (Hg.): Der Kalte Krieg und die Berliner Mauer in Karikaturen von Karl-Heinz Schoenfeld; Berlin 2011

Mehring, Sigmar: Spottverse; Berlin 1911

Mehring, Walter: Das Ketzerbrevier; München 1921

Ders.: Kleines Lumpenbrevier. Verse und Chansons; Zürich 1985

Meyer, Hans: Der richtige Berliner in Wörtern und Redensarten, bearbeitet von Walther Kiaulehn; München Berlin 1966

Meysel, Inge: Frei heraus – mein Leben; Weinheim Berlin 1991

Mira, Brigitte: Kleine Frau – was nun? Erinnerungen an ein buntes Leben; München 1988

Morgenstern, Christian: Alle Galgenlieder; Frankfurt a. M. 1977

Ders.: Zeit und Ewigkeit; Wiesbaden 1949

Moszkowski, Alexander: Anton Notenquetscher. Ein satirisches Gedicht in vier Gesängen; Berlin 1906

Ders.: Die jüdische Kiste. 399 Juwelen, Berlin 1911

Ders.: Marinierte Zeitgeschichte. Gesammelte Humoresken; Berlin 1884

Ders.: Meine verstimmte Flöte; Berlin 1912

Murawski, Erich (Hg.): Die Randbemerkungen Friedrichs des Großen; Friedberg 1982

Nachama, Andreas: Jiddisch im Berliner Jargon; Berlin 2018

Nalli-Rutenberg, Aga: Das alte Berlin. Erinnerungen; Berlin 1912

Neumann, Günter: Der Insulaner; Berlin 1957

Ders.: Schwarzer Jahrmarkt; Berlin 1975

Neumann, Hanns: Hier lacht Breslau; München 1978

Neuss, Wolfgang: Der Mann mit der Pauke; Reinbek bei Hamburg 1983

Nick, Desirée: Gibt es ein Leben nach vierzig?; Bergisch Gladbach 2005

Oschilewski, Walther: Berlin amüsiert sich; Berlin 1961

Ostwald, Hans: Der Urberliner in Witz, Humor und Anekdote; Berlin 1928

Otto, Rainer und Rösler, Walter: Kabarettgeschichte. Abriß des deutschsprachigen Kabaretts; Berlin 1981

Parker, Erwin: Die geflügelten Worte des Berliner Originals Prüfi, Chefgarderobier am Schauspielhaus Zürich; München 1963

Petersdorf, Jochen: Man wird doch mal fragen dürfen; Berlin 2008

Pohl, Emil: Der Gold-Onkel; Leipzig 1882

Raabe, Wilhelm: Berliner Trilogie; Hamburg 1965

Regener, Sven: Herr Lehmann; Frankfurt a. M. 2001

Ders.: Der kleine Bruder; Frankfurt a. M. 2007

Reutter, Otto: Kinder, Kinder, was sind heut für Zeiten! Heitere Lieder und Couplets; Berlin 1991

Ders.: Original-Couplets und Vorträge; Mühlhausen in Thüringen 1904

Ringelnatz, Joachim: Berlin wird immer mehr Berlin; Berlin 1987

Ders.: Hafenkneipe; Leipzig 1988

Rodenberg, Julius: Bilder aus dem Berliner Leben; Berlin 1986

Rosié, Paul: 150 Jahre Berliner Humor. Ein Querschnitt durch anderthalb Jahrhunderte; Berlin 1955

Salingré, Hermann: Abtheilung V. Zimmer VI. für Bagatellsachen, oder: Vor Gericht; Berlin 1865

Ders.: Reise durch Berlin in 80 Stunden; Riga 1902

Saß, Friedrich: Berlin in seiner neuesten Zeit und Entwicklung 1846; Berlin 1983

Schadewaldt, Wolfgang: Berlin und die Berliner, in: Berliner Geist; Berlin Frankfurt a. M. Wien 1963

Schieb, Roswitha: Berliner Literaturgeschichte. Epochen, Werke, Autoren, Schauplätze; Berlin 2019

Dies.: Jeder zweite Berliner. Schlesische Spuren an der Spree; Potsdam 2012

Dies.: Risse. Dreißig deutsche Lebensläufe; Berlin 2019

Schnurre, Wolfdietrich: Ich brauch Dich; Frankfurt a. M. Berlin Wien 1978

Ders.: Ich frag ja bloß; München 1974

Schöffler, Herbert: Kleine Geographie des deutschen Witzes; Göttingen 1961

Schumann, Werner (Hg.): Das grosse Zille-Album; Frankfurt a. M. 1960

Sichelschmidt, Gustav: Die Berliner und ihr Witz. Versuch einer Analyse; Berlin 1978

Steinitz, H.: Berliner Humor vor Gericht. Heitere Szenen aus den Berliner Gerichtssälen; Berlin 1905

Stelling, Anke: Bodentiefe Fenster; Berlin 2015

Stengel, Walter: Guckkasten. Altberliner Curiosa; Berlin 1962

Stettenheim, Julius: Lies und lach. Wippchens lustige Auslese; Berlin 1924

Ders.: Wippchens charmante Scharmützel; Frankfurt a. M. 1968

Thielscher, Guido: Erinnerungen eines alten Komödianten; Berlin 1938

Thomas, Emil: Ältestes Allerältestes; Berlin 1904

Thonicke, Frank: Berlinern verboten?; Berlin 1978

Trojan, Johannes: Berliner Bilder; Berlin 1903

Tucholsky, Kurt: Das Kurt Tucholsky-Chanson-Buch; Reinbek bei Hamburg 1983

Ders.: Deutschland, Deutschland über Alles; Berlin 1929

Ders.: Zwischen Gestern und Morgen; Reinbek bei Hamburg 1964

Vesper, Bernward: Die Reise; Berlin 1977

Waldoff, Claire: Weeste noch...! Aus meinen Erinnerungen; Berlin 1969

Wiese, Joachim: Berliner Wörter & Wendungen; Berlin 1987

Wilder, Billy: Der Prinz von Wales geht auf Urlaub. Berliner Reportagen, Feuilletons und Kritiken der zwanziger Jahre; Berlin 1996

Wolf, Gerhard: Heine in Berlin; Berlin 1980

Worm, Hardy: Mittenmang durch Berlin. Streifzüge durch s Berlin der Zwanziger Jahre; Berlin 1981

Zeidler, Hans-Joachim: Berliner Spottberichte. Vierzehn Satiren; Berlin Herford 1975

Zschocke, Gerda: Det kannste unta Ulk vabuchen. Berliner Witz; Berlin 1987

Namensregister